子ども学がひらく
子どもの未来

子どもを学び、子どもに学び、子どもと学ぶ

"KODOMOGAKU": a Study Building Children's Future
Learning about Children, from Children, and with Children

稲垣由子＋上田淑子＋内藤由佳子 編著
Yuko INAGAKI, Yoshiko UEDA, Yukako NAITO

北大路書房

まえがき

　小児科医として社会に出てから45年が経ちました。医学部の大学院では奇形児の診断とダウン症の易発がん性を研究テーマとして基礎研究を行い，その後臨床小児科医として病院勤務を行っていました。そして地域の子どもと親とに小児科医として地道に関わっていましたが，小児科医・発達行動小児科学の専門医として発達や行動異常の子どもたちや心理的な問題を抱えて日常の生活が困難になっている子どもたちの臨床に携わっていました。子どもに関係する保育園・小学校・そして中学校の先生方にいろいろなことを教えていただきながら，子どもとともに小児科医として歩んできたように感じます。そのうちに親子の最も劣悪な関係である子どもの虐待問題に小児科医として役に立ちたいという思いが中心的な課題となってきました。病院で勤務していた当時の虐待臨床は，児童相談所からの依頼で，虐待を受けている子どもの保護のために役立ってはいたのですが，福祉機関につなぐ役割だけでは満足できなくなってしまいました。虐待している親と虐待されている子どもがその後どのような人生を送るようになるのか？　そこに関わらなくてどうするのだ……。そのような気持ちと疑問から，自分自身が様々な領域の専門家と協同して実際の事例に関わっていくために，お声をかけてくださった大学に身を置くこととなりました。

　甲南女子大学に着任して，虐待に関する知識と研究と臨床が可能となりました。そこでは，私の前任者の小林登教授（東京大学医学部小児科学教授→国立小児病院院長→甲南女子大学教授）が提唱された「子ども学」の後を継いで担当することになったのです。当時は「子ども学」とは一体何なのか？　小児科医として歩んでこられた先生がどうして「子ども学」なのか？　直接指導を受けながら，自分なりに子ども学を考察すると，これは虐待臨床に役立つものとして重要な概念であることが理解できるようになったのです。

　虐待を受けながらも一生懸命自分の人生を考え，自立へと向かっている子どもたちに関わり，受けてきた体験がその子にどのような影響を及ぼすのか，子どもに関わるものとして子どもの理解を深めながらどのようにすれば少しでもその子の自立に役立つのかについて，実際の事例から学んできたように思います。そしてこうした関わりが，私の発達行動小児科医としての学びとなってきたように思

まえがき

います。様々な傷を負いながらも親を思い、懸命に生きている子ども、そのような子どもを一生懸命支え援助している福祉領域の専門家たちをはじめ、母子保健領域、教育領域、心理領域、司法領域の方々とともに、虐待を受けた子どもを学び、子どもから学び、そして子どもと学び合うことができ、このような経緯から「子ども学」のキャッチフレーズが生まれました。これが"子どもを学び・子どもに学び・子どもと学ぶ"です。この【を・に・と】という接続助詞は今ではすべてに利用できるので、重要な接続助詞であると思っています。

このようにして、甲南女子大学での在職期間がなんと19年にもなりました。あっという間であったようにも思いますが、退職にあたって大学での生活について振り返ると、いろいろなことが思い出されます。着任した時は、文学部人間科学科教育学専攻から人間科学部人間教育学科への改組のための人員でありましたが、人間科学部総合子ども学科と改組が進んで、学科では保育士・幼稚園、小学校教諭の養成学科としての変遷を経験してきました。そして、大学全体では看護リハビリテーション学部、医療栄養学部の開設と目まぐるしく変化してきた期間でした。学生は素直な素敵な女性たちで、総合子ども学科となった後の卒業生が保育士として幼稚園教諭として、そして小学校教諭として巣立っていく姿を見ていると、若者たちの力が私の活力になっていることを感じながらの19年間でした。まさに、学生に学び、学生と学び合ってきたように思います。小児科医としての臨床では微妙な激しい親子関係に関わっているのですが、女子学生と接すると至福な時を共有することができたのです。そして、同僚として総合子ども学科を担ってきた様々な領域の専門家の先生方からの示唆が研究を推し進めてきてくれました。

このたびの退職記念論文集「子ども学がひらく子どもの未来—子どもを学び、子どもに学び、子どもと学ぶ—」は、今まで支えてくださった先生方、特に総合子ども学科での上田淑子教授、内藤由佳子教授のお力があったからこそできあがりました。2000年に甲南女子大学に着任した時の学科は、女性教員は私一人だったことを考えると、今は半数の教員が女性となり、隔世の感があります。両先生のご尽力に感謝申し上げます。また執筆してくださった先生方、今まで温かく見守ってくれた家族に心から感謝致します。

2019年2月

稲垣　由子

目 次

まえがき　iii

■ I 部　子どもと歴史・海外の子ども　1

第1章　子どもの生活史と教育史 …………………………………… 2
はじめに　2
第1節　伝統社会における子どもの生活と教育　2
第2節　近代学校教育の発足と子どもの生活　5
第3節　戦間期の教育と子ども生活　11

第2章　ドイツ新教育における「子どもから（vom Kinde aus）」の教育 ………………………………………………………… 14
はじめに　14
第1節　子どもと教師の対話的関係の構築　15
第2節　子どもを主体とするカリキュラム構想　17
第3節　対話的な学びにおける教師の役割　19
おわりに　24

第3章　W・クラフキのダイナミックな能力概念の検討
―ドイツにおけるコンピテンシー以前の能力論― ………… 26
はじめに　26
第1節　クラフキの「ダイナミックな能力」定義　28
第2節　ドイツ語圏の評価における問題群：インゲンカンプによる能力の定義とともに　31
第3節　新しい学習文化と評価論の展開：クラフキの影響　32
第4節　ダイナミックな能力概念に対する批判　35
第5節　クラフキの能力概念の意義　36
おわりに　37

v

目次

■ Ⅱ部　子どもと教育・保育　41

第1章　遊びを通して育つ子ども ………………………………… 42
　　はじめに　42
　　第1節　子どもの遊びと子どもらしさ　42
　　第2節　子どもの遊びを育む保育環境　47
　　第3節　子どもの発達における遊びの重要性　53
　　おわりに　57

第2章　子どもの気質（行動様式）と保育
　　　　　―トマスとチェスの概念からの検討― ……………… 59
　　はじめに　59
　　第1節　子どもの気質（行動様式）とは　61
　　第2節　トマスとチェスの気質研究とその他の先行研究　62
　　第3節　子どもの気質（行動様式）から保育への提言　68

第3章　就学前の教育・保育における子どもの育ちと保育者
　　　　　―人間関係に視点を当てて― ………………………… 73
　　はじめに　73
　　第1節　就学前保育施設の中での子どもの生活　74
　　第2節　乳児保育での保育者と子どもの関わり　78
　　第3節　子どもの育ちを促す保育者の専門性　81
　　おわりに　85

■ Ⅲ部　子どもと心理　89

第1章　子どもとメディア ………………………………………… 90
　　はじめに　90
　　第1節　子どもをとりまくメディア環境の変化　90
　　第2節　メディアが与える心理的影響　91
　　第3節　豊かなメディア環境の構築に向けて　100
　　おわりに　104

第2章　乳幼児期の社会性の発達 ………………………………… 107
　　第1節　愛着関係の成立　107

第 2 節　友だちや保育者との関わり　111
　　　第 3 節　乳・幼児期の対人関係と社会的適応　113

第 3 章　つながりから考える子どものトラウマ……………………119
　　　はじめに　119
　　　第 1 節　つながりはいかに育まれるか　119
　　　第 2 節　つながりの断絶　123
　　　第 3 節　トラウマ・インフォームドな環境がつくる子どもの安全・安心　130
　　　おわりに　134

　　　　　　　　　■ Ⅳ部　子どもと福祉　137

第 1 章　子どもの当事者性と発達支援
　　　　　　―子どもの貧困を中心に―………………………………138
　　　はじめに　138
　　　第 1 節　歴史に見る子どもの当事者性　138
　　　第 2 節　格差社会と子どもの発達　142
　　　第 3 節　社会的相続を見据えた子どもの発達支援　145
　　　おわりに　150

第 2 章　児童福祉の変遷と支援 ……………………………………152
　　　はじめに　152
　　　第 1 節　社会的養護の動向　153
　　　第 2 節　児童相談所改革　160
　　　第 3 節　代替養育を必要とする子どもの支援　164
　　　おわりに　168

第 3 章　社会福祉にみる支援と介入 ………………………………171
　　　はじめに　171
　　　第 1 節　子ども福祉における支援と介入　172
　　　第 2 節　児童相談所の子どもの支援と介入　177
　　　第 3 節　一時保護所の子どもの支援と指導　181
　　　おわりに　183

目次

■ V部　子どもと医療　187

第1章　子ども学と子ども虐待 …………………………………………… 188
　　はじめに　188
　　第1節　子ども虐待の理解　189
　　第2節　子ども虐待と医療　195
　　第3節　子ども学と子ども虐待：子どもに関わる職業人へ　197

第2章　現在およびこれからの小児医療の課題 ……………………… 201
　　はじめに　201
　　第1節　子どもの疾病構造の変化　201
　　第2節　現在の子どもの医療における課題　205
　　第3節　これからの子どもの医療にもとめられること　210
　　おわりに　213

第3章　だれひとり取り残さない小児保健 …………………………… 215
　　第1節　グローバルな潮流：持続可能な開発目標の理念　215
　　第2節　戦後日本の小児保健：輝かしい成果と未来への課題　220
　　第3節　小児保健の未来：世界に広がり，世界から学ぶ母子手帳　225

　索引　233

I 部
子どもと歴史・海外の子ども

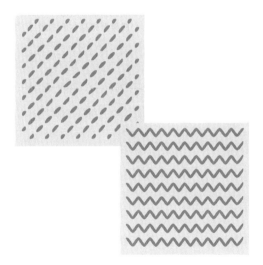

I部 第1章

子どもの生活史と教育史

はじめに

本章では，日本の子どもに焦点を当てて，その生活史と教育史をたどっていくことにする。第1節では，近代以前の伝統社会の子どもがすごした日常と，彼らが受けた教育について，江戸時代の農民を例にあげて明らかにする。第2節では，明治時代に入り近代学校が整備されていく中で，子どもの日常と教育がどのように変容したのかを明らかにする。第3節では，第一次世界大戦から第二次世界大戦に至るいわゆる戦間期に焦点を当てて，子どもの日常と教育の今日的な傾向が見られ始めた様子を明らかにする。

第1節 伝統社会における子どもの生活と教育

1.「家」制度下の社会

応仁の乱以降100年にわたった戦国の世が終わりを告げ江戸幕府が開かれると，社会の仕組みも大きく変化した。近世すなわち江戸時代の人口構成の大部分を占めたのが百姓といわれる農民であったが，農民の居住する村には，中世の長い歴史を経て，農民の小規模な経営と暮らしを支える自治的な組織が生み出されていた。支配者層である武士たちは，村の自治に依存して年貢や諸役を割り当てて収納し，農民を掌握した。このような仕組みを一般に村請制（むらうけせい）と呼び，江戸時代の農民の生活も村請制の下に営まれることになった。

農民の「家」は直系の比較的小規模の家族により営まれた。「家」が有する家屋や耕作地は子孫に相続されるのを原則としたため，農民たちは資産を維持し生産を高める目的から「家」の経営に力を尽くした。こうした「家」制度下の

社会の中で農民は日常生活を送り、自立に必要な教育を受けていた。

2.「家」制度下の子ども

江戸時代は身分制の世の中であり、原則として階層間の移動は不可能とされていた。そうした世の中にあっては、生まれついた家によってあらかじめ人々の身分は定められていたのであり、将来就くべき職業もほぼ決められていたということができる。こうした社会背景のもとに生きる江戸時代の子どもは「家」の制約のもとに成長することを余儀なくされていた。

ただし「家」の家業を継ぐのは長男であるとされていたため、それ以外の男子は養子に入るなどして、みずからの身の来し方を考えなければならなかった。一方女子の場合は、そもそも家業を継ぐ権利がなかったため、他家に嫁いで跡取りを産むことが最も大切なこととされた。

「家」を継ぐことになる長男の教育は、「家」の代表者である家長、すなわち父親の手で、念入りに行われた。「家」を継承していくことは、「家」の持つ身分や職業、財産を子孫に残していくことと同義であったため、家長の責任は大きかった。よって将来家長となる長男の教育はとりわけ重視され、「家」のために力を尽くすことのできる人間となるよう、教育が行われたのである。

3. 共同体の中の子ども

現代に比べて医療や衛生面での環境が行き届いていなかった江戸時代においては、子どもの成長をかけがえのないものとする感情は、現代にも増して強かったということができる。現在一般的に行われている子どもの成長を祝う習俗というと、七五三の他はなかなか思い浮かばないが、江戸時代には、子どもの誕生からわずか1か月ほどの間に、産立の式、三日祝、名付祝、出初め、宮参りなど、多数の行事が催されていた。出産直後の乳児死亡率が高かった江戸時代においては、子どもが健やかに生き続けている証しとして、これらの行事を行う意味は大きかったのである。

こうした行事は家族の中だけで行われるのではなく、近隣の家々の協力のもとに実施された。一連の行事の中で、子どもを取り上げた人間には取上親、初めて授乳を行った人間には乳親、名前をつけた人間には名付親など、重要な役

割を果たした人間に親としての地位を与えることが一般的に行われていた。

こうした習俗からは，江戸時代における子育てが共同体の協力のもとにようやく果たせるほどの困難さを持っていたということと，それゆえに子どもの円満な成長のためには，何よりもまずその子が共同体の一員として受け入れられ，共同体の協力を得られる態勢を整えることが必要であったことを示している。

共同体の援助のもとに成長した子どもは，親の家業を継ぐことができ，共同体の一員としてもその役割を果たすことのできる「一人前」として認められることになる。「一人前」として認められる過程の中で，概ね7歳を迎えると子ども組，15歳に達すると若者組といった縦割り集団に所属して，共同体のルールや慣習を学ぶことが一般的であった。

4. 手習いの普及

村請制の下では，年貢の徴収や村の行政は，農民自身の手で行われるのが原則であった。ゆえに，一定の識字計算能力を有する者が村内に存在しなければ，村政は立ち行かなくなるため，子どもの識字能力を育む環境が不可欠であった。こうした必要性から，各村において子どもに対する手習いが行われることになった。

手習いを行う場所というと，寺子屋という呼称がよく知られているが，手習塾とか手習所という呼称も多く用いられた。寺子屋は，今日でいう「習い事」に近い種類のものであって，学校とは異なる。寺子屋はすべての地域に均等に設けられていたものではない。名主や庄屋といった富裕な農民や，僧侶，医者といった読み書きに通じた人物が，地域の人々に請われて，なかばボランティアに近い形で手習いを教え始めるケースが一般的であった。浪人や下級武士が月謝をとって指導した場合もあったが，こうしたケースはとりわけ都市部に多かったとされる。寺子屋は永続することは少なく，その師匠一代限りで辞めてしまう例も多々見られた。

寺子ないしは筆子と呼ばれる生徒たちも必要に応じて入門し，個人や家の都合で辞していった。在籍中も必ずしも日常的に通うわけではなく，農繁期や家業の多忙な時は休むことが通例であった。

手習いに使うテキストは，極めて実用的な内容を持つものであった。そのテ

キストは一般に往来物(おうらいもの)[注2]といわれる。「いろは」と呼ばれる五十音を学ぶ教材からスタートし，次いで苗字や名前に用いられる代表的な漢字をまとめた「名頭(ながしら)」，周辺地域や日本各地の地名を網羅した「村尽(むらづくし)」「国尽(くにづくし)」，日常生活に必要となる「往来手形」や「奉公人請状(うけじょう)」といった各種の証文類，発展的な教材としては，商売に関わる各種の用語を集めた「商売往来」，農業に関する「農業往来」など，個々の寺子の学習の進度や必要性に応じて様々なテキストが用いられた。これらのテキストを手本に，書いては添削を受け，また書いては添削を受けることを繰り返して，文字や言葉を覚え，手習いの上達を図った。

また寺子屋には，寺子たちを楽しませる様々な行事も取り入れられた。手習いの上達を家族や地域の人々に見てもらうための「席書(せきがき)」といわれる習字の展覧会や，七草やひな祭り，端午(たんご)，七夕などの節句の祝いも行われた。

識字能力形成の必要性から，手習いは江戸時代の早い段階から各村で行われていたと考えられるが，寺子屋あるいは手習塾という形で教育機関として組織され各地に普及したのは，幕末になってからであるとされる。これは都市部のみならず農村部にも商品経済が浸透したことにより，手習いの必要性が各地で生じたためであるといわれる。明治時代に入り新たに学校教育がスタートした頃には，すでに広範な地域に寺子屋が普及していたものと思われるが，新たに発足した小学校は，寺子屋に取って代わる形で根を下ろしていった。寺子屋を排除する形で小学校が設置されることになったのは，どちらも教育機関という点では同じであったものの，目指す教育の目的がまったく異なっていたからである。小学校の性格については，次節で詳しく述べる。

第2節　近代学校教育の発足と子どもの生活

1. 学校教育の始まり

現代に至る近代的な学校教育システムは，1872（明治5）年にスタートした。その際に，「学制」と称する学校教育に関する法令が出された。その序文にあたる政府の布告書には，「これからは身分に関わりなく，すべての人々が学校に通うようにし，村の中にも家の中にも，無学の人がいないようにしなければならない」という趣旨の文言が記されている。これは国民皆学の思想といって，今

日でいう義務教育の思想にあたる。

　国民皆学の思想が唱えられたのは，明治維新を経て近代的な国づくりに着手した政府が，それまでの身分制を撤廃して，すべての階層から有能な人材を確保しようとしたためであった。つまり，いわゆる富国強兵策の一環としてこうした思想が唱えられ，学校教育がスタートしたということができる。

　こうした背景をもって整備が進められた学校教育システムと既存の寺子屋とは，その目指すところが違うゆえにそもそも相容れない存在であった。寺子屋は，人々が生活していく上で必要となる実用的な知識を，手習いという作業を通して，任意に学んでいく場所であった。一方で学校教育は，近代的な国づくりを担うことのできる人材を発掘するという機能を有していたために，必ずしも実生活とは関わりのないような知識を，より多くの子どもたちに習得させることを目的としていた。

　明治初年に学校教育で使われた教科書には，欧米で使用されていた教科書を日本語に翻訳したものも存在した。政府が近代的な国づくりを開始したそもそもの理由が，アジアに進出しつつあった欧米諸国の脅威によるものであった以上，欧米の知識を取り入れることは，なかば自然なことでもあった。政府は，それまで寺子屋で培われてきたような伝統的な知識を否定し，欧米から取り入れた近代的な知識を，学校教育を通じて民衆に植えつけようとしたのである。

2. 開校まもない小学校と子どもたちの様子

　発足当初の小学校と，そこに通う子どもたちの様子はいかなるものであったのだろうか。岩手県遠野市の遠野小学校は「学制」公布から間もない1873（明治6）年に開校したが，当時小学生であった古老の回顧談（『遠野小学校百年誌』[*1]所収）から，当時の様子を探ってみたい。

　遠野では幕末に武士を対象とした教育機関である信成堂が設けられたが，明治維新を迎えた頃に，「武士の子どもばかりが人間でねぇ，百姓や町人の子どもも人間だ。何も差別待遇するごどねぇ」という声が生じ，町人地の各所に「手習所」ができたとされる。遠野は盛岡藩内の主要都市の1つであり，「手習所」成立以前に手習いを行う場が存在しなかったとは考えにくいので，「手習所」は自然発生的に存在していた市内各所の寺子屋を組織化したものではないかと推

察される。

　回顧談には「手習所」が「明治六年に瑞応院に，学制による小学校ができるようになったら，それからだんだん影をひそめてしまった」とあり，「学制」公布後は比較的スムーズに小学校が定着したことがわかる。伝統的な手習いから近代的な学校教育への転換がスムーズに図られたのは，「手習所」の設置により寺子屋の組織化が図られていたことが大きな要因であると考えられるが，一方で小学校の新奇性も少なからぬ要因の1つであったようだ。

　小学校さ入って，一番先にびっくりしたのは白墨だったナス。黒い板の上さ，べらべらっとはっきり書かさって，消すとまた書くのにいゝんだからナス。これ程重宝な物はないと思ったナス。これには家の人もたまげて「小学校という処は，みんな一緒に教えてりでとても早ぐ…おらほの息子も小学校さ入れるべ」と白墨を見てから，小学校の生徒が急にふえるようになったス。それからだんだんに石板だのキペン（ママ）だのが出てきて，硯や墨や筆の代りをするようになったら，ますます生徒がふえるようになってきんした。
（『遠野小学校百年誌』*1）

　白墨とはチョークのこと。教師が黒板にチョークで板書する姿は，筆記具といえば毛筆であった当時の人々をさぞかし驚かせたことだろう。石板とは正しくは石盤と書き，子どもが手元で用いる小さな黒板のことである。昭和のはじめ頃までノート代わりに使用された。登場して間もない頃の石盤は，子どもたちのあこがれの的であったのだろう。

　では，当時の子どもたちは，こうした目新しい教具を前にして，集中して勉強に励んだのであろうか。回顧談を読むと，決してそうではなかった様子がうかがえる。

　兎も角，その頃の生徒のいたずらといったら，まずお話にならなかったナス。教室で喧嘩して一回に障子五枚骨ぐるみこわした事があるし，御本尊様を壇の上からひっくり返した事もある。この時は，みんな先生にぼんぎりき（丸棒）で頭をたがれたス（中略）こんな悪戯するもんだから，先生達の方でも，じっとしているわけにも行かず，舘林直治という学務員に一間ばかりの棍棒を持たせて，時々学校にきて貰うようにした。生徒達はその人が来るとよく「青獅子が来た。青獅子が来た」といって恐れたもんだ。何し

ろ下手するとゴツンとやられたからななぁ。
(『遠野小学校百年誌』[*1])

　既述の通り、寺子屋に代表される江戸時代の教育機関では個人教授の手法がとられていた。「学制」により発足した小学校で、子どもたちは、はじめて一斉教授法を経験した。教師の話をみんなで静かに聴くという習慣のなかった子どもたちに、落ち着いて授業に参加させるのは至難の業であったろう。また教師たちも、欧米伝来の一斉教授法を熟知しているわけもなく、試行錯誤して授業に臨んだに違いない。遠野小学校の教師たちはそのほとんどが、信成堂で武士の子どもを教えていた者たちであった。小学校に集う多様な階層の子どもたちは、礼儀作法を身につけて授業に臨んでいた武士の子どもたちとは、様々な点で異なっていたと考えられる。
　このように、発足当初の小学校では、教師と子どもたちが手探りで学校生活の日常を紡いでいったのである。

3. 学校教育に対する民衆の反発

　学校教育システムの導入にあたって、政府は小学校を全国に普及させることに重点をおいた。地域によっては、既存の寺子屋をそのまま小学校に置き換える手法がとられたところもあったが、むしろ寺子屋とは別途、小学校を設けるケースが多くみられた。その結果1876（明治9）年には、今日の小学校数を凌駕する約25,000校の小学校が全国に設置された。しかし、民衆の日常生活とは相容れないその教育内容や、高額な授業料などが敬遠されて、小学校への通学は思ったようには定着しなかった。
　全国で小学校の設置が進められた時期と重なる、1873（明治6）年から1876（明治9）年にかけて、重税や徴兵制の導入に反対する一揆が各地で起こった。その際、多数の小学校が打ちこわしの被害に遭っている。当時の小学校は今日のように無償ではなく、原則として授業料が徴収されていたし、直接授業料を徴収しなかった地域においても、小学校にかかる経費は税金として徴収されていた。小学校はその教育内容が民衆にとって有益ではなかったことに加えて、重税の主たる原因ともなったため、打ちこわしの対象となったのである。

4. 学校教育定着への模索

　民衆の就学を促すために，政府はたび重なる制度改正を行った。文部省は，1879（明治12）年に「学制」を廃止して，新たに「教育令」を公布した。「教育令」では小学校への就学を促進するために，学校に通う必要のある修学年限をそれまでの8年間から4年間へと短縮し，1年あたり少なくとも4か月間は就学することとした。アメリカの教育制度をモデルに作成されたといわれる「教育令」は自由教育令ともいわれ，地域の教育の実情をふまえて制定されたものであった。しかし，そうした配慮がかえって就学の停滞を招くことにつながりかねないと，地域の教育関係者からの非難を浴びた。

　翌1880（明治13）年に早くも「教育令」は改正された。この改正では一転して就学の強化が図られ，小学校初等科3か年間にわたり年間少なくとも36週は就学するものとする規定が盛り込まれた。しかし，折からの深刻な不況の影響も相まって，依然として小学校への就学は停滞していた。

　初代の文部大臣に就任した森有礼（1847-1889）は1886（明治19）年に「小学校令」を制定し，その中ではじめて尋常小学校の4年間を義務教育として規定した。有償であった尋常小学校を補完するため，無償で修学年限3年の小学簡易科を設置して義務教育の定着を目論見た。しかし就学状況は好転せず，就学率は50％台に留まっていた。

　一方で学校現場においては，伝統的な民衆の習俗に対応しながらの学校運営が続けられた。静岡県磐田郡豊浜村（現在の磐田市）の学校教育と児童習俗の相剋を描いた『日本民衆教育史研究』[*2]では，年中行事や祭礼等の伝統的な習俗により多くの子どもが学校を欠席し，結果として休校を余儀なくされた数多くの事例が紹介されている。

　豊浜村では明治10年代に入ってからも年中行事が旧暦[注3]で行われていた。例えば正月の行事について，1885（明治18）年1月5日の豊浜小学校校務日誌には，「成規如クンハ十二月廿五日ニ終リ一月八日ニ始ムベキナレドモ，当地方ノ旧慣トシテ新暦ヲ奉ゼズ専ラ旧暦ニヨレバ，其一月元旦ニハ是非トモ休業セザルヲ得ズ，故ニ例年遅ク業ヲ終リ早ク始メ，以テ陰暦一月ノ元旦休業ニ充ツルナリ」と記されており，旧暦正月を休校にするため，冬期休業の期間を短縮することを余儀なくされている様子がうかがえる。桃の節句についても，「旧暦の三

月三日ニ適当スルヲ以テ，旧習ニヨリ生徒モ不参多ケレハ，正午ニ校ヲ閉ヂタリ」と記されていて，桃の節句の行事を祝う目的で早退する子どもが多く，午後を休校にした様子がうかがえる。この記述は1881（明治14）年のものであるが，翌年とその翌年も同様の記載が見られるという。村の産土神（鎮守）の祭礼の日も休校の措置が毎年とられたが，これについては他の市町村でも同様であったと見られ，1892（明治25）年制定の静岡県の「小学校教則」に，産土神の祭日を休業日とすることが記されている。この時期の子どもたちが，未だ伝統的な生活環境の中で日常を送っていた様子が想像される。

5. 学校教育定着の兆し

　小学校への就学が人々の間で一般化してくるのは，明治30年代からということができる。小学校への在籍者を示す指標である就学率は，1902（明治35）年には90％を超える。この頃になると，出席しているか否かは別にして，ほとんどの子どもたちが小学校に在籍するようになる。

　その理由として第一に，地方の行政組織が整い，就学奨励をはじめとする学校事務が円滑に進み始めたことがあげられる。第二に，日清・日露戦争の影響もあって重化学工業の発展がみられるなど，欧米諸国を手本とした近代化が急速に進み，学校教育の必要性が人々の間で認知されるようになったことがあげられる。第三に，女子の就学が急速に進んだことがあげられる。

　江戸時代以来の「家」制度のもとでは，家庭内における女子の地位は低く，子どもの教育も父親の主導で進められる傾向にあった。女子に教育は不要という考え方は，明治時代に入ってからも根強く残っていた。ところが，欧米から良妻賢母思想が取り入れられると，家庭内における女子の役割は飛躍的に増大することになった。その結果，女子教育の必要性も認識されるようになり，女子の就学拡大につながった。

　しかし一方で，小学校の中退率は依然として高かった。地域によって状況は異なるが，多いときには男子においては2割程度，女子においては5割に達するほどの子どもが，卒業せずに学校を辞めていたと考えられる。

　1896（明治19）年生まれの女性の次のような回顧談は，当時の状況をよく伝えている。

家は農業。六人兄妹（一人は早く死亡）のまん中で，尋常四年までいきましたけど，おともり，おともり（子守りのこと）で，四年のうち通算して三年もいったことになるか，今でもカナがやっとですよ。農家といっても，このへんは，山あいの，田んぼにするような土地は少ないところです。畠に，麦，あわをつくる小さな農業で，馬が三，四頭いて，男衆は馬車をひいて，女子どもは，馬の飼いばの草刈り，燃し木ひろいが仕事でした。
(『日本子どもの歴史⑤』[*3])

1983（昭和58）年にNHKで放映されたドラマ「おしん」の主人公が，子守奉公で小学校に行けず，奉公先の幼な子を背負いながら小学校の窓越しに授業を眺めていた様子に涙した視聴者は多かったかと思うが，そうした光景は，明治後期の段階では決して珍しいことではなかったのである。

第3節　戦間期の教育と子ども生活

前節では，明治10年代の静岡県豊浜村の事例を取り上げて，伝統的な習俗が民衆にとって学校教育以上に重要な意味を有していたことを確認した。こうした状況が変化するのはいつ頃のことなのだろうか。

大門正克の『民衆の教育経験[*4]』によれば，東京の多摩東部に位置する田無町（現在の田無市）の田無小学校では，1901（明治34）年に秋祭りの9月19日を小学校の休業日に指定したほか，同じころ，春蚕の上蔟[注4]で忙しい6月に授業を8日間短縮したという。明治後期には小学校の義務就学年限が6年に延長されるが[注5]，伝統的な習俗は依然として民衆の日常生活に根づいていたことがわかる。

学校教育が民衆の日常生活に定位置を確保するようになるのは，1920年代以降のことと考えられる。この頃になると，①家庭通信，通信簿などの発行，②「父兄会」，母の会，講演会，父母懇談会など保護者の組織化，③授業参観，学芸会・運動会などの参観，④家庭訪問等がなされるようになり，学校と家庭とが連絡をとりあう態勢が整えられてくる。また，学校生活に目を転じれば，日々の授業と試験の合間に，遠足，運動会，展覧会などの行事に取り組み，身体検査等によって学校衛生の浸透を図るなど，小学校が，子どもの生活，時間，身体，意識に大きな影響を与える場として機能するようになった（『民衆の教育経験[*4]』）。

民衆の生活にとって重要な意味を有していた伝統的な習俗がその地位を低下させ，代わって学校教育が民衆の生活の中に位置づいてきた背景には，度重なる戦争に国民が動員された結果，国家の存在が民衆の中に認知され，小学校で実施される国家的行事や軍事的行事が，子どもたちの生活に少なからぬ影響を与えるようになったことがあげられる。このほか，学校教育を受けたということが，就職に代表される社会的地位の獲得に有効であるということが人々の間に認識されるようになり，今日に続くような学歴社会が到来したことや，義務教育費に対する国庫負担率が50％程度にまで引き上げられたことも，大きな要因の1つとして考えられる。

戦間期は，高等教育機関への進学者の増加，児童中心主義，経験主義の学校教育を求める大正新教育運動の高まり，児童雑誌『赤い鳥』の刊行や山本鼎による自由画運動の展開などに象徴される児童文化の発展など，今日まで続く学校教育ならびに児童文化の特徴や性格が顕在化した時期であった。就学の慣行も一般化し，小学校の中退者が大幅に減少した時期でもあった。その後のアジア・太平洋戦争により，国家主義，軍国主義の教育が強化され，こうした流れは水を差される形となるが，その特徴や性格は敗戦後に受け継がれる。

子どもの教育史や生活史をたどれば，学校に通うことが自明視されるようになってから，まだそれほどに長い年月は経っていないことが明らかになる。学校に通うことが子どもの日常生活の大きな部分を占めるようになったのも，社会的な背景を抜きにしては考えられないことなのである。

生涯学習社会が叫ばれ，生涯の学びの導入部分を担う学校の役割も変化を迫られつつある。子ども時代を豊かに生きることは，その後の人生を豊かにする上でも欠かせないことである。すべての子どもが豊かに子ども時代を送るために，学校をはじめとする子どもの周囲の環境はいかにあるべきなのか。歴史をたどることでそのヒントを探る試みを，子どもに関わる多くの人々とともに今後も続けていきたい。

● 注
注1：江戸時代は，「子返し」と言われた嬰児殺し（「間引き」と呼ばれるのは近代に入ってから），堕胎や捨子も少なからず見られた時代であった。こうした習俗は，子どもに対する無頓着や無関心によるものではなく，「家」の安全な継承や子孫までを含めた家族の生活向上を願うなかで生じたと

第 1 章　子どもの生活史と教育史

されるが，平和な世の中が続き，医療や養生の技術が向上するにつれて，倫理上の問題として深く問われるようになる。その後，嬰児殺しは許されないとする民衆の意識が次第に形成されるようになっていった（『子宝と子返し』＊5）。

注2：もともとは手紙のやり取りの手本を示した文例集として登場したのでこの名がある。中世から読み書きのテキストとして利用されたが，江戸時代には学習の用途に応じた，多種多様なものが出版された。

注3：太陰暦のこと。月の満ち欠けをもとにして作られた暦。一方で新暦とは太陽暦のことであり，地球が太陽のまわりを一周する時間をもとにして作られる。日本では，明治5年12月2日までは太陰暦を用いたが，翌日から太陽暦に移行し，1873（明治6）年1月1日となった。

注4：十分に成熟した蚕を，繭を作らせるために蔟といわれる，わら製の養蚕具に入れること。

注5：1907（明治40）年の小学校令改正の際に，義務教育年限が6年へと延長された。

● 引用文献
1. 遠野小学校百周年記念行事推進委員会　1973　伝統　遠野小学校百年誌　遠野市立遠野小学校
2. 高橋 敏　1978　日本民衆教育史研究　未来社
3. 仲 新編　1977　日本子どもの歴史⑤　富国強兵下の子ども　第一法規
4. 大門正克　2000　民衆の教育経験　青木書店
5. 太田素子　2007　子宝と子返し　藤原書店

● 参考文献
入江 宏　1985　近世社会の教育　堀松武一 編　日本教育史　国土社
佐藤秀夫　1987　学校ことはじめ事典　小学館
土方苑子　1994　近代日本の学校と地域社会　東京大学出版会
小山静子　2002　子どもたちの近代　学校教育と家庭教育　吉川弘文館
山田恵吾・貝塚茂樹 編著　2008　教育学の教科書－教育を考えるための12章　文化書房博文社
熊本学園大学経済学部 編　2008　いま，学問がおもしろい　サテライト講義（21講）　ミネルヴァ書房

■ I 部 第2章

ドイツ新教育における「子どもから (vom Kinde aus)」の教育

はじめに

　近年，子どもをとりまく環境は大きく変化し，幼児教育・初等教育をめぐる課題も複雑化している。このような状況の中で，子どもが様々な環境の変化に自ら向き合い，他者と協働して課題を解決していく力や獲得した多くの知識や情報を実践に転換していく力，つまり「何を学ぶか」と同時に「どのように学ぶか」という学びの質や深まりが重視される。

　平成29年改訂の学習指導要領では，「主体的・対話的で深い学び（アクティブ・ラーニング）」の重要性が示された。今回，同時に改訂された幼稚園教育要領においてもアクティブ・ラーニングの視点から指導の改善を図ることが強調されている。このような「主体的な学び」，「対話的な学び」，「深い学び」は子どもの主体的な活動や多様な体験を保障し，他者との関わりを通じて自己認識を図ることで可能になる。また，同時に教師がそうした学びの環境をいかに構成するかということも重要となる。

　幼小接続期において，子どもと教師の対話的な関係を基盤に，子どもの主体的な学びの構築を目指した実践として，ドイツ新教育運動期のB.オットー学校 (Berthold-Otto-Schule，以下，オットー学校）の取り組みがある。オットー学校の創始者であるオットー (Berthold-Otto, 1859-1933) は，あらゆる学びの契機を「子どもから」見出し，子どもの興味，関心から生じた主体的な学びを対話によって教師が受容的・応答的に援助することを重視した人物である。

　ここでは，オットー学校において，教師がいかに子どもの成長を見取り，子どもとともに構想する保育・授業を実現していたかについて，子どもと教師の対話的関係の構築，子どもとともに構想するカリキュラムの視点から考察を行

う。そして，それらを実現するために教師に求められる役割についても検討を行う。

第1節　子どもと教師の対話的関係の構築

　20世紀初頭のドイツにおいて，オットーは，これまでの学校を「強制的施設（die Zwangsanstalt)[*1]」と批判した。旧来の学校において，子どもは教師のもとで一方的に定められた教育の内容を機械的に注入されるだけの存在であったという。これに対してオットーは，子どもを「自らをとりまく環境から成長，発達にとって必要なものを納得の行く方法で求め続ける存在」としてとらえ，子どもの持つ内的な「認識衝動（der Erkenntnistrieb)」，すなわち「自ら知ろうとする欲求」を重視する。つまり，オットーは，子どもは外側から強制せずとも，自律的に成長発達を遂げていく存在であるという子ども観に立脚し，新しい教育を実現すべくオットー学校を設立したのである[*2]。

　この学校で，オットーが教育の基本的原理として提起したのが，具体物を題材とした「対話学習」であった。彼は，この「対話学習」こそが，子どもの認識衝動や探究心を促進し，主体的な学びを促進する真の学びであるという。この「対話学習」の基盤として，オットーが重視したのが，家庭における対話である。子どもは，家庭における自然な対話の中で，言語や行動様式を習得し，思考能力の基礎を身につけていく。オットーは，幼児期の子どもの環境への関わりのプロセスについて，次のように述べている。「子どもは自分の身の周りの世界を知ろうとし，まず自らのあらゆる感覚を手がかりに対象を探究する。しかし，自分の経験や知識では説明のつかない場面に遭遇すると，いつも家族に問いかけ，彼らから喜んで教示を受け，さらに思考を展開させる」[*3]。

　オットーは，就学前から，子どもは家族との対話や関わりをもち，自身の認識衝動を喚起する多様な機会が与えられることに着目した。この点について彼は，「母親は，子どもが望むことを推察し，与えることによって子どもの認識衝動を促進することができる。こうした互いに理解し合うという最初の体験が，子どもの学びの基礎を築く」[*4]と述べ，子どもの認識衝動の発達は，他者との対話によって促進されるという原理を見出した。

従来の主知主義的な教育においては，幼年期と学齢期また，家庭と学校との間には大きな断絶があり，このような相互関連は欠如していた。オットーは，このような家庭内の対話を学校教育にも取り入れることで，幼児期から学童期における子どもの発達の連続性を保障しようとしたといえる。[*5]

　それでは，学校でこうした対話学習を実現することは，子どもの学びにとってどのような意味を持つのであろうか。

　対話によって促進される認識衝動は，子どもの「つぶやき」という形で表出される。オットーは，いわばこの問いの萌芽ともいうべき「つぶやき」を生み出すことのできる環境を学校内に構築しようとしていた。この点について，オットーは次のように述べている。「子どもが周囲の環境に興味を持ったとき，子どもの頭の中でそれに対応する言葉が既存の知識と結びつく経験が重要な意味を持つ」[*6]。つまり，オットーは，具体的事物との直接的な関わりを通して，子どもから発せられる言葉に重点を置き，その言葉による対話がさらに子どもの学習を深めると考えていた。[*7]

　しかし，子どもの「つぶやき」は，子ども自身が明確な問題意識を自覚していない限り，深い学びには至らない。「つぶやき」を学びへつなげるためには，「つぶやき」を「問い」へと転換しなければならない。そのために教師は，個々の子どもの「つぶやき」を対話の中で紡ぎだし，子ども自身に問いを意識化させる必要がある。問いは対象への認識を獲得するための重要な手段である。したがって，子どもの主体的な学びを保障するためには，子どもの「つぶやき」を認め，尊重すること，つまりどのような問いも教師によって温かく迎え入れられ，問うという行為自体が，子どもへの承認のしるしとなることを意味する。問いは，無知の証ではなく，対象認識への萌芽として肯定的にとらえられなければならない。それゆえ，対話学習では，子どもが学習内容とは一見無関係な問いを投げかけたり，あるいは間違った発言をしたりすることに対して何らかの罰を課すことは「子どもに対する不合理な振舞い」[*8]であるとして，これを厳しく禁止している。

　家庭との連続性を持った対話学習は，子どもの認識衝動を促し，「つぶやき」として出現する。「つぶやき」は，さらに対話を通して意識化され，問いという形で再構成され思考を深化させる。思考の深まりは，さらなる認識衝動を生み，

対話を通じて問いが意識化される。このように子どもの自発的な認識衝動と教師の働きかけとしての対話は，相互に関連し，補完し合う構造を持つといえる。

こうして子どもの学びは，教師が学びの方向性を固定化せず，対話に基づいて子どもの多様な発想や自発的な問いの表出を尊重する環境の中で促進される。ここでの学びは，子どもに義務感や恐怖感を与えて強制するような旧来の学びとはまったく異質のものであるといえる。

第2節　子どもを主体とするカリキュラム構想

子どもの問いを契機に対話に基づいて学びを組織するオットー学校の実践は，カリキュラムの点からみると，子どもの内発的な興味に偏するあまり何ら系統性を持たない「偶発的な学び（Gelegentlicher Unterricht）」であるとの批判を受けてきた。しかし，オットーは，指導そのものを放棄した自由を子どもに与えていたわけではない。それでは，こうした学びを進める上で，教師はどのような学びを構想し，指導性を発揮したのであろうか。

ここでは，まず，オットーの用いた「カリキュラム」の概念を整理した上で，オットーの学校カリキュラム構想について検討したい。

ドイツにおいて，一般的にカリキュラムを示す際，レーアプラン（Lehrplan）という語を用いる。これは，ドイツ各州の指導要領・要綱（Richtlinien, Rahmenrichtlinien）と同義で用いられ，教育内容・方法を含むわが国の学習指導要領に相当するものである[*9]。しかし，オットーはカリキュラムについて論じる際，レーアプランという語ではなく，レーアガング（Lehrgang）という語を用い，後述するようにレーアプランは「固定的な型」を意味すると批判している。

Gang（ガング）とは，ドイツ語で，①歩み，②進展，経過を意味する語である。このことから，オットーのいう，「カリキュラム」とはプランとしての「型」ではなく，学びのプロセスとしての「軌跡」としてとらえられていたと考えられる。この考え方は，「カリキュラム」を教授・学習過程ととらえていた伝統的なドイツ教授学の思想とは異なり，指導法や評価，子ども観などを含むより広い意味でとらえていたということができる。

オットーはカリキュラムの原則として、以下の3点をあげている[*10]。①子どもの興味から始めること、②対象との直接的な関わりから明確概念把握へ導くこと、③授業は対話によって柔軟に構成すること。つまり、学習は子どもの興味を出発点に、子どもが主体的に対象と関わることを通じて、その本質を理解するように導くことであり、さらに、そのような学びは固定的にとらえられるのではなく、子どもとの話し合いによって常に修正・変更可能なものとして考えられているといえる。

オットーは子どもの学びにおいて「始まりは読み書きではなく、教師や子ども同士の対話に基づく自由な活動を重視する[*11]」と述べ、子どもの興味に基づく体験から授業を組織する重要性を主張する。その際、子どもの興味や主体的な活動を中心としながらも、それが他者との関わりの中で深められることが目指されている。これは、「学びというものは、他者との対話に基づいて行われるものであり、子どもは他者と交流し、関わり合うことを通じて自分をとりまく環境に対する考え方を形成する。そして、それは対話における問いや答えにおいて促進され、言葉とともに認識の力は発達する[*12]」と考えられているからである。つまり、オットーは子どもが対象と直接関わることによって、自己の経験に基づいた気づきを生み、そこに対話を通じて他者の視点を重なり合わせることによって、対象に対する本質的な理解へと導くことを意図していたといえる。

さらに、「教師は子どもの観察に基づいて、最適な援助のあり方を見出してゆく。こうして作り上げた指導計画は、子どもに対する型ではなく、教師にとっての見通しである。そして、子どもが他の活動や援助を求める場合は、子どもは指導計画を修正する権利を持つ[*13]」として、固定的なカリキュラムは放棄するが、子どもと教師の対話的な関わりの結果として多様な可能性を含み持った柔軟なカリキュラムを構想することが強調されている。

オットーは「私たちは根本的にレーアプランを持たない[*14]」と主張したため、これまでその実践は「偶然的で場当たり的なもの」であるとの批判がなされてきた。しかし、オットーのいう「レーアプラン」とは、「教師が選定し、作り上げた型（Schablonen）[*15]」を意味し、従来の固定的、一方的な「レーアプラン」のもとに子どもを画一化することを批判する。さらに、「私の学校が構想している「レーアプラン」の放棄は、学習の秩序の崩壊を意味するのではなく、子ど

第 2 章　ドイツ新教育における「子どもから（vom Kinde aus）」の教育

もの観察に基づいた子どもの学びに対する環境設定と援助への準備を意味している」と述べ，固定的なレーアプランは廃棄するが，子どもの側からの要求に基づいて，子どもと教師の対話から構想するカリキュラムを意図している。

　以上のような，子どもと教師によるカリキュラムの協同構想を可能にする具体的な取り組みについて見てみよう。まず，オットー学校では，時間割を作成する際，子どもと教師の十分な話し合いから始められる。黒板には枠が書かれた白紙の時間割表（Stundenplan）が貼られ，子どもには「学びたいことメモ（Wunschzettel）」と呼ばれる紙が配られる。授業の総時間数のみが予め決定され，その中でどのような内容を学びたいのか各自，用紙に記入し発表する。教室や教師の配置を考慮しながら話し合いが進められるため，完全に子どもの希望を反映したものとはいえないが，子ども自身が納得した形での時間割が完成する。もちろん，この時間割も固定的なものではなく，「単に目安にすぎない」とされる。それは，子どもが興味を持ち，授業で行いたいと思っていることがらを予めすべて配置することは不可能であるからだ。時間割には，学びを進める中で子どもにとって必要なことをその都度重ね合わせる必要があるという[*17]。そして，時間割の中には授業の合間に意図的に「空き時間（Zwischenstunde）」が設けられている。この時間は，授業の展開に応じた時間調整の役割を果たすと同時に，子ども自身の自由な活動の時間として機能している。この時間には，子どもは屋外で活動する，または調べものをするなど，自身の学びを深化させるために自由に過ごすことができるのである。

　以上のように，オットーのカリキュラムは，固定的な型を廃すことによって，子どもの学びの道筋を柔軟に構成し，対話を通じて子どもとともにつくり出していくものととらえられる。そして，こうした思想が前提となってはじめて，「子どもから」のカリキュラムが実現できると考えられていたといえる。

第 3 節　対話的な学びにおける教師の役割

　それでは，このようなオットー学校の学びの過程で教師はどのような役割をはたしていたのだろうか。

　オットーが主張した，対話によって子どもの主体的な思考の深まりを生み出

すことを目指す教育においては，教師には子どもの自発的な問いを喚起し，教室に連続性を持った対話をもたらすことが求められる。こうした学びを可能にするために，教師は，子どもが問いを発することができる自由を尊重し，観察者としての役割を担うことが要求される。この点について，オットーは次のように述べている。「どんな子どもも，自分の知っていることやできることには関心を示すものである。したがって，新しい事象を学ぶ際には，子どもがすでに知っていることがらを導入に用い，その名前や性質，あるいは子どもがそれに対して持っている感覚的な認識について問いかけ，その答えを教師が大いなる喜びを持って肯定的に受け止めることができるなら，子どもはどのような新しい問いに対しても期待を持って待ち構えるようになるだろう」[*18] つまりオットーは，子どもの既知のことがらを基盤として，それらを呼び起こすような発問を提起する技術を教師に要求しているのである。

　新たな学習内容を取り上げる際，教師はまず，子どもに，すでに知っている知識や経験を喚起する発問を投げかけ，次に具体的対象物を媒介に子どもに新しい認識を生み出すきっかけとなる発問あるいは働きかけを行う。たとえ，間違った答えであっても，教師はそれに対して失望感を表すのではなく，教師自身が子どもの思考のプロセスを辿ることが要求される。この点について，オットーは次のように述べている。「各々の場面において，なぜ子どもは間違いを犯したのか，その際子どもの思考はどのように展開したのか，他の子どもは同じ問いにどう反応したのか，子どもが正しい思考の道筋に至るためには他にどのような形で問うべきなのか，そして，子どもはどのような思考によって正解に至ったのか，教師自身が問い直さなければならない」[*19]。つまり，子どもがいかに答えるかということよりも，教師がいかに問うべきかが問題とされていたのである。

　したがって問いは，子どもの眼前にある具体的な事物から答えを導き出せるように組み立てられるべきである。子ども一人ひとりに応じた認識を引き出す発問を可能にするものは，教師のきめ細かい観察に他ならない。しかもその際の観察は，単に静的・受身的なものではなく，教師がそれぞれの子どもにふさわしい働きかけを見出し，教育的な援助をすることを前提とした能動的な観察であるといえる。

第 2 章　ドイツ新教育における「子どもから（vom Kinde aus）」の教育

　子ども一人ひとりの長所や気づきを見取り，それに合った問いかけや指導を行うためには，観察に基づいた子ども理解が重要となるが，オットー学校では，子ども理解を深めるために独自の記録媒体が用いられていた。それは，子どもによる，①学びノート（Schultagebuch），②クラスノート（allgemeines Tagebuch），そして③教師による日課ノート（Stundenbuch）という 3 種類の記録媒体である。

①「学びノート」とは，子どもが毎日の学びの内容を記録するノートで，興味を持ったこと，わからなかったこと，達成できたことなど，日々の学び進捗状況を記録するものである。これは，固定的なカリキュラムを廃し，多様な選択の幅を持つオットー学校での学びを，子ども自身の中で系統立て，客観化する働きを持つ。さらに，それは今日のポートフォリオ的な自己評価記録としての機能も併せ持っているといえる。これによって，子ども自身が自らの活動の足跡を振り返ることができる。

②「クラスノート」とは，子どもが，クラス活動，遠足，クリスマス会の準備などクラス全体の活動内容を記すものである。これは，決定事項の確認や評価など，「学級日誌」としての意味合いを持つと考えられる。

③教師による「日課ノート」とは，毎日の授業で一人ひとりの子どもが何を学び，どのような関心に基づいてどのような行動を取ったかなど，次の授業を進める上で必要な子どもに関する情報を教師が書き留めておく記録をいう。子どもの興味から芽生えた気づきを，対話を通して認識へと高めていくカリキュラムをデザインしていくためには，子ども一人ひとりに対する入念で長期的な観察が不可欠となる。

　これらの記録は子ども理解や学びへの援助に用いられるだけではなく，評価にも活用される。評価は，点数ではなく，継続的な子どもの発達や変容を文章で書き記す形がとられる。教師が蓄積した子どもの記録は，子どもの活動や気づきを価値づけるものとして，子どもの学習にフィードバックされる。そして，教師の評価とともに活動の連続性を支えるものとして，子どもによる自己評価がなされる。オットーは，「子どもの認識過程は他者（教師）から観察すると同

I部　子どもと歴史・海外の子ども

時に、子どもの自己観察という視点からも確認されなければならない。そして他者からの観察によって得られた事実は、それに対応する内的な観察によって解釈されなければならない」と述べ、子ども自身の振り返りを踏まえることで、多元的な評価や創造的な学びが可能になるとされる。

　次に、教師に求められるのは、子どもの学習環境の構想者としての役割である。子どもの主体的な自己形成を促進するためには、それらを喚起する環境を整えなければならない。オットー学校では、子ども自身の認識衝動やそこから生じる自発的な問いが学びの中心に位置づけられるために、子どもをとりまく学習環境は子どもがそれらを存分に発現させることのできる自由を必要とする。その点について、オットーは、「われわれは子どもに実りある活動場所としての自由を用意することが重要である」[20]と述べて、強制や義務によらない自由な学びの場を重視する。

　ここで問題となるのは、オットーは自由をどのようなものとしてとらえていたかということである。オットーは、「従前の教育では自由は厄介で禍となるものと見なされてきた。しかし教育において自由を達成することは真に苦労するに値することである。しかもここでの自由は、決して無規律なものではなく、その中に規律を持っているものでなければならない」[21]と指摘し、ここで意図される自由は、教師の指導を必要としない放任的な自由ではなく、ある一定の規律の上に成り立つ自由であることを主張する。オットーは、子どもの自由を保障するために一定の規律や秩序の遵守に対する明確な教師の指導性を強調している。それと同時に指導の際、教師が対話を通じて子どもの学びを妨げるあらゆる精神的抑圧を取り除くことの重要性にも言及されている。

　さらに、オットーは、「私は学びにおいて盲目的に従わなければならない規範を教師に強要しようとは思っていない。この学校では教師たちに大幅な自由裁量が与えられており、彼らなりのやり方でその時々の子どもに必要な学びが展開されている」[22]と述べ、子どもだけではなく、教師に対しても指導の自由を保障している。これによって、教師は必要に応じて学びの環境を柔軟に組み替えることが可能となり、教師は、与えられた自由な裁量を駆使して独自の授業を構成し、展開していくことができる。また、こうした自由は、同僚性に基づいた教師間のヴィジョンの対話的共有あるいは地域、両親を巻き込んだ自由な協

第 2 章　ドイツ新教育における「子どもから (vom Kinde aus)」の教育

同作業を可能にしたといえる。

　そして最後に，教師には子どもと同じ目線に立った学びに対する探究者としての役割が求められている。教師は，学校の中に様々な具体的事物で構成された環境を準備する。そしてそこから生じる子どもの問いかけに教師は適切に応答する義務を持つ。[*23] しかし，オットーは教師に教材についての知識を網羅することを求めたり，子どものどのような問いに対しても完全に対応できるようになることを要求しているのではない。そこでは，教師自身が教材についての知識を獲得する過程で，自らが関心を持って対象に取り組む態度が重要であるという。それについてオットーは，「教師自らが疑問を持ち，子どもが身につけなければならないと信じていることを問いかけるだけである。このことが前提とされていれば，子どもたちに興味を喚起し，教材を理解できるよう援助することは決して困難ではないだろう」[*24]と述べている。

　このように教師は，学びにおいては常に子どもと同じ目線に立った探究者であることが強調される。[*25] さらに，とりわけ，経験の浅い教師が最初に学ばなければならないのは，子どもの質問に対して「先生もそれを知りません」[*26]と言えることであるという。教師は，子どもの問いに正確な解答を与えるだけの存在ではなく，子どもの疑問をともに試行錯誤し，探究し合う仲間であることが重要となる。

　このように「対話学習」から導き出された，教師の役割を学びの場で重ね合わせる時，そこにオットーの描いた1つの教師像が浮かび上がる。それは学びの過程において，対話を通じて子どもとの意見の一致を見出すこと，すなわち合意形成に支えられた「協同的な援助者」と位置づけることができるのではないだろうか。

　オットー学校において，教師が対話を通じた「協同的な援助者」として学びを根底から支えることによって，子どもの思考は深まり，それと同時に教師の指導も深化，拡大していくことができると考えられる。そして，教師がこうした役割を担うことによって，旧来の子どもと教師の関係性は止揚され，学びに協同体的な相互作用がもたらされるといえる。

　以上，オットー学校における対話学習を教師の役割という視点から考察してきた。その結果，オットーは自ら提起した「対話」の理論に基づき，教師が担

うべき役割として，①子どもの認識衝動に対する能動的な観察者，②子どもの活動の多様な展開を可能にする柔軟な環境の構想者，③子どもとともに対象に取り組む探究者の3点を重視していることがわかる。さらにこれらの役割を相互に関連した指導的観点としてとらえることで，旧来の教師が「強制的な権威者」として存在していたのに対して，「協同的な援助者」という新しい教師像を実現することが可能となった。

オットーの「対話学習」では，子どもの主体的な認識衝動に基づく活動が対話を通じて，問いという形で表出され，さらにそれが対話によって深められる。その対話を成立させるために,「教師－子ども」間の制度化された教授関係，つまり「教える人→学ぶ人」という一方的な関係は，子どもの側から提起された共通の問いをめぐって，両者が対等な認識主体として存在するよう関係の再構築が図られている。

おわりに

以上見てきたように，オットー学校では，子どもの自発的要素を重視しながらも，教師が対話を通じて一人ひとりの学びに寄り添い，同僚性を構築する中で子どもを深い学びに導こうと努力する姿が浮かび上がる。オットーは，子どものつぶやきや活動を丹念に見取り，記録することによって指導性を発揮した。さらに，教師が「いかに教えるか」ということだけではなく，子どもが「いかに学んでいるか」ということを重視していたといえる。これらは，今日のアクティブ・ラーニングにもつながる視点であると同時に，協働的，組織的な授業・指導改善を可能にするカリキュラム・マネジメントを考える上においても示唆に富むといえる。

● 引用文献
1. Otto, B.: Die Schulreform im 20. Jahrhundert. In: Flitner,W. / Kudritzki,G. (Hg.) : Die deutsche Reformpädagogik. Bd.1. Die Pioniere der pädagogischen Bewegung. Stuttgart 1982, S.173
2. Otto, B.: Volksorganische Einrichtungen der Zukunftsschule. Berlin 1914, S.21
3. Otto, B.: Gesamtunterricht. Berlin 1913, S.24.
4. Otto, B.: Lehrgang der Zukunftsschule. Nach psychologischen Experimenten für Eltern, Erzieher und Lerher dargestellt. Leipzig 1901, S.3. (金子 茂 訳『未来の学校 世界新教育運動選書5，明治図

第2章 ドイツ新教育における「子どもから (vom Kinde aus)」の教育

書，1984年，p.93.)
5. Ebenda., S.11. (同上訳書，p.103.)
6. Ebenda., S.10. (同上訳書，p.102.)
7. Ebenda., S.16. (同上訳書，p.108.)
8. Otto, B.: Die Schulreform im 20. Jahrhundert. In: Flitner, W. / Kudritzki, G. (Hg.) : Die deutsche Reformpädagogik. Bd.1. Die Pioniere der pädagogischen Bewegung. Stuttgart 1982, S.175.
9. Schaub,H., Zanke,G.Karl: Wörterbuch Pädagogik. 2 Aufl. 1997, S.223-224.
10. Otto,B: Beiträge zur Paszchologie des Unrerricht.Leipzig, 1903, S.262.
11. Der Hauslehrer. Für eistigen Verkerh mit Kinern.1913.
12. Otto, B.: Die Schulreform im 20. Jahrhundert. In: Flitner, W. / Kudritzki, G. (Hg.) : Die deutsche Reformpädagogik. Bd.1. Die Pioniere der pädagogischen Bewegung. Stuttgart 1982, S.281ff.
13. Ebenda., S.5
14. Der Hauslehrer. Für eistigen Verkerh mit Kinern. 1912.
15. Der Hauslehrer. Für eistigen Verkerh mit Kinern. 1921.
16. Ebenda.
17. Der Hauslehrer. Für eistigen Verkerh mit Kinern. 1913.
18. Otto, B.: Lehrgang der Zukunftsschule, S.22. (同上訳書，p.116.)
19. Otto, B.: Gesamtunterricht. Berlin 1913, S.73.
20. Otto, B.: Lehrgang der Zukunftsschule, S.22. (同上訳書，p.116.)
21. Ebenda., S.217. (同上訳書，p.176.)
22. Der Hauslehrer. Für eistigen Verkerh mit Kinern. 1913.12.14. 13Jg.No.50
23. Otto, B.: Die Schulreform im 20. Jahrhundert. In: Flitner, W. / Kudritzki, G. (Hg.) : Die deutsche Reformpädagogik. Bd.1. Die Pioniere der pädagogischen Bewegung. Stuttgart 1982, S.174.
24. Ebenda., S 182.
25. Otto, B.: Gesamtunterricht. Berlin 1913,S.186.
26. Ebenda., S.190.

I部 第3章

W・クラフキのダイナミックな能力概念の検討
―ドイツにおけるコンピテンシー以前の能力論―

はじめに

　PISA（Programme for International Student Assessment）が開始されて20年近くが経過しようとしている。PISAが世界の教育に大きな影響をもたらしたことは間違いがない。そして，PISAそのものが回を追うごとにたゆまず更新されることによって，また世界の教育現場も大きく揺れ動く，そのような21世紀の教育の型ができあがりつつある。[*1]

1. コンピテンシー以前

　ドイツ・オーストリア・スイスに代表されるドイツ語圏は，PISAの登場によって大きな教育改革をせまられた地域の1つである。教科を問わず，「○○することができる」という能力に要素化した「教育スタンダード」を実質的にカリキュラムに導入し，それに到達したかどうかを測定する各種の「スタンダードテスト」を実施するなど，いわゆるこれまでのインプットを重視する教育からアウトプットを重視する教育へと「パラダイム転換」を遂げた。[*2] それを促したのが，コンピテンシー（competency〈英語〉，Kompetenz〈独語〉）という能力概念の登場である。このコンピテンシー概念を提唱したのが，ドイツの教育心理学者であるヴァイネルト（Weinert, F. E. 1930-2001）であることは広く知られているだろう。DeSeCoのキー・コンピテンシーは彼のコンピテンシー概念に大きく依拠したものだとされている。ヴァイネルトによるこのコンピテンシー概念は，昨今のドイツ語圏の教育改革に関わる文献には必ず引用される。引用されるのはコンピテンシーを定義した次の一文である。

第3章　W・クラフキのダイナミックな能力概念の検討―ドイツにおけるコンピテンシー以前の能力論―

ある問題を解決するために，個人が接続可能か，学習可能な認知的能力や技能であり，様々な状況における問題解決をうまく，責任を持って行うことのできる動機や意欲，社会性や能力。[*3]

しかしながら，ドイツの教育改革を論じる多くの研究において，ヴァイネルトに関してはこの引用箇所以外はほぼ言及されない。ヴァイネルトがコンピテンシー概念を定義するに至るドイツ語圏の教育に固有の文脈は等閑視され，概念の定義だけが取り出され使用されている実態がある。しかし実は，ヴァイネルトは，上記の一文の前に次のように述べている。「Leistung（ライストゥング）の概念があまりにも多様になったために，コンピテンシー概念で代用する」[*4]。つまり，コンピテンシー登場以前には"Leistung"という言葉で，学校における能力を表現していたというのである。

2. "Leistung"（ライストゥング）の訳語問題

ヴァイネルトが多様化しすぎたとする"Leistung"とは何だろうか。これを日本語にするのは非常に困難で，適訳がなかなか見つからない。この"Leistung"は職業上の能力，経済的な生産能力を表す言葉でもあり，これが同様に教育学の文脈でも使用されることから，その定義や訳語をよりいっそう困難にさせている。また"Leistung"に相当する英語は，独英辞典では"performance"や"achievement"とされるものの，教育の文脈においては別物である[*5]。しかし，古い文献をたどっていくと，吉本均（1924-1996）が，"Leistung"に言及し，それは日本の「学力」に相当するものだという。

> わが国でいう「学力」にあたる言葉を，西ドイツにおいて発見することはできない。しかし，西ドイツでは，しばしば，Begabung（才能・能力）と Bildsamkeit（陶冶性）と Leistung（達成・業績）とが並べて使用されるが，その場合，Leistung の意味するものが，ほぼ，われわれのいう「学力」に相当すると考えてよいと思われる。[*6]

本研究では，この"Leistung"という能力あるいは学力を意味する概念に着目して，ドイツ語圏における能力とその評価をめぐる問題と現状を検討してみたい。

本稿では以下から"Leistung"は，基本的に「能力」と訳したい。先述の通り，吉本は"Leistung"を学力に相当するものだとした。筆者もひとまずはそのように考えてよいと思う。ただ，ドイツ語文献から引用を行う場合，"Leitung"に「学校の」「教育（学）における」といった形容詞がつくことが多々ある。それらを訳出する場合，「学校の学力」「教育における学力」というのは日本語としておかしい。なお，"Schulleistung"や"Lernleistung"という言葉が出てくる場合には適訳を与え，同時に原語を付記する。

第1節では，コンピテンシー登場以前の能力観を検討する。具体的には，クラフキ（Wolfgang Klafki, 1927-2016）の「ダイナミックな能力」を取り上げる。ドイツ語圏におけるコンピテンシーは，彼の提案した能力観を批判の主な対象として提案されたからである。第2節では，クラフキと同時代に活躍した心理学者のインゲンカンプによる能力概念を取り上げ，ドイツ語圏の評価をめぐる問題にも言及する。第3節では，クラフキの影響を受けた現在のドイツ語圏における評価論を概観する。第4節では，ダイナミックな能力概念に対する批判を検討し，最後に第5節ではコンピテンシーが席巻する現代の教育において，クラフキの能力概念の意義を再検討したい。

第1節　クラフキの「ダイナミックな能力」定義

クラフキらの時代，すなわち1960年代から70年代にかけては，経済・産業界において能力主義（Leistungsprinzip）が到来し，それをめぐって激しく議論がなされた時代であった。すなわち，個人の出自によらず，その能力という客観的な基準によって個人を評価し，個人はそれによって自分に見合った労働や賃金を獲得できるという社会の到来と，その是非をめぐる議論の時代である。

そのような時代において，教育における「能力」の概念定義を試みた研究者の一人がクラフキである。クラフキは能力主義社会（Leistungsgesellschaft）に対して，次のような批判を展開する。すなわち，能力主義社会の前提としての明白な判断基準であるはずの個々人の能力・業績が，労働者の最低賃金保障に対して，大量の失業を回避するためなどの理由から，市場価値という尺度によらずに測定されている。加えてそのような能力主義社会においては，本質的に

第3章　W・クラフキのダイナミックな能力概念の検討―ドイツにおけるコンピテンシー以前の能力論―

均等な機会が与えられているという前提があるが，機会均等という現代社会の目標観念，規制的理念は，事実上まったく実現されていない。また，機械化によって，生産過程や管理過程に影響を及ぼす個人の生産能力の寄与が減少もしくは複雑化（分業化）され，見定めにくくなっている。それゆえ，クラフキは，「能力主義社会というかの支配的見解は，教育学的に責任を持ちうる能力本位の原理を基礎づけるには役立たない」として，教育における「能力」概念の新たな定義が必要だとした。[*7]

クラフキの「教育学的な能力」はいかに定義されたのか。これは後に批判されたように，非常に多岐にわたっている。長くなるが，途中，筆者の解釈を挟み，引用してみたい。

> 自律と共同参加の能力，批判力と判断力，これらを実現していく上で生じる社会的・個人的障害を分析できる能力，そしてそのために個人的また社会的・政治的行動をおこす能力。……これらは個人主義的に矮小化されてはならず，連帯性を築くことができる能力と結合されていなければならない。コミュニケーションの能力，自分自身の利益を表現し，議論でそれを提示し，実際にそれを追求できる能力。仲間，あるいは対立している人びととの立場から状況を見ることのできる能力。妥協することができる能力。さらに対人関係における感受性の洗練……。[*8]

以上は，「人間性と民主主義とを個人的および社会的生活のあらゆる領域で漸進的に実現することを目指す教育の目録」[*9]だとクラフキも述べているが，以上の羅列された目録の中からまたさらに，クラフキが「ダイナミック」と称する能力概念が立ち上がってくる。

> 変動する世界にあっては，批判的に新しい状況や諸々の必要条件に適応できる能力の育成が求められる。……それは今日，しきりに創造性という概念で言い表されている。言おうとしているのは，習慣となった思惟方法や対応法から抜け出し，新しいものに気が付く能力，冒険への勇気，新しい解決法を見出し，それを追求する能力……である。[*10]

クラフキ自身が，「危なっかしく，空虚な決まり文句」「美辞麗句」と指摘しているこれらの羅列された目標設定は，しかし，「種々様々な授業分野やそれに

連なるものに応じ，また，陶冶（Bildung）のいろいろな段階に応じて，詳細に描出する中で具体化されるべきものである」という。[*11]

このように，クラフキは，当時の社会における能力主義とその結果としてあるべき機会均等が実際には成立していないことを指摘した上で，学校における能力概念は，「教育的な能力概念」でなければならず，それを「ダイナミックな能力（dynamische Leistung）」と呼んだ。そして，そのようなダイナミックな能力を育成しようとするならば，質的に新しい意味での「民主的な能力主義の学校」へと改革しなければならないという。そのため，次の4つの原則が必要だとした。[*12][注1]

①個人主義的で競争思考の能力主義を，共通の問題解決や学習グループの連帯を志向する能力主義と取り換えること。
②成果志向的な能力観の代わりに，学習における精神的過程に関わる能力の基準を開発すること。これまでの静的な能力概念から，「ダイナミックな能力概念（dynamische Leistungsbegriff）」を提唱すること。
③これまでの授業での評価もまた資格証明のための評価においても，評価の判定基準は極端なまでに図式的で精密さを欠いている。そのため，これらの評価は，個別化され，根拠づけられ，構造化された学習目標と評価基準に交代しなければならない。そしてその過程に子どもたちが参加し，相互評価，自己評価がこれまでの評価にとって代わらなければならない。
④そしてそのような評価の方法は，学習過程の助けとなり，自主性や自己評価の能力を高めるものとなる。これは同時に教師にとっても個々の子どもに対する指導への有用なフィードバックとなる。

この4つの原則の中で，クラフキが繰り返し主張していることは，第一に競争主義の教育から協同や連帯を目指す教育への転換，第二に対話，批判，問題解決などによる授業の開発，第三にこれらの教育に適した，つまり「ダイナミックな能力概念」に基づいた評価とその基準の開発である。教育における能力概念の規定において，過程を重視する能力観だけでなく，そのための評価のあり方にも言及していることに注目したい。これが2000年代前後にドイツで展開

第 3 章　W・クラフキのダイナミックな能力概念の検討―ドイツにおけるコンピテンシー以前の能力論―

される教育評価研究の素地になっていると考えられるからである。ただし，クラフキ自身は「ダイナミックな能力」の評価方法については多くを語っていない。この点はクラフキに薫陶を受けた現代の教育評価研究者たちに引き継がれていく。

第 2 節　ドイツ語圏の評価における問題群：インゲンカンプによる能力の定義とともに

　さて，ここでは同時代に，クラフキとは異なるアプローチからの "Leistung" 定義を取り上げておきたい。教育心理学者のインゲンカンプ（Karlheinz Ingenkamp, 1925-2015）による定義である。そうすることで，クラフキの能力論の位置づけがより明確になると思われる。
　インゲンカンプによれば，ドイツにおいて能力評価（Leistungsbewertung/ Leistungsbeurteilung）の研究は比較的新しい領域で，100 年以上，記述と口述による試験制度にはほとんど変化がなかったという。そして彼の時代に，プログラム学習その他の授業形態がようやく多様化する中で，評価は学習支援としての意義が認識されるようになってきたものの，学校の実践においてはなお資格証明としての能力評価というとらえ方が一般的かつ強固なものであった。つまり，ドイツ的な評価の問題は，資格証明や選抜の重圧（基礎学校からギムナジウムへ進学すること，またギムナジウムで進級していくこと，アビトゥア〈中等教育修了資格，一般大学入学資格〉を取得すること）と，教育学的な目的（Bildung）が膠着化し，矛盾関係に陥っていることにある（あった）。
　インゲンカンプは評価の意義を，学習目的への未到達を判明させることにあるとし，伝統的な医学的統計学的モデルとしての能力評価を批判している。つまり，例えば，学習障害を個人の欠損とみなすような医学的統計的モデルではなく，生徒の学習の可能性や教師の指導方法の改善可能性などとの関係からみるべきで，評価はそれをそもそも志向しているというのである[13]。しかしながら，同時代の評価に関する議論では，客観テストに対する革新的な批判が台頭してきたかと思えば，その批判グループは学習成果測定へのオルタナティブを示さず，そうするうちに，結局は評定への回帰を主張する「評定ルネッサンス」が

起こるといった具合で，評価の改革は遅々として進まないことをインゲンカンプは不満に思っていたのである。[*14]

彼は，当時のドイツ（語圏）における評価をこのように批判した上で，Leitstungの定義を次のように提案している。

> 学校における能力（Schulleistung）とは，学校によって主導された学習過程と生徒の学習成果である。この学習能力（Lernleistung）は，<u>異なる行為の領域に関して記述され，異なる規準に関して分類される</u>。（下線は伊藤）[*15]

下線部に示したように，インゲンカンプはアメリカのブルームらのタキソノミー論に影響を受け，クラフキとは双極をなす能力概念の定義で知られている。この定義をもとに，彼は測定やテスト開発の方向へと研究を進めていく。

能力概念の定義では異なる方向性を示したインゲンカンプとクラフキは，しかし，互いの研究を認め合う部分もあったようである。クラフキはインゲンカンプを「通信簿・成績証明書制度についての経験科学的研究の分野にあっては，ドイツの最高の専門家の一人である」と評している。[*16] クラフキは，インゲンカンプを学校改革を志向していない人物として自分と対置させながらも，従来の学力の評価方法（通知表や資格証明制度）が，子どもたちの学力の状態を何一つ表していない単なる形式にすぎないとする批判については疑問を同じくするとした。[*17]

第3節　新しい学習文化と評価論の展開：クラフキの影響

2000年前後から，ドイツ語圏では，クラフキの影響を受けた研究者らによって，ダイナミックな能力をどのようにして評価するかという研究が展開されていくようになる。ドイツ語圏の教育評価論を代表する一人であるヴィンター（Felix Winter, 1948-）[注2]が，"Leistung"の定義は，概念的に規定するだけでなく，学校での実践において適用されてはじめて明らかになると述べていることは，先のクラフキの影響を見て取れる一例である。[*18] このヴィンターは，ポートフォリオ評価をドイツ語圏に紹介した中心的人物の一人でもある。この導入と展開

第3章　W・クラフキのダイナミックな能力概念の検討―ドイツにおけるコンピテンシー以前の能力論―

については稿を改めなければならない。

彼もまた，インゲンカンプと同様に，ドイツの教育評価は，100年以上，改革の時機を失したとしている。ヴィンターはクラフキのダイナミックな能力概念は，今こそ具体的な評価方法によって実現されるべきであり，実現できるのだと主張する。そしてそのためには，「新しい学習文化（Neue Lernkultur）」に着目しなければならないのだという。それはなぜか。

> 学校や授業の改革のために実践的理論的な努力が注目されてきたが，評価の形式や内容についてはわずかであった。これまで，学習内容に関してはとりわけ議論されてきたが，学習内容は，学習方法と切り離せないものであり，またその学習方法は評価と連携して行われなければならない。……（それゆえ）評価を避けて通れば，学習文化を根本的に改革することができない。別の言い方もできる。改革された評価は，新しい学習文化において必然的な要素となるのである。[19]

そして，ヴィンターはこのような新しい学習文化を伴った評価改革は，ドイツの教授学改革に重要な役割を果たすだろうと述べている。「新しい学習文化」には，以下の特徴が強調される。[20]

・学習者の行為の高い自主性と自己責任性
・学習過程への強い志向性
・複雑で，日常に近い課題による学習の強化
・生徒の参加と学習文化の民主化への要求

こうして，ヴィンターは，教育における能力概念の新しい関係性と改革の必要性を主張し，教育的な能力概念の拡大のための命題に次の4点をあげる。[21]

・成果（Leistungen）としての作品と並んで，能力が形成される過程を認識し，それを理解すること。
・学校は―少なくとも2,3の領域において―ダイナミックな能力概念を開発し，使用すること。

- 学校は，独自の，教育的な能力理解（Leistungsverständnis）を定め，それを外部に公開すること。
- 生徒は，何が学校の能力として値するかという定義，またそれがどのように評価されるかに関する議論に参加すること。
- 素質のための指標としての能力の考察は，一方でより細かく，徹底されなくてはならないが，もう一方では後退もする。その際には，状況的な，システム相互作用的な，構成主義的な観点が開発されるべきである。

このような，ヴィンターの新しい学習文化の考え方には，構成主義的な学習観などの影響が見て取れる。またヴィンター自身が指摘するように，新しい学習文化の枠組みで検討される評価は，フィードバックを重視する真正の評価（authentic assessment）やパフォーマンス評価（performance assessment）にも見られるとしている。[22]

ただし，ヴィンターは，クラフキのダイナミックな能力概念の定義を大枠で継承しながらも，その相対性と変容性について次のように述べる。[23]

ダイナミックな能力概念とは，革新を期待し，特定の機能の関連性において，ある能力の意味が判断されうることを出発点とする。能力の価値は，それに基づいて決められるが，しかし，前もって決められるような，また全般的に固定されるようなものでもない。

ヴィンターはこのように先のダイナミックな能力概念を安易に一般化することへの懸念を示した上で，クラフキの能力概念を継承し，ポートフォリオ評価の方法を提案するようになる。ヴィンターの評価論は，日本と同様，ポートフォリオの流行とともにドイツ語圏の教授学領域においてある程度の広がりがあったと思われる。しかし，実際には，PISA後のドイツ語圏の教育改革では，実証主義的な心理学が台頭し，それはドイツ語圏の教育学の勢力地図を今や塗り替えんばかりになっている。[24]

第3章 W・クラフキのダイナミックな能力概念の検討―ドイツにおけるコンピテンシー以前の能力論―

第4節 ダイナミックな能力概念に対する批判

　21世紀に転換する時期、能力をめぐる議論は社会的な中心テーマであった。PISAの影響によって、ドイツ語圏の教育学界では「教育学の実証主義的転換」が起こり、教育評価の領域を心理学が席巻するようになる[*25]。コンピテンシーの導入による教育のパラダイム転換は、実はこの実証主義的転換の一現象にすぎないのかもしれない。

　ヴィンターらが新しい学習文化に基づく評価の改革を主張していたのとほぼ同時期に、クラフキのダイナミックな能力概念がヴァイネルトらによって次のように批判されるようになる。「態度や能力、認識、知識や技能の習得（Aneigung）を指す。つまり、学校における能力には認知的な領域だけでなく、社会的、情緒的、心理運動的なものを含み、また態度や評価（Wertungen und Haltungen）の領域も含むもの」と定義されるような能力概念（ライストゥング）は「多様で広すぎる」あるいは「様々な意味に解釈されてしまう[*26]」。

　また定義の多様性だけでなく、学校における能力（学力）が、指導目標の中で使用されたり、レーアプラン（学習指導要領）に統合されたり、暗黙の裡に授業で実行されたりということが起こりうることも批判の対象になっている。そのような能力には、認知的な側面に限定したとしても、「教科固有の知識の長期・短期記憶およびその活用、課題解決のための手続き的技能、メタ認知能力」などが含まれているからだという[*27]。

　学力研究では、教育学と心理学では異なる傾向が指摘されている。前者は、学校における能力（Schulleistung）とは何を厳密に指すのか、ということを教授学的観点から検討する。これはクラフキやヴィンターらが相当する。対して心理学は、そのような構造ではなく、学力の規定を、個人的、社会的、教育機関的な因子に関連づけようとする[*28]。つまり、学力の定義を検討するのではなく、学力という現象に規則性を見出そうとするのである。

　繰り返しになるが、ヴァイネルトらは、クラフキの能力概念とは一線を画し、コンピテンシーを提唱した。PISAショック後のドイツの「教育学の実証主義的転換」を担った一人であるクリーメ（Eckhard Klieme）は、コンピテンシーを、文脈に依存した認知的な学力の傾向で、ある社会階層や状況に機能的に

関連づけられたものとし，それが教育研究のために必要な基本的考えだとした。その際，コンピテンシー概念が拡大しないために，2つの制限をかけた。それは，第一にここでのコンピテンシーは，機能的に決定され，文脈的に領域固有であること，第二に行為を成功させるための動機づけや感情の前提を考慮しないということである。つまり，コンピテンシーは明確に認知領域に限定されるのである。[*29]

第5節 クラフキの能力概念の意義

2016年に亡くなったクラフキは，これらの批判にどう反論するだろうか。彼に直接問いただすことは当然できないのだが，しかし，すでに彼の能力定義の論考の中にそれは示されていたとも考えられる。すなわち，クラフキはダイナミックな能力概念が多様化しすぎることを自覚した上で，さらに，次のように主張するのである。

> ここにいう能力の意味は，それ自身のみでは決して十全なものにはなりえないのである。……能力が意味をなしてくるのは，その弁証法的な対極からであって——つまり，それが生活の質的向上に貢献するとか，それによって幸福，できるという喜び，充実感を経験するとか，さらには遊びを味わうとかすることによるわけである。[*30]

つまり，能力とは，学習や生活の文脈において発揮されてこそ，それが身についたとか，それによって何かができた，つまり「○○する能力がある」ということができるものである。そうした学習を繰り返し経験できるようなカリキュラムを，ダイナミックな能力概念から立ち上げていくことをクラフキは主張した。それは「○○することができる」といった脱文脈化した教育スタンダードに分解できるコンピテンシーとはまったく異なるものである。

クラフキは，このようにどこまでも多様な能力観を強く主張する一方で，教育や学校においてダイナミックな能力概念を発展させようとする試みは，次のようになされなければならないという。

第3章　W・クラフキのダイナミックな能力概念の検討―ドイツにおけるコンピテンシー以前の能力論―

　学業成績とこれの判定についての伝統的理解を修正することは，学校の諸々の目標・内容および教授様式を，根本的に新しく規定し直すことと合わせてはじめて，言い換えれば，今日，カリキュラム改造という概念で，全世界的に論議をよんでいるものの枠内で一緒に検討してはじめて獲得されうる，ということである。[*31]

　このように，クラフキは単に多様な能力概念を提起しただけではなく，それを学校教育において展開するためには，カリキュラムを改造することが併せて検討されねばならないと主張した。[注3]このカリキュラム改造には，第1節で取り上げたように，評価の改革を含んでいるものと理解してよいだろう。つまり，教育における目標や内容，すなわちカリキュラムと評価を同じ次元で教育改革としてとらえようとする考えが，クラフキのダイナミックな能力概念の定義に構想として位置づいていたのである。

おわりに

　ヴァイネルトは，それまでドイツ語圏の学校教育において広く使用されてきた"Leistung"という言葉を放棄し，代わりに新しい概念であるコンピテンシーによって教育（実践）を書き換えるべきだと提案した。これがDeSeCoのキー・コンピテンシーの背景になったことは本論で示した。しかし，これは実は非常に大胆な提案であった。ドイツ語圏の学力をめぐる―つまりそれは教育政策や教育実践を含む，包括的な教育の領域といっていいと思うのだが―領域が，今やヴァイネルトの提案によって書き換えられつつあるからである。コンピテンシーの強い影響の背景に，ドイツ語圏のこのような能力の定義に関する議論があったことはこれまであまり知られてこなかった。
　確かに，クラフキの能力定義は，多分にエモーショナルで理想主義にすぎるところがある。また当時は評価方法についての具体的実践的方法には触れられてこなかったために，多様化しすぎたという批判は全面的に否定することはできない。しかし，だからといって，Leistung（能力・学力）という言葉を放棄してコンピテンシーを採用するとどうなるだろうか。ヴァイネルトはコンピテンシーがこのように万能に教育政策から教育実践にまで効くものと拡大解釈さ

れることを想定していただろうか。

　PISA実施以降，ドイツ語圏では，心理学による実証的研究が非常に大きな力を持つようになっている。[*32] ヴィガー（Lothar Wigger）も指摘しているように，その勢力は，教育スタンダードの設定やスタンダードテストや各州の学力調査などの大規模学力調査に影響を持つようになっただけでなく，学校教育の評価までその範囲を拡大しようとしている。[*33]

　ドイツ語圏のコンピテンシー論は，本論で見たように，「能力（ライストゥング）」批判に基づいて展開されたものであった。その後，PISAが全世界の教育に予想以上の影響力を持ち，エビデンスベースの教育が，教育政策決定だけでなく，カリキュラムや教育実践などを含みこみ，急速に普及していった実態がある。「能力（ライストゥング）」を放棄して，コンピテンシーを採用するという提案は，能力を要素化し，教育スタンダードを導入することでアウトプットを明確にする，つまり子どもたちが確実に「○○することができる」という能力を獲得することだと考えられている。しかし，同時に，このことは，多様な能力概念に支えられてきた教育的で実践的な評価のあり方の検討も放棄する（弱体化させる）ことになるのではないか。ダイナミックな能力概念に基づいたドイツ語圏における教育評価の展開を今後の検討課題にしたい。

●注
注1：本稿では4つの原則を前者の文献によって並べたが，後者においては，1と2が逆におかれている。
注2：クラフキのもとで生徒の自己評価に関する研究で博士号を取得。その後，ヘンティッヒのビーレフェルト実験学校で長く指導と調査研究に関わった。
注3：クラフキのカリキュラム論に関しては以下を参照のこと。
　　高橋英児　1998　「鍵的問題」の構想と展開：現代的課題に取り組むテーマ学習への展望　カリキュラム研究，7巻，pp.53-63.
　　高橋英児　1999　ドイツにおける現代的課題に取り組む授業の展開：クラフキの「鍵的問題」構想を中心に　教育方法学研究，24巻，p.67-75.
　　杉山直子　2010　未来に生きる力を育てる教育課程：クラフキーの「鍵的問題」中心に　こども未来学研究，第5号，pp.11-22.
　　吉田成章　2011　学校カリキュラム構成論としての「一般陶冶（Allgemeinbildung）」論：ノイナーとクラフキーの比較を通して　広島大学大学院教育学研究科紀要，第三部 教育人間科学関連領域 (60), 37-46.

第3章　W・クラフキのダイナミックな能力概念の検討―ドイツにおけるコンピテンシー以前の能力論―

● 引用文献
1. 伊藤実歩子　2016　ドイツ語圏の教育改革における Bildung とコンピテンシー　田中耕治 編著　グローバル化時代の教育評価改革　日本標準　pp.124-135.
2. 伊藤実歩子　2012　ドイツ語圏における教育パラダイムの転換：教育スタンダード策定の中央集権化と広域化　教育目標・評価学会紀要，第 22 号，pp.43-52.
3. Franz E.Weinert, Leistungsmessungen in Schulen, BELTZ, 2001, S.27-28.
4. Ebend, S.27.
5. Felix Winter, Leistungsbewertung, Schneider Verlag, 2010, S.145.
6. 吉本 均　1974　訓育的教授の理論　明治図書　pp.184-185.
7. W.クラフキー　1984　小笠原道雄 監訳　教育における能力主義の原理の意味と無意味　批判的・構成的教育科学：理論・実践・討論のための論文集　黎明書房　pp.207-210.（原典：Sinn und Unsinn des Leistungsprinzips in der Erziehung. Ein Symposien. Munchen（1974），3. Auflage 1975, S.73-110）
8. 同上書，p.211.
9. 同上書，p.212.
10. 同上書，pp.212-213.
11. 同上。
12. Wolfgang Klafki, Leistung, Dieter Lenzen（Hg.）2007　Pädagogische Grundbegriffe Band2, Rowohlts Enzyklopädie, 2007, S.985-986. W.クラフキー 著，小笠原道雄 監訳　1984　教育における能力主義の原理の意味と無意味　批判的・構成的教育科学：理論・実践・討論のための論文集　黎明書房　pp.214-225.
13. Karlheinz Ingenkamp, Leistungsbeurteilung- Leistungsversagen, Dieter Lenzen（Hg.），Pädagogische Grundbegriffe Band2, Rowohlts Enzyklopadie 8.Auflage, 2007, S.988-991.
14. Karlheinz Ingenkamp, Leistungsbeurteilung- Leistungsversagen, Dieter Lenzen（Hg.），Pädagogische Grundbegriffe Band2, Rowohlts Enzyklopadie 8.Auflage, 2007, S.988-991.
15. Karlheinz Ingenkamp, Urban Lissmann, Lehrbuch der Pädagogischen Diagnostik（6. Auflage），BELTZ, 2008, S.131.
16. W.クラフキー　1984　小笠原道雄 監訳　批判的・構成的教育科学：理論・実践・討論のための論文集　黎明書房　p.224.
17. 同上，p.225.
18. Felix Winter, Leistungsbewertung, Schneider Verlag, 2010, S142.
19. Ebenda, S1.
20. Ebenda, S.5-6.
21. Ebenda, S.143.
22. Ebenda, S.15
23. Ebenda, S.146.
24. 山名 淳　2017　ビルドゥングとしての「PISA 後の教育」：現代ドイツにおける教育哲学研究批判の可能性　教育哲学研究，第 116 号，pp.101-118.
25. Wilfried Bos/ Andreas Voss/ Martin Goy, Leistung und Leistungsmessung, Handwörterbuch Erziehungswissenschaft, BELTZ, 2009, S.563.
26. Ebenda, S.564-565.
27. Ebenda, S.563-564.

28. Ebenda, S.564.
29. Ebenda, S.565.
30. W・クラフキ，p.235.
31. W・クラフキ，p.214.
32 山名 淳　2017　ビルドゥングとしての「PISA後の教育」：現代ドイツにおける教育哲学研究批判の可能性　教育哲学研究，第116号
33. ロター・ヴィガー　2019（印刷中）　伊藤実歩子 訳　Bildungと評価　立教大学教育学科年報，第62号

II部

子どもと教育・保育

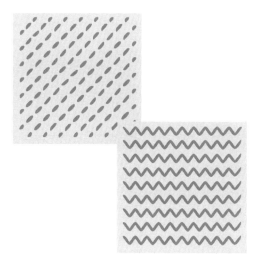

■ II部 第 1 章

遊びを通して育つ子ども

はじめに

　子どもは遊びの天才，遊ぶのが仕事などと言われる。実際，子どもたちは実に様々な遊びを創造力豊かにつくり出し，夢中になる。子どもたちがいきいきと遊んでいる姿は魅力的で躍動感にあふれている。その「いきいきと遊ぶこと」は子どもであれば，いつでもどこでも誰でもできるわけではない。子どもをとりまく人間関係や，物の種類，配置，空間など，子どもの生きる世界にある様々な要因に影響を受け，支えられている。ここでは子どもの遊びの特徴をとらえ，遊びを育む保育環境のあり方を理解し，子どもの発達における遊びの重要性について考えていく。

第1節　子どもの遊びと子どもらしさ

1. 無限に広がる様々な遊び

　子どもはどのようなことをして遊んでいるだろうか？　子どもの頃を思い出してみてもよい。砂場で山や泥だんご，ケーキづくり。草花あつめや虫さがし。ブランコやすべり台。積み木の組み立てやままごとコーナーでごっこ遊び。鬼ごっこやドッジボール。絵や粘土，折り紙，製作…など例をあげればきりがない。誰しも子どもの頃に印象深い遊びがあるだろう。
　さらに，例えばすべり台も最初は普通に階段を上り，座ってすべるだけかもしれないが，そのうちに腹ばいで頭からすべってみたり，すべり下りる部分を逆さにかけ上がってみたりするだろう。鬼ごっこも，もともと様々なルールのものがある上に，遊んでいるうちに独自のルールが生まれることも多く，遊び方

は無限である。より楽しくなるように自分たちで自由に考え，工夫できる。だからこそ遊びはおもしろいのである。

2. 名前のつけられない遊び

　さらに細かく子どもの姿に目を向けてみよう。例えば，子どもの頃，次のようなことをした経験がないだろうか？　水たまりを見かければその中に入って水をはね飛ばす，地面より高くなっているところをわざわざ選んで歩く，狭いすき間に入って隠れる，道端に落ちている木切れや形の変わった石を拾い集める……など。自分に経験はなくても，周りの子どもたちがしているのを見たことがあったり，子どもならやりそうだと想像がついたりするのではないだろうか。

　これらの遊びには上述した「砂遊び」「折り紙遊び」などのように，「○○遊び」という名前はない。しかし，そのような名前のつけられない「名のない遊び」[*1]を，子どもたちは日常生活の至るところで楽しんでいる。それらの遊びは，大人の常識を超え，つまらないものとして制止されることもあるが，子どもたちが自発的に，自ら心を動かされて創意工夫により生み出した貴重な遊びの1つである。名前のつけられる遊び，名前のつけられない遊びの双方を通して，子どもたちは実に多種多様な遊びを楽しんでおり，子どもらしさが発揮されているといえよう。

3. 想定外の使い方から広がる遊び

　物の使い方も，子どもたちの発想力にかかれば多種多様なものが生まれ，遊びへ発展していく。もともと物には定められた本来の使い方がある。例えば，スコップなら「粉，土砂などをすくい上げ，また混和する」（広辞苑第5版）道具である。しかし，子どもはスコップで土をすくうのではなく，「手で土をつかんでスコップに詰め」たり，「『おにいちゃーん，助けて』と人形のように見立てて動かしてごっこ遊び」をしたりすることもある[*2]。帽子に拾ったドングリを入れてかばんのようにする，捕まえたダンゴムシを自分の上靴の中で飼おうとするという事例もある。

　つまり，大人が想定し，常識的であると考えている本来の使い方から外れた

Ⅱ部　子どもと教育・保育

「想定外の使い方＝物に定められた標準的な用途から逸脱した非典型的・非日常的な使い方」[*2,3]が様々に見受けられるのである。

想定外の使い方により，本来の想定とのずれが生じ，視覚的刺激となってその使い方を用いた遊びが浮き彫りになり，子どもの発想力を軸としながら以下の4点が生まれる（図Ⅱ-1-1／事例1[*2]）。①おもしろさ：笑いやユーモアが生じる，これまでに経験のない／少ないおもしろさを味わう，②遊びの発展：すでに行われている遊びが新たな展開を見せたり，盛り上がったりする，③物と関わる経験：自由な発想で物を扱う，標準的な用途にとらわれず目の前にある物を遊びに生かす，④相互作用のきっかけ：周囲に遊びが見えやすくなり，遊びへの参加者が生まれ，子ども同士の新たな関わりが生まれる。

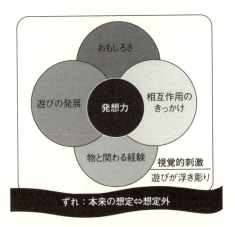

図Ⅱ-1-1　想定外の使い方から生まれるもの

事例1：せーの，ぴょん（2歳児10月）

散歩で捕まえて飼っていたカエルの入った虫かごがひっくり返り，中に入っていた水がじゅうたんにこぼれる。保育者が雑巾でふき，ぬれた場所の上に広告を置き，ずれないようにビニールテープで貼り付ける。

Aくんが「せーの，ぴょん」と言って，その広告の貼り付けてある場所をジャンプして跳び越えてほほ笑む。他の子どもも同じように「せーの」と言ってまねして跳び越えて笑顔を見せる（最大5名）。最初は1列に並んで一人ずつ順番に跳んでいたが，BくんとCちゃんが向かい合って跳び，ぶつかる。Bくんは不機嫌になり，Cちゃんはどう

しようといったようにBくんに近寄るが，Bくんは両手を組んで顔をしかめ，その場を離れる。
　Cちゃんは近くにいる保育者に「(Bくんが) おこってるよ」と報告した後,Bくんのそばへ近寄り「おこってる？」と聞く。Bくんは「おこってないよ〜」とにこにこしながら，手に持っていた筒状のものを目にあててCちゃんをのぞき，Cちゃんも笑顔になる。
※下線部は想定外の使い方（考察においても言及）

【考察】

　大人にとっては，ぬれている場所の目印として存在し，ただ避けて通るだけのじゅうたんの上の広告である。しかし，いつもと違う様子から，Aくんは「せーの，ぴょん」と言って，その広告の貼り付けてある場所をジャンプして跳び越えるものとして利用（想定外の使い方）し，新たな遊びが生まれる。まさに，自由な発想で物を扱い，標準的な用途にとらわれず目の前にある物を遊びに生かしたといえる。

　その想定外の使い方により本来の想定とのずれが生じ，視覚的刺激となってその使い方を用いた遊びが浮き彫りになる。それにより「何だろう」「おもしろそう」「やってみたい」と思った子どもたちが吸い寄せられるようにやって来て遊びに参加し，同じように「せーの」と言ってまねして跳び越える。集まった子どもたち同士で，相互作用のきっかけも生まれ，笑顔も見せており，これまでに経験のない／少ないおもしろさを味わったことだろう。このように，本来は遊びの用途として存在しないものであっても，子どもの豊かな発想力を軸として想定外の使い方が生じ，新たな遊びの誕生へとつながっていく。

　2歳児ではまだひとり遊びも多く，子どもたち同士で遊びが長く続くことは少ない。このときも長時間にわたってやりとりのあるような遊びへと発展したわけではなかったが，子どもたち同士が同じ動きや空間を共有し，友だちと一緒に過ごす楽しさを味わうことにつながった。2人の子どもが向かい合って跳んだためにぶつかり，些細ないざこざも生じたが，それも友だち同士の関わりの経験において重要なものである。

　その後4歳児頃になると，一緒に遊んでいる集団内で想定外の使い方が生じ，それを共有することにより，新たなごっこ遊びのテーマが生まれ，遊びの発展へとつながることが多い。[*2]

4. 生活と遊びの連続性

　日常生活には，遊びもあれば，生きていくために必要な生活（食事，着替え，排泄など）に関わる側面もある。大人であれば，遊ぶときと，生活に必要なことをしているときの行動はかなり明確に区別ができる。しかし，子どもの行動を見ていると，生活と遊びを切り離せないことも多い。例えば，食事の前の一連の行動，手を洗い，コップや箸を運んで席に着くという流れを思い浮かべてみよう。大人は水道へ向かい，せっけんで手を洗えばそれで終わりである。特に用事がない限り，まっすぐ食卓に向かい食事をとるだろう。

　一方で，子どもはまずは今やっている遊びに夢中になっていれば，食事どころではない。手を洗う気持ちになるまでも一苦労である。食を忘れて遊びに没頭することもある。何とか水道にたどり着いたとしても，蛇口をひねるだけでもそれは遊びへの糸口になり得る。蛇口のひねり具合によって出てくる水の量が変わり，それを自らの手で調整するだけでもおもしろい。手にかかる水の感触を味わい，延々と水を流していることもある。あるいは蛇口の先に手を添えれば予想もしない方向に水が飛ぶ。水浸しになることすら楽しい。子どもは水浸しになっても困らない。後片づけが大変だと迷惑がるのは大人だけである。また，一人の子どもが始めると，おもしろそうだと思った子どもが集まって来て，あっという間に広がる。こうして，本来の目的の手洗いからかけ離れた遊びへと容易にうつっていく。

　やっと手を洗い終わっても，手についた水滴をあちこちに飛ばしてみたりするかもしれない。食事のテーブルに着席するにも，一筋縄でいかないことも多い。園であれば多くの子どもたちがいて，そこで何かおもしろそうなことが起こっていれば，吸いよせられるように様子を見に行ったり，参加したりすることもある。自分のコップや箸を席まで持っていく場合も，頭の上に乗せて落ちないようにそろそろと歩いて運んでみるなど，いわば子どもたちの行動の大半に遊びの要素が含まれていると言っても過言ではないだろう。遊びのための特別な道具などなくても，遊びをつくり出すことができるのである。

第2節　子どもの遊びを育む保育環境

　子どもたちが日常生活において様々に創意工夫しつつ、いきいきと遊ぶ様子を見てきた。それでは、そのような子どもたちの遊びを育むために必要な保育環境とはどのようなものだろうか。

1. 環境を通して行う保育の重要性

　幼稚園教育要領や保育所保育指針、幼保連携型認定こども園教育・保育要領においても、環境を通して行う保育の重要性がうたわれ、子どもが自発的、意欲的に環境に関わり、様々な経験を積んでいけるよう計画的に環境を構成することが求められている。保育の環境には、保育者や子どもなどの人的環境、施設や遊具などの物的環境、自然や社会の事象などがあり、人、物、場などの環境が相互に関連し合っている。したがって、子どもにとっての環境とは、子どもをとりまく世界すべてである。

　特に乳幼児期は、知識や技能を一方向的に教えられて身につけていく時期ではない。自分の興味や欲求に基づいた直接的で具体的な体験により育っていく時期である。つまり、身の周りにある環境に対して「なんだろう」「おもしろそう」「やってみたい」と主体的に子どもが感じ、直接的に働きかける。それにより、物の特質や扱い方を体得したり、人との関わりが生まれたりし、具体的な体験を通して多種多様な学びを得るのである。

　無藤らは、園の環境構成において重要な原則として以下の3点をあげている。[*4]
①分節する空間：様々な形で区切られ、遊びの発展、面白さの展開という面からみると、集中が可能でありながら、時にはしばしばお互いの空間の交錯と交流が可能であること、②変貌する空間：空間の中に様々な形で驚きがあり、また、空間要素そのものが発展し子どもの遊びを刺激することが必要である。環境が豊かであるということは、様々な要素が少しずつ変貌し、成長を遂げていくことである、③構成する空間：環境が与えられたものとしてあり、それを使いこなすということではなく、まずその環境要素が様々にあって、そこから子どもが選び出し、組み合わせることが可能でなければならない。選び出すだけではなく、環境要素そのものを子どもがつくり出し、様々な形で後に残るよう

に子どもがつくり出せることである。

　以上をふまえ，子どもの発達を促す遊びを育むために求められる保育環境とは具体的にどのようなものなのか，以下5つの視点からまとめていく。

2. 安心して落ち着ける環境

　子どもが置かれた環境の中で思う存分遊ぶためには，その場に対して安心感を抱いていることが不可欠である。初めての場所，慣れない場所では慎重になり，なかなか遊び出せない場合もある。まずは，物的な環境として子どもたちが遊びたくなるよう，子どもたちの心をとらえる魅力的な物や空間を整える必要がある。入園当初などは，すべての遊具類がきれいに片づけられた部屋ではなく，あえてつくりかけのブロックや積み木を用意するなど，遊びに取りかかりやすい工夫がされることもある。また，家庭ではそろえにくく，園にしかない質の高い目新しいおもちゃも重要であるが，子どもが「自分の家と同じ」と安心できるように，家庭にもよくありそうなもの（電車のおもちゃ，おり紙など）を出しておくこともある。何となく子ども用のおもちゃを買いそろえて設置するのではなく，いつ，どこに，どのようなものを，どれくらい配置するのかを十分に吟味した上で保育環境は構成されている。

　子どもの遊びには，走る，とびはねるなどの動的なものもあれば，座って積み木やパズルをするなどの静的なものもある。どんなに活発な子どもであっても，1日中休みなく走り回っているわけではない。ひとり遊びや少人数の遊びに集中したり，ほっとくつろいだりする時間と空間も欠かせない。他の子どもからじゃまされず落ち着いて過ごすことができるよう，家具や間仕切りなどにより囲まれた空間や，動的な活動から少し離れた静かな場所を確保することが必要である。

　また，クッションやソファ，毛足の長い敷物など，やわらかい家具や生活用具を置くと，そこに座ったり寝そべったりすることにより，くつろぐことができる。ぬいぐるみなどの柔らかいおもちゃも，安心感をもたらすものとして役立ち得るだろう。

　さらに重要なのは，質の高い魅力的な物がそろえばよいわけではないということである。その場の雰囲気が温かく，子どもの気持ちや行動に対して応答的

なものである必要がある。うれしい時や楽しい時にはともに喜び，笑い，怒った時や悲しい時にも気持ちに寄り添う保育者の存在が欠かせない。どんなに小さな赤ちゃんでも，接する保育者の人となりを敏感に感じ取る。その子どもやその場に応じた温かく応答的な関わりを受けることにより，保育者に対して安心感や信頼感を抱いていく。人的環境としての保育者の関わりや援助の方法と内容に，保育の高い専門性が問われるのである。

また，十分な時間も遊びには必要である。遊びの豊かさとは，細切れに次から次へと新しいことに取り組み，1日のうちにどれだけ多くの遊びを経験したかではない。ある遊びに落ち着いてじっくりと取り組み，充実感や満足感を得られることが重要である。思う存分遊びに取り組んだり，くつろいだりするための，ゆったりとした時間を保障することも重要である。

3. 安全性と冒険・挑戦

安全性は保育環境において大前提となる条件である。重大な事故が起こらないよう日頃から安全点検を怠ってはならない。保育者が安全対策を施しながら，子どもたちにも安全につながる身体の使い方を指導することにより，安全と動きやすさを備え合わせた自由な活動が可能となり，子どもたちが場所に慣れることによって，各場所の特徴をつかんでいく。[*5]

しかし，安全性の確保とは，ありとあらゆる危険を取り去ることではない。例えば，芝生の広い敷地を想像してみてほしい。そこには，落下したり，ぶつかったりするなど，けがのおそれがあるとの理由で遊具がいっさいないとしよう。転んでも大したけがをすることもなく，思う存分走り回ることはできる。寝転んでも心地よいだろう。しかし，そこで遊びが長く続くだろうか。走る以外の遊びは発展せず退屈で，そのうち飽きてしまうだろう。

一方で，もしそこに木があれば木登りもできるし，木を挟んだ鬼ごっこは駆け引きができておもしろさが増す。池があれば，生き物にふれたり，葉っぱを浮かべてみたりすることができる。ボールがあれば，サッカーやドッジボールなどもできる。のぼったり，すべったり，ぶら下がったりする遊具があれば，様々な身体の動きを楽しみながら体得することができる。そのような活動には，多少のけがはつきものである。すり傷などのけがをする可能性はあるが，スリ

ルのある冒険心を満たす遊びも子どもの発達において必要不可欠である。日頃からすり傷などの小さな危険を体験することを通して、自分の力の限界を知り、これ以上は大けがをしてしまうためやめるべきだと自ら「判断」できるようになる。やってもよいかどうか大人に頼るのではなく、子ども自らの判断で可否を判断し、大きな危険を回避できることが最終的に求められる力である。

　木村・井上は、体験したことのない活動を試みたり、今の自分がどこまでできるかという限界を知ったりするためなど、様々なことに「挑戦できる環境」において重要なのは、「失敗が許されていること」であると述べている[*6]。つまり、挑戦する前に、やってみるかどうか悩んだり、途中まで試して無理だと思えば「やっぱりやめた」と引き返したりすることができる状況である。ここでも子ども自らそれを「判断」できることが重要である。

　そのためにも、自分の力で登り降りできるようになるまでは「簡単には行けない／無理な動きをさせない」構造、「落ちない／落ちても心配のない」構造が必要であること、それにより大人が制止する必要もなくなり、安心感を高めることができることが指摘されている[*6]。多くの公園にあるハシゴのついたすべり台が危険なのは、満1歳を過ぎればそのハシゴには登れてしまうが、もし足を踏み外して落下すれば命を落としかねない大けがにつながること、本来はそのような小さな子どもが利用することが想定されていないことである[*6]。そのような大きな危険を防ぐために、すべり台を築山と一体化させたり、斜面に沿わせたりすることにより、既製のすべり台以上の遊び方や挑戦のバリエーションを保障しつつ、安心性も確保することができる[*6]。

4. 想定外の使い方が生まれる保育環境

　子どもの遊びが発展していくように多様な視点から熟慮し、遊び環境を整えるのは保育者である。その与えられた環境の中で、子どもが遊ぶというのが前提としてある。しかし、その保育者が考え構成した環境が完成形というわけではない。そのときの子どもの姿に応じて、環境を再構成することも求められる。

　さらに、上述したように本来は遊びの用途として存在しない物であっても遊び道具として利用（事例1）するなど、想定外の使い方によって子ども自身が新たな環境をつくり出すことも多い。

第1章　遊びを通して育つ子ども

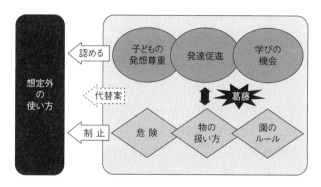

図 II-1-2　想定外の使い方に対する保育者の反応

　そのような想定外の使い方に対して，保育者が認める／認めない理由には様々なものがあること，また，子どもの発想を尊重すれば認めたいが，集団生活においては認めがたい場合もあるなど，認める／認めない判断において葛藤が生じることが見出されている（図 II-1-2）。[*3]

　園における想定外の使い方は，安全面の不安や集団で用いることへの抵抗感等から一律に禁止される場合もある。もちろん，安全性の確保は重要であり，重大な事故が起こることは避けなければならない。しかし，「遊び道具ではない」「変えてはいけない」などと頭から否定するのではなく，なぜ禁止しているのか，安全性を確保できる方法はないかなどを十分に検討していくことにより，その想定外の使い方を禁止する必要はないことが判明する場合もあるだろう。

　安全が保障されている状況で想定外の使い方を認めることは，子どもの豊かな発想力を育み，新たな遊びが生まれたり，遊びの発展を支えたりすることにつながる。[*2] 子どもの自由な発想に基づく多様な物の使い方が認められない環境では，画一的な遊びしか生まれ得ない。子どもの力で環境をつくり出すことを認め，想定外の使い方が生まれる環境は，創造性豊かな遊びの発展の可能性を秘めた環境であるといえよう。

5. 子どもが遊びやすい空間

　子どもたちが遊びやすい空間として「遊環構造」[*7,*8]が提起されている。遊環構造には，循環機能がある，その循環の道が安全で変化に富んでいる，その中に

シンボル性の高い空間，場がある，その循環に「めまい」を体験できる部分がある，近道ができる，循環に大きな広場や小さな広場等がとりつけられている，全体がポーラスな空間で構成されている，多数の穴が開いていて様々な所から出入りできるポーラスな空間であるといった特徴がある。それにより，子どもたちの動きが活発になり，遊びが生まれやすいことが指摘されている。

また，就学前施設で子どもの滞留行動が起こりやすい場所には高所（高いところで幼児の視線が変わるところ），別所（平面的であっても区画され，他の部分から差別化されたところ），閉所（囲われて閉鎖的な場所）があり，それらの種類，位置，規模によって滞留行動は異なることが見出されている。[*9]したがって，遊びの場の空間的特徴をとらえた上で，そこで展開される遊びを予想し，環境を整えていく必要性が示唆される。

6. 遊び場面の特徴と子ども同士の関わりのきっかけ

幼稚園で特徴的な5つの遊び場面（表II-1-1：遊び場面の分類）と仲間への働きかけとの関連性を検討したところ，以下のことが見出されている。[*10]

①区画／コーナー遊びは，他と区切られた場所でごっこ遊びが行われることが多く，遊びの展開状況をすぐに理解することは難しい。また参加には役が必要であるため，4歳児で遊び内容に沿った働きかけは少なく明示的な仲間入り

表II-1-1　遊び場面の分類

①区画／コーナー遊び	ままごとコーナー，すべり台，ジャングルジム，園庭に備え付けのテーブル，倉庫前に置かれている台 ・園に備え付けで，組み立ての必要なし ・他の遊び場面と区切られた「高所・別所・閉所」
②組み立て遊び	大型積み木，大型ブロック，バークロス（大型組み立て棒） ・組み立て材料の運び出しと組み立て
③砂遊び	砂場，泥だんごづくり，砂集め，砂や水を使った活動 ・オープンスペース
④躍動遊び	しばしば軽快なリズムを持つ言葉や笑いを伴いながら，大きな身体の動き，走る，とびはねる，身体接触のある躍動的な活動 ・オープンスペース
⑤ルール遊び	鬼ごっこ，ドッジボール，野球，相撲などルールや順番待ちのある活動 ・活動エリアの境界は明確

が多い，②組み立て遊びでは，材料の運び出しや組み立てによりメンバーの出入りが多く，ごっこ遊びが並行していることも多いため，4歳児で注意のひきつけや明示的な仲間入りが多い，③砂遊びはオープンスペースで砂や水を使う活動であり，3歳児で呼びかけ，自分の活動提示，相手が必要なものを与えるなど暗黙的な働きかけが多い，④躍動遊びは動的な活動であり，3，4歳児で仲間と同じような動きにより入っていくことが多い，⑤ルール遊びには一定のルールや秩序があり，4，5歳児で明示的な仲間入りが多い。

したがって，子ども同士の関わりのきっかけを援助し，遊びの発展へとつなげていく際，そこで展開されている遊び場面の特徴や年齢差を考慮する必要性が示唆される。

第3節　子どもの発達における遊びの重要性

1. 子どもの遊びの発達の概要

　乳幼児期には「ひとり遊び」も多いが，0歳代の赤ちゃんから他の子どもに興味を示すようになる。他の子どもの様子をじっと見たり，自分で動けるようになると関心のある子どものところへ近づいて行ったりする。そして，「どうぞ」とおもちゃを手渡すなど，簡単な物のやりとりを通じて子ども同士の関わりも生まれてくる。

　2～3歳頃までは，子ども同士の遊びにおいて模倣が重要な役割を果たしている。誰かが砂場でバケツに土を詰め始めると，他の子どももやって来て，同じようなバケツやスコップを手にして同じような行動をするが，子ども同士のやりとりはない「平行遊び」も多い。また，ある子どもが走り出すと他の子どもたちも嬉々として後に続き，一緒に走り回ることを楽しむこともある。それも一定の時間が経つと収束し，また何ごともなかったかのように別々の場所に行くことも多く，長時間のやりとりが続くことは難しい。ただし，平行遊びは単に未熟な遊びというのではなく，やりとりはなくとも，同じ物や動き，場を共有し，「一緒にいること」「同じであること」を楽しんでおり，その後の友だち同士の関わりの基盤となる重要な経験である。

　その後，4，5歳頃になると，共通の目的（例：大型積み木で基地をつくる）

に向かって，役割分担（例：積み木を運んでくる人，積み上げる人）をしながら協力して遊ぶ「協同遊び」が増えてくる。

なお，「ひとり遊び」が未熟な遊びで，「平行遊び」から「協同遊び」へと直線的な発達をとげるわけではない。4〜5歳頃であっても何かに集中して取り組む「ひとり遊び」も重要であり，年齢的な発達において，どのような遊びをすることが多いかという割合の問題である。

2. 遊びを通して経験すること

子どもたちは遊びを通してどのようなことを経験するのだろうか。お店屋さんごっこを例に考えてみよう。お店屋さんごっこといっても，何を売るのか，売り物それぞれどれくらいの値段にするのか，お金はどうするのか等，決めるべきことが数多くある。どのような流れになるのか，遊びにあらかじめ決められた台本はなく，その場のやりとりで即興的に決まっていく。だからこそ，遊びはおもしろい。そのためにも，自分はどのようなイメージを持っているのかを主張すると同時に，他の子どもたちの言うことにも耳を傾け，どのようなことをやりたいと思っているのか理解する必要がある。もし意見が食い違えば話し合いが必要となり，時には自分のやりたいことを我慢したり妥協したりしなければならないかもしれない。そのようなやりとりを通して，他者と「コミュニケーション」をとり，「人間関係を築くこと」を学んでいるのである。

また，お店の看板を書くことになれば，自然に「文字への関心」も高まるだろう。品物を5個ずつつくろうと決め，現在3個つくっていればあと2個足りないということも直接的な体験を通して学んでいる。これは「数的思考能力」の芽生えである。そのときに「5－3＝2」という数式は知らなくても，その引き算の意味を具体的に理解しており，小学校の授業で学習すれば難なく習得できる。

その他にも，鬼ごっこなどの身体を動かす遊びを行えば「運動能力」，積み木遊びをすれば，三角形を2つ組み合わせれば四角形ができるといった「図形概念」も身につくだろう。これらは遊びのごく一例である。つまり，小学校以上の教育の基盤となる「学習の芽生え」が遊びの中に散りばめられており，様々な遊びを通してそれらを身につけていくのである。したがって，幼児期には，い

わゆる机上の先取り学習は基本的に不要である。直接的な体験を通して具体的な理解を深めることが重要であり、それがその後の知識や概念の獲得へとつながっていく。

いわゆる学校の勉強に関わる学習の芽生え以外にも、遊びを通して育まれることは数多くある。例えば泥だんごをつくる場合、芯となる土と、仕上げに使うさら砂では性質が異なるなど、つくる工程で数種類の土が必要であり、水と土の割合も重要である。土や水の性質も実際の関わりを通して体感していく。うまく光らせるにはきれいな球体になっている必要がある。手先の巧緻性も必要であり、最初はうまくつくれないかもしれないし、慎重に扱わないと途中で壊れてしまう可能性もある。完成までには時間もかかり、根気も必要であり、失敗してもあきらめずに取り組む「粘り強さ」も身につく。

何より、遊びが盛り上がり、時がたつのも忘れて夢中になって楽しめば、「物事に取り組む姿勢」や「集中力」はおのずと培われる。遊びが楽しかったという「充実感」や「満足感」を味わうことができれば、今度はもっとおもしろいものにしたい、新しいものに挑戦してみようという「意欲」も生まれる。やり遂げたという意識を持つことができれば、自分はできるという「自信」にもつながるだろう。それぞれの遊びに、様々な経験と学びが含まれており、遊びを通して総合的に子どもたちの発達が促されていくのである。

したがって"小学校に行った時に困らないように、数十分間イスに座っておく練習のために勉強を与える"意味はないといってよい。与えられたものを言われた通りにやるだけでは、主体性も創意工夫もない。与えられたものであっても、自ら「おもしろそう」「やってみたい」と思えるものであるか、直接的な体験により五感を通して心が揺さぶられるものであるかという点が重要である。おもしろいことであれば、子どもは寝食忘れて没頭し、数十分などあっという間である。乳幼児期の子どもが意味もわからずただ計算式を解いたり、難しい漢字を覚えたりすることにほとんど意義は見出せない。遊びを通して、物事に取り組む姿勢や意欲などが育まれていれば、就学後の教育においてそれらは容易に習得していけるだろう。幼児期に遊びを通して経験し学ぶことと、小学校以上の教育において学ぶことにおいては、その内容や方法が大きく異なることを十分に認識しなければならない。

なお、河邉によれば、子どもの発達において重要な充実した遊びの特徴とは以下4点である。[*11] ①1つの遊び（テーマ）に、ある一定期間継続して取り組み、集中している、②（遊びに取り組んでいる）子ども一人ひとりが遊びのイメージをしっかり持っている、③個々の子どもが自分のイメージを遊びの中で発揮し、遊びに必要なモノや場をつくるために身近な環境に主体的に働きかけている、④他児とイメージをモノや空間の見立ておよび言葉を通して共有しながら遊びを展開している。

3. 非認知能力との関連

近年注目されている「非認知能力」[注1]も、遊びを通して育まれる力の1つである。非認知能力とは、目標の達成のための「忍耐力」「自己抑制」「目標への情熱」、他者との協働のための「社交性」「敬意」「思いやり」、情動の制御のための「自尊心」「楽観性」「自信」（OECD, 2018）といった力である。[*12] これらの力は、いわゆるIQテストや学力検査で測定可能な"認知能力"とは異なり、数値で示すことはできず目に見えにくいものの、生きていく上で非常に重要な能力である。アメリカの縦断研究により就学前教育の効果を検討した研究でも、人生で成功するかどうかは非認知能力も大きく関わっており、幼少期の環境が重要であることが示されている。[注2][*13] その非認知能力は、日本の保育において重要視され、子どもの主体的な遊びを通して育てようとしている力とまさに重なっているのである。

4. いきいきと遊ぶ子どもらしさを支えること

子どもが遊びに夢中になっている姿は、いきいきとして躍動感にあふれている。上述したように、豊かな発想力をもとに、特別な遊び道具がなくても、日常生活の至るところで、大人の想定を超える興味深い遊びを生み出す力を持っている。そして、喜怒哀楽の様々な感情に突き動かされつつ、真剣に遊びこむ。そういった姿を見て大人は「子どもらしさ」を感じるのだろう。

しかし、子どもであれば、いつでも、どこでも、誰でも、いきいきと遊ぶことができるかといえばそうではない。当然のことながら、病気で体調が悪ければ活発に遊ぶことはできないだろう。身体的には問題はなくとも、精神的に不

安やつらいことがあれば，思う存分遊び込むことは難しい可能性がある。例えば，これまで友だちとよく遊んでいた子どもが，最近あまり活発ではなくなった背景には，年下の弟や妹が生まれ，一時的に気持ちが不安定になっていたということもある。他の子どもの遊びを壊してしまったり攻撃的であったりして，他の子どもとうまく遊べない場合には，家庭環境など子どもをとりまく人間関係に課題がある場合もある。

したがって，「いきいきと遊ぶ子どもらしさ」をひもとくには，目の前の子どもだけを見ていてはわからない。「なぜ」そのような子どもの姿が見られるのか，その理由や背景を様々な視点から探る必要がある。その上で，子どもが多様な環境から自らやりたいことを選び，そのやりたいことを実現するために十分な時間が保障され，豊かな発想をもとに創意工夫しつつ，夢中になって遊べるよう遊び環境を整え，援助していくことが重要である。

おわりに

子どもが子どもらしくいきいきと遊べること，子どもなら当たり前のように見えて，その背景は子どもの生きる世界と密接につながり，様々な要因に支えられている。子どもは遊びを通して育つこと，子どもの発達における遊びの重要性を改めて認識する必要がある。そのためにまずは，大人の枠にとらわれず，遊び心を持って，子どもの遊びをおもしろがるところから始めてみてはどうだろうか。

● 注
注1：非認知的能力，社会情動的スキルとも呼ばれる。
注2：賃金や就労，労働経験年数，大学進学，十代の妊娠，危険な活動への従事，健康管理，犯罪率等に影響することが示されている。

● 引用文献
1. 塩川寿平　2006　名のない遊び　フレーベル館
2. 松井愛奈　2017　保育環境における想定外の使い方と遊びの発展：2歳児から4歳児までの3年間の縦断的検討　保育学研究，第55巻2号，64-71.
3. 松井愛奈　2016　幼児による保育環境の想定外の使い方：日本とニュージーランドの保育者はどのように捉えるか　京都文教大学心理社会的支援研究，第6集，21-32.

II部　子どもと教育・保育

4. 無藤 隆・倉持清美・柴坂寿子・田代和美・中島寿子・柴崎正行　1993　園環境は子どもにとってどのような意味を持つか　保育学研究，第31巻，113-122.
5. 福田秀子・無藤 隆・向山陽子　2000　園舎の改善を通しての保育実践の変容 I　保育学研究，第38巻第2号，87-94.
6. 木村歩美・井上 寿　2018　子どもが自ら育つ園庭整備：挑戦も安心も大切にする保育へ　ひとなる書房
7. 仙田 満　1992　子どもとあそび　岩波新書
8. 仙田 満　2016　こどもの庭：仙田 満＋環境デザイン研究所の「園庭・園舎30」　世界文化社
9. 仙田 満　1998　環境デザインの方法　彰国社
10. 松井愛奈　2001　幼児の仲間への働きかけと遊び場面との関連　教育心理学研究，第49巻，285-294.
11. 河邉貴子　2005　遊びを中心とした保育：保育記録から読み解く「援助」と「展開」　萌文書林
12. 経済協力開発機構（OECD）編著，ベネッセ教育総合研究所企画・制作　無藤 隆・秋田喜代美 監訳　2018　社会情動的スキル：学びに向かう力　明石書店
13. ヘックマン，J. J.　2015　古草秀子（訳）　幼児教育の経済学　東洋経済新報

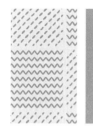

■ II部 第2章

子どもの気質（行動様式）と保育
―トマスとチェスの概念からの検討―

はじめに

　2017（平成29）年に，保育所保育指針（平成29年厚生労働省告示第117号）が公示され，2018（平成30）年より適用されることとなった。この中で，「保育所の役割」について，次のように記されている。

1　保育所保育に関する基本原則
（1）保育所の役割
ア　保育所は，児童福祉法（昭和22年法律第164号）第39条の規定に基づき，保育を必要とする子どもの保育を行い，その健全な心身の発達を図ることを目的とする児童福祉施設であり，入所する<u>子どもの最善の利益を考慮し，その福祉を積極的に増進することに最もふさわしい生活の場でなければならない。</u>（下線筆者）

　ここで示されている「子どもの最善の利益」とは，わが国が1994（平成6）年に「児童の権利条約（通称：子どもの権利条約）」を批准したことによるものである。「子どもの最善の利益」は，子どもの成長・発達において，大人の利益が最優先されるものではなく，子どもの人権を尊重すること，子どもが「権利行使の主体」であることを示している。その上で，2016（平成28）年の児童福祉法改正では，子どもを「権利行使の主体」として位置づけた福祉理念が明確化された。ゆえに，保育所は「児童の権利条約」の理念の下に，子どもの福祉を積極的に増進することに「最もふさわしい生活の場」であらねばならないのである。このことは，これまでの子どもの福祉における，生存や生活の保障を第一義的にした"衣・食・住"の充足という概念ではなく，保育所に入所した一人ひとりの子どもが心身ともに健やかな成長・発達を遂げることのできる発

達環境の保障，乳幼児期にふさわしい生活の場を豊かにつくりあげていくことの必然性をも示唆しているのである。そして，これらを実践していくためには，一人ひとりの子どもの特性を適切に理解・評価し，その理解に基づいた日々の保育を実践していくことが必須となる。

子どもの特性を理解・評価する手立てには，各種発達検査や知能検査等多くのものが存在する。しかしながら，「子ども」という存在について改めてとらえ直してみると，子ども理解・評価には，次のような視座が必要となる。

「子ども」について，稲垣は，「誕生した瞬間から，自分自身が持って生まれた生物学的な素因を基盤として，環境からの刺激を受け，個人として自立していく過程にある存在」[*1]と定義した。その定義の上に，南部は「子どもの発達」とは，「誕生した瞬間から，その子どもが持って生まれた能力をいかに発揮して環境に関わり，関係性を持ち，変容していくかということであり，それは周りの環境との関係性による質的な変化の過程である」[*2]と定義した。両者を併せて考えると，子どもは自身の持つ生物学的な素因を基盤として周囲の環境に関わり，周囲との関係性の中で育つということになる。言い換えれば，子ども自身の持つ生物学的素因によって周囲との関係性が構築されるということになる。

次に，子どもとの関係性を構築する上で理解しておかねばならないことは，乳幼児期の子どもは心身が未熟・未分化なため，すべての身体心理的状態が行動という形で表現されることである。加えて，子どもは年齢が幼いほど他者に依存せねば生命の保持と情緒の安定を獲得することはできず，それゆえ，乳幼児期の子どもに関わるすべての大人は，子どもの行動を理解・評価し，それに応じた適切な援助をせねばならないのである。

以上のことから，子どもを理解・評価し，健やかな成長・発達を支援するためには，環境要因のみならず子ども自身の持つ生物学的素因にも目を向けなければならないことがわかる。そして，乳幼児期の生物学的素因を理解・評価するものの代表的なものとして，「子どもの気質（行動様式）」[注1]がある。本章では，「子どもの気質（行動様式）」という観点から，日々の保育環境のあり方，すなわち，子どもにとってより適切な援助についての提言を行うとともに，「子ども学がひらく子どもの未来—子どもを学ぶ，子どもに学ぶ，子どもと学ぶ—」について，筆者なりに考えたい。

第2章 子どもの気質（行動様式）と保育―トマスとチェスの概念からの検討―

第1節　子どもの気質（行動様式）とは

　気質理論（temperament theory）について，下山晴彦編集代表『誠信　心理学辞典』では，以下のように示されている。

　　気質は個人のパーソナリティの基礎を構成する情緒や行動の個人差であり，生物学的基盤をもち，人生早期から出現する。最古の気質理論は古代ギリシャのヒポクラテスとガレノスの4体液説で，血液，粘液，黄胆汁，黒胆汁のそれぞれの体液の多寡で気質が決まると考えた。20世紀には，ドイツの精神医学者クレッチマーの三つの気質類型論（分裂気質・躁うつ気質・粘着気質）が現れる。ロシアの生理学者は，興奮と抑制に関する神経生理学的な気質理論を提唱しており，アイゼンクやグレイの神経科学的気質理論に継承されている。精神学者のクロニンジャーも，神経科学的な四つの気質因子と三つの性格因子による7因子論を提唱している。[*3]

　上記のように，気質（理論）については，医師であったヒポクラテスとガレノスによって古代ギリシャ時代から見解が示されたことに始まり，遺伝的素質を含む生理学的指標と人間行動とを関連づけながら，今日まで受け継がれてきたと考えられる。これらは，成人を対象として発展してきており，乳幼児期を対象とした子どもの気質研究が登場するのは，トマス（Thomas, A.）とチェス（Chess, S.）らによる1956年に着手された「ニューヨーク縦断研究（New York Longitudinal Study）」まで待たなくてはならなかった（この理由については次節で述べる）。気質に遺伝的・生物学的な基礎があるのかどうかに関しては，決定的に解明されたわけではないが，"気質"という用語を使用するに際し気質概念については研究者によって異なる部分がある。これまでの気質研究の一致するところで，庄司は，「①気質とは，個々の行動ではなく，行動の傾向を反映するものである。②気質的特徴の少なくとも一部には生物学的基礎があると考えられる。③気質は，発達の普遍的なパターンではなく，個人差によって特徴づけられる。④気質的特徴は乳児期に出現し，のちの人格形成の基礎となる。⑤気質的特徴はある程度安定している。⑥気質は変化するものである[*4]」とまとめている。また，カーンバーグ（Kernberg, O. F.）らは人格の構成要素として，①気質（Temperament），②同一性（Identity），③性（Gender），④神経心理学

的発達障害（Neuropsychological Developmental Disorders），⑤感情（Affect），⑥防衛機制（Defense Mechanisms）をあげている。これを斉藤は，「気質をカーンバーグらは『他者へのアプローチや反応性の質と方法が一定の傾向を帯びることによって，子どもと世界との交流に影響を与えるような生物学的な基盤を持つ性質』と定義している。いわば持って生まれた外界への姿勢のようなものであろうか」とまとめ，紹介している。

また，わが国の子どもの気質研究の先駆者の一人である古田は，次のように気質を定義している。

> 人の情動反応の特徴を気質という。刺激に対する感受性や反応の強さと速さ，気分の質，気分の動揺と強度などに関して，個人差を説明する概念であり，パーソナリティの基盤をなす個人の特性である。それは殆ど生得的といわれ変化しにくい傾向である。人の「行動」は状況によって左右されやすい。適応が問題とされるときには，どの程度状況にあわせて行動できる否かが問題となる。気質は行動とは違い状況の影響は殆ど受けない。しかし，それが環境との適合性の良否と関係して，行動に影響を及ぼす行動の基本的要素として機能するのである。

つまり，気質は，ある程度の遺伝的・生物学的基盤を持った，乳児期から出現する個人の行動特徴，あるいはスタイルであり，また，人格形成の基盤となるものであり，この行動特徴が他者との関係のありようをつくり出し，その後の成長・発達や人格形成に影響を及ぼしていくものであるといえる。したがって，より早期から子どもの気質を理解しておくことは，養育環境との関係の中で経時的に生ずる後の問題行動を予測できると同時に，それらを最小限に収めるための手立てを講ずる有用な情報となり得るのである。

第2節　トマスとチェスの気質研究とその他の先行研究

気質についての概念は，古代ギリシャ時代から存在していたことは先に述べた。したがって，気質研究についての歴史は長く，また，量が膨大であることは容易に想像できる。しかしながら，この長い歴史の中で子どもの気質研究が登場するのには時間を要した。なぜならば，子どもに関する研究の歴史は比較的浅

第2章　子どもの気質（行動様式）と保育―トマスとチェスの概念からの検討―

く，また，子どもの気質研究に至るまでの子ども関連の研究の多くは，発達における学習環境や初期経験の重要性を強調する考え方が主流であったからである。特に，フロイト（Freud, S.）の「ヒステリー研究」やボウルビー（Bowlby, J.）の『乳幼児の精神衛生』によって，乳幼児期の親子関係の障害が成人してからの反社会的・非社会的行動を含む様々な神経症的症状に影響していることが述べられて以降，欧米では「ホスピタリズム研究」が興隆を極め，乳幼児の人格の正常な発達にとって母性的養護が不可欠であるという認識が社会に広がっていった。結果，「子どもの発達行動上の問題は養育者の養育態度や家庭環境の問題」という見方が強まり，子どもの社会的逸脱行動のすべてが養育者の責任であるという方向性を見出すこととなった。このような流れにある中，児童精神科医であるトマスとチェスらは，自身の子育ての経験も含め，子どもの臨床的問題には，環境要因だけでは説明不可能な部分があるとして，子どもの遺伝的・生物学的要因による個人の行動特徴と養育者の関係について明らかにしようとした。これが，1956年に着手された「ニューヨーク縦断研究（New York Longitudinal Study）」と呼ばれる子どもの気質研究である[*8]。

このニューヨーク縦断研究は，子どもの気質特徴が人の「適応」にどのような影響を及ぼすのかという観点から，子どもの気質特徴と養育者の関係が子どもの成長・発達の過程における情緒的問題の発現とどのような関連があるのかを長期的・縦断的に追跡調査したものである。具体的には，1956年より，約140名[注2]の子どもを対象に，生後2～3か月の時から約30年以上，子どもが日常生活におけるどのような場面で「いかに（How）行動するか」について，養育者と定期的に面接を行い，子どもの行動の個性についての研究を重ねた。この研究過程において，トマスとチェスらは気質の特徴を様々なカテゴリーや類型に分けるための評価や分析を行った。このことについて，トマスとチェスらは，次のように述べている。

> 私たちの研究を簡潔に要約すると，いくつか行った縦断的研究のあらゆる対象児において，生後2か月という早期から9つのカテゴリーに分けられる気質が確かに識別され，評定することができたのである[*9]。

II部　子どもと教育・保育

　正確に評価しうる気質的特徴は，Activity level（活動水準），Rhythmicity（周期の規則性），Approach or Withdrawal（接近／回避），Adaptability（慣れやすさ），Intensity of Reaction（反応の強さ），Quality of Mood（気分の質），Attention Span and Persistence（注意持続と固執性），Distractibility（気の散りやすさ），Threshold of Responsiveness（反応の閾値＝敏感さ）という9つのカテゴリーであった（表II-2-1参照）。

　さらに，トマスとチェスらはその中の5カテゴリー〔Rhythmicity（周期の規則性）・Approach or Withdrawal（接近／回避）・Adaptability（慣れやすさ）・Intensity of Reaction（反応の強さ）・Quality of Mood（気分の質）〕の現れ方から，子どものタイプを Easy child（外界に対して慣れやすく，手のかからない子どもといわれ，養育者側からすると育てやすい子）・Difficult child（外界に

表II-2-1　気質特徴カテゴリー[注3]

Activity	子どもの行動に運動成分がどの程度みられるか。例えば，眠っている間も動く，おむつを取り替える間も動くなどは活動水準が高い。
Rhythmicity	睡眠，食事，排泄，動きと休息のリズムなどのように，反復される機能の規則正しさの程度。毎日ほとんど同じ時間に眠くなるのは規則的。
Approach or withdrawal	食べ物，人，場所，おもちゃ，やり方など，なんであれ新しい刺激パターンに対する最初の反応を記述するカテゴリー。
Adaptability	新しい場所または状況の変化に対する最初の反応が社会的に好ましい方向へ「変化しやすいか，しにくいか」。最初の反応は回避的であったとしても，すぐに慣れるなら「なれ易い」。
Intensity of reaction	ここでは反応のエネルギーが問題であり，その方向性ではない。泣く反応にも笑う反応にも同じ程度の強さというものがあり，激しく泣くのも小躍りして喜ぶのも，両方強い反応。
Quality of mood	うれしい，楽しいなどの親和的な行動の量と，不愉快な，泣くほどの親和的でない行動の量を比較して，どちらが多いか。
Attention span and persistence	活動の方向の決定やいったん決定された方向を変化させることの難しさについて。
Distractibility	現在進行中の行動の方向を変更させる，またはそれを中断させるのに，外からの刺激がどれほど有効かを示す。例えばコンセントの方に這い進んでいる子におもちゃを見せて，進む方向が変わったとしたら，気が散りやすい（紛れやすい）。
Threshold of responsiveness	反応の閾値ともいわれ，反応をひきだすのに要する刺激レベル。この場合ひきだされる反応が接近か退避，強いか弱いかは問題ではない。例えば母の服装や髪型の変化にすぐ気がつくのは敏感な子。

第2章 子どもの気質（行動様式）と保育―トマスとチェスの概念からの検討―

対して慣れにくく，手のかかる子どもといわれ，養育者側からすると育てにくい子）・Slow-To-Warm-Up child（外界にゆっくり慣れ，時間のかかる子といわれ，養育者側からすると平均的であるが時間のかかる子）・Intermediate-High child（どちらかというと外界に慣れにくく，養育者側からすると平均的だが時間のかかる子）・Intermediate-Low child（どちらかというと外界に慣れやすく，養育者側からすると平均的だが育てやすい子）の5タイプに分類し，気質類型とした（表II-2-2参照）。

これらの気質類型の出現率は，トマスとチェスらのニューヨーク縦断研究では，Easy childは全体の40%を占め，Difficult childは約10%，Slow to warm up childは約15%であったことを示している[10]。そして，Difficult childの子どもの70%が10歳以前に臨床的に明らかな行動異常をおこしており，両親のカウンセリングや他の治療方法が必要であり，それによって，その大多数は青年期までに回復したことを報告している[11]。

ここで注目すべき点は，Difficult childの気質類型の子どもの70%に行動異常があったことではなく，両親のカウンセリングや他の治療方法によって回復したことである。つまり，Difficult childの気質類型を理解し，その上で子どもへの関わり方や養育態度の再形成を図ることによって，子どもの発達が取り戻されたということである。この点から，トマスとチェスらは子どもの気質特徴と養育環境との「適合のよさ（goodness of fit）」「適合の悪さ（poorness of fit）」

表II-2-2　気質類型[注4]

Easy child	機嫌はよく，反応の表し方は穏やかで，生理的機能の周期は規則的で初めての事態にも積極的に反応し，環境の変化にも慣れやすいという特徴を持っている。
Difficult child	生理的機能の周期は不規則で，反応を強く表し初めての事態では消極的でしり込みしがちであり，環境の変化には慣れにくく，機嫌の悪いことが多い。
Slow to warm up child	初めての事態では消極的でしり込みしがちで，環境の変化にもなれにくいが，反応は穏やかで活動性は低い。
Intermediate-high child	周期性が不規則な傾向，消極的で慣れにくい傾向で，反応の強い傾向で機嫌も悪い傾向にある。
Intermediate-low child	他の4つのどの条件にも当てはまらない，特徴を持っていない普通の子といえる。

という概念も提起した。「適合のよさ（goodness of fit）」は養育者や他の大人の期待や要請が子どもの気質特徴や能力などの特徴と互いに相容れるものであるときにみられると考えられ、この場合子どもの健全な発達が期待され、「適合の悪さ（poorness of fit）」は養育者などからの期待や要請が過度なものであったり子どもの気質や能力などの特徴と相容れないものであるときに生じ、子どもは強いストレスのもとにおかれて健全な発達が妨げられるというのである。したがって、どのような気質特徴にあったとしても、子どもの気質特徴とあまりにも矛盾するような養育者からの要請がある場合、子どもに圧力をかけ、子ども自身を耐え難いストレスフルな環境に曝し、問題行動を誘発してしまう要因となるのである。

このようなトマスとチェスらの気質研究は、これまでの子どもの発達研究における環境論説に新たな視座を与え、その後、他の研究者らよって気質研究が展開されていくとともに、一方では批判を受けることも多くなっていく。中でも、トマスとチェスらの研究は、子どもの気質についての情報を母親との面接で得たものであり、客観的な特徴を反映しているとはいえないことが問題とされた。しかし、トマスとチェスらの方法が洗練された形で、ケアリー（William B. Carey）らによって「乳児気質質問紙（Infant Temperament Questionnaire）」や「幼児行動様式質問紙（Behavioral Style Questionnaire）」が作成・標準化され、子どもの気質が客観的に評価できるようになった。これ以降、他の研究者による追試、そこから見出された測定方法の検討や概念の整理・追加などを通して気質理論の再構築や統合が図られ、これらを軸にしながら子どもの気質と愛着の関係や母親の精神的健康と養育態度、さらには、子どもの社会化の発達過程等との関係の検討により子どもの気質研究は発展していく。中でも、子どもの気質特徴と養育者の養育態度や育児ストレスとの関連について述べられたものや、後年の子どもの発達・行動上の諸問題との関連、子どもの環境への適応・対人行動の発達・愛着形成などの諸側面との関連などが述べられるようになり、乳幼児期の養育者との関係において子どもの気質が影響していることが明らかになってくる。

わが国における子どもの気質研究の代表的なものは、測定方法の検討については、佐藤俊昭氏や古田倭文男氏らによる子どもの気質の日本語版質問紙によ

第 2 章　子どもの気質（行動様式）と保育―トマスとチェスの概念からの検討―

る追跡研究や横井茂夫氏や庄司順一氏らによる日本語版質問紙の標準化および気質概念の検討などがある。これらは，わが国における気質の基礎研究であり，追跡研究や日本語版質問紙の標準化は子どもの気質の先駆的研究となっている。愛着や育児ストレス・不安との関連については，まず，三宅和夫氏らが愛着のタイプと気質特徴の関連等を中心に述べた『幼児の人格形成と母子関係』がある。その他，高岸由香氏や菅原ますみ氏，水野里恵氏等をはじめとする多くの研究者たちによる研究が母親の養育態度や育児ストレス・不安や社会化過程と子どもの気質が関連していることを明らかにしている。高岸は，幼稚園に通う 5 〜 6 歳児において，「Difficult child は，育児上困る自立機能・行動上の問題を持つことが多く，その母親の養育態度の特徴としては不満的態度を示しやすく，父親は，不一致的な養育態度に問題を示しやすいという結果であった」ことを報告している。そして，水野は，第一子を対象として子どもの気質と母親の育児ストレスとの関連を調べたところ，「気質診断類型による Difficult child の子どもを持つ母親の育児ストレスは，そうでない子どもを持つ母親のそれに比較して有意に高かった」と報告している。他にも，斉藤は，「子どもの気質得点が高い場合，育児の自信のなさが高くなることから，子どもの気質を難しい，扱いにくいと感じている母親は，育児に対する自信を持ちにくい」とし，宮本らが 4 か月児の気質と母親の養育態度・育児疲労状況等との関連性について検討を行ったまとめとして，「全般的に手のかかりやすい子の母親で，育児に関するイライラ感を頻回に訴えるものが有意に高かった」ことを報告している。また，麻原らは，「気質カテゴリー得点のうち活動性，規則性，順応性，気分の質，持続性の JHSQ（日本版乳幼児環境評価法）得点との間に有意な負の相関がみられた」としており，さらに，「Difficult child・Slow to warm up child・Intermediate-high child・Intermediate-low child・Easy child の順に JHSQ の得点が高かった」と報告している。これは，気質類型的に Difficult child な傾向を示す子どもほど，養育環境に疑問がある（正常ではない）ということを示しているものである。これらの先行研究の共通するのは，Difficult child の気質類型を示す子どもの養育者は育児に対するストレスや負担感に近いものを抱いているとのことである。

他方，足立らは，子どもの気質特徴と母親の養育態度には強い関連があると

した上で,「Slow to warm up child, Intermediate-high child では,扱いにくいと知覚する母親よりも,扱いやすいと知覚する母親の比率が大きく,Difficult child でも,過半数の母親はふつうまたは扱いやすいと知覚していることも示している。すなわち,Slow to warm up child, Difficult child の母親の多くは,子どもを扱いにくいとは知覚していないのである」[*24]と述べている。言い換えれば,子どもの気質特徴や気質類型と育児ストレス・養育態度との間に関連があったとしても,養育者の子どもに対する"扱いやすさ""扱いにくさ"の認知は異なるのである。つまり,養育者が子どもの気質特徴をどう認識しているのか,子どもをどう受け止め,どういう眼差しで子どもを見ているのかということと,実際の子どもの気質特徴とは必ずしも一致しているわけではないということである。子どもの気質特徴そのものが養育者に扱いにくさを感じさせたり,ストレスを与えてしまうこともあるが,養育者自身に内在するものが子どもの気質特徴によって触発され,子どもと養育者の「適合の悪さ(poorness of fit)」の状況をつくり出していることもあるということである。ゆえに,子どもの気質特徴や "Easy child" や "Difficult child" といった,気質類型そのものが問題となるのではなく,現時点で養育者がどう受け止め,理解しているかということが大切なのである。したがって,子どもの気質特徴と気質類型を理解することによって,子どもに対する理解の幅を広げ,子どもと養育者の関係の適合性を調整し「適合のよさ(goodness of fit)」へと導き,子どもの健全な発達を支持することが可能となるのである。

第3節　子どもの気質(行動様式)から保育への提言

　前節では,子どもの気質と気質研究の概要から,子どもの気質が養育者との関係に影響を与えていることや,後年の子どもの発達・行動上の諸問題との関連があることを示した。特に,Difficult child を持つ養育者は育児に対するストレスや負担感に近いものを抱えていることが多く,子どもと養育者の間に「適合の悪さ(poorness of fit)」の状況を生じさせやすい。Difficult child の気質特徴は,「生理的機能の周期は不規則で,反応を強く表し初めての事態では消極的でしり込みしがちであり,環境の変化には慣れにくく,機嫌の悪いことが多

い」（表II-2-2参照）ことにある。これらを日常生活場面に置き換えると，食事や排泄などの時間帯や量，睡眠・覚醒のリズムが不規則であり，また，初めての環境や人に対して回避的で慣れるのに時間を要し，そのような状況に対してネガティブな反応を示し，その反応も強いというものである。このような気質特徴にある子どもは，日々の養育のいとなみにおいて，予測不可能な部分が多く，「扱いにくい」あるいは，「育児しにくい」と養育者に感じさせてしまう面が多々あると考えられる。加えて，生物学的素因に由来する「扱いにくさ」が周囲に理解されていない場合，養育者の養育態度に問題があると指摘されることも出てくるであろう。それゆえ，Difficult な気質の特徴を持つ養育者は，子どもに対する躾が統制的になりがちであり，「養育者側から必要」と思われる経験の枠組みに子どもを適応させようとしがちになり，子どもとの関係において「適合の悪さ（poorness of fit）」の状況をつくり出すこととなる。

　このことは，幼稚園や保育所等の保育場面においても同様である。保育場面は「環境を通して行う保育」のもとに，子どもの主体的活動を促していく場であるが，そこでは「子どもにとって望ましい経験の場」となるよう計画的に保育環境が構成されており，保育者が目の前の子どもの姿をとらえながら「保育者側から必要」と思われる場面が絶えず構成されている。これは，子どもの成長・発達を促すために必要な保育者による配慮を意味するが，Difficult な気質の特徴を持つ子どもにとっては，「保育者側から必要」と思われる経験を受け入れねばならない場となる。実際，保育においては，「人と関わる力」を育むことを重要視しており，「子ども自らが周囲の子どもや大人と関わっていくことができる環境」が必要であるとされている。そのため，保育者は子どもがこの環境に自ら関わり，子どもが周囲と関係構築できるよう援助する。しかしながら，Difficult な気質の特徴にある子どもの場合，自身の持つ特性として，自ら周囲の環境に関わることを不得手，あるいは困難とし，環境を受け入れるまでに時間を要する。それゆえ，Difficult な気質特徴を持つ子どもは，他児に比して保育環境になじみ難く，また，保育者側が必要と考える「望ましい経験」を得にくいことから集団における経験の個人差を生じさせてしまう。この経験の個人差は発達や能力によるものではなく，生物学的素因によるものである。その上で，日々の保育における環境の構成や援助を省みたとき，生物学的素因に由

来する経験の個人差に配慮しながら保育環境の再構成や援助のあり方を問い直さなければならないことがわかる。そして，日々の問い直しの積み重ねが，保育所に入所する「子どもの最善の利益を考慮し，その福祉を積極的に増進することに最もふさわしい生活の場」に繋がっていくことになるのである。ゆえに，子どもに関わる大人が子どもの健やかな成長・発達を心より祈念するとき，子どもの成長・発達の過程を生物学的素因に由来する気質，すなわち「子どもを主体」とした理解・評価を行い，それに基づき子ども期に必要な経験のありようを考慮しながら子どもの育つ環境の再構成を絶えず行うことが必要なのである。

最後に，本拙論を振り返りながら，子どもの権利条約に大きな影響を与えたポーランドのヤヌシュ・コルチャック[注8]の言葉を紹介しておきたい。

> 「将来のために」と称して，大人は子どもに過重な義務を課しています。いま，この時に，生きる人間としての様々な権利を子どもに保障せぬままに。[*25]

この言葉に含まれている「大人は子どもに過重な義務を課しています。」という部分は，われわれ，大人側から見た「必要な経験」「望ましい経験」なのではなかろうか。乳幼児期は，言語化して他者に自分の思いを伝える能力が未成熟である。それゆえ，乳幼児は自分の意見を表明できない状況にあり，その声が大人に届きにくい。だからこそ，われわれは，子ども一人ひとりの特性を理解し，「子どもを主体」とした，「子どもの側」から「子どもの育ち」をとらえなければならないのである。これが，「入所する子どもの最善の利益を考慮」することであり，ヤヌシュ・コルチャックの示す「いま，この時に，生きる人間としての様々な権利を子どもに保障」することなのである。

これらは，筆者の恩師，稲垣教授の「子ども学」から学んだことである。子どものために，ただ子どものために，どんな状況にある子どもであっても健やかに育ち，自分らしくいきいきと社会へ巣立っていくことを願い，臨床・研究・教育に日々精進されてきた稲垣教授の姿は，ヤヌシュ・コルチャックの姿とも重なる。これからは，稲垣教授の指導を糧に，すべての子どもたちの健やかな未来を願いながら臨床・研究・教育に精力を注いでいく所存である。

第 2 章　子どもの気質（行動様式）と保育―トマスとチェスの概念からの検討―

● 注
注1：「気質」は，行動様式（Behavioral style）とほぼ同義で使用されることが多い。乳幼児の気質研究の先駆者である，トマスとチェスらは，当初，「初期の反応性（initial reactivity）」あるいは，「一次的反応パターン（primary reaction pattern）」という用語を使用していたが，これらの行動は安定的・恒常的なものであるとして，「気質」と称するようになった。また，トマスとチェスらは用語上の混乱を避けるために，「気質（Temperament）を早期幼児期より明らかである様式的特徴を示すのに用い，行動様式（Behavioral style）というもっと広い意味の用語はその後の児童期あるいは成人の人生に顕れる行動特徴について用いるように提案したい」としている。（Thomas, A., & Chess, S.　1980　*The Dynamics of Psycological Development*. Bruner/mazel New York（林 雅次 監訳　1981　子どもの気質と心理的発達　星和書店　p.74.）

注2：研究着手当初の人数を表記した。その後，研究を継続していく中で，人数は減少していく。

注3：この9カテゴリーの和訳については，日本の子どもの気質を追跡調査し，標準化を図った佐藤（1985）が示したものを用いている。（佐藤俊昭　1985　子どもの気質の追跡研究－序報－　東北大学教養部紀要第43号，157-158.）

注4：注3に同じ，p.130.

注5：William B. Carey と Sean C. McDevit が作成した「乳児気質問紙（Infant Temperament Questionnaire）」や「幼児行動様式質問紙（Behavioral Style Questionnaire）」等は，東北大学の佐藤俊昭氏らが最初に翻訳し追跡研究を行った。その他，庄司順一氏らが日本語に翻訳し，標準化を行っている。

注6：佐藤俊昭と古田倭文男は，1985年より「子どもの気質の追跡研究」を日本で行っている。気質質問紙は，Revised Infant Temperament Questionnaire（ITQ）：生後4～8か月用，Toddler Temperament Scale（TTS）：1～2歳用，Behavioral Style Questionnaire（BSQ）：3～7歳用，Middle childhood Temperament Questionnaire（MCTQ）：8～12歳用がある。（佐藤俊昭・古田倭文男　1988　子どもの気質の追跡研究－第2報・日本語版ITQ－Rとその使用経験，東北大学教養部紀要，第49号，196-175.）

注7：JHSQとは，日本版乳幼児の家庭環境評価法のことである。この質問紙は養育環境に問題がありそうな家庭をスクリーニングするためのものであり，19（～16）点以下が疑問，20（～17）点以上が正常である。（麻原きよみ，・村嶋幸代・飯田澄美子　1992　「幼児の気質と発達に関する研究（第1報）幼児の気質と母親の認知　養育環境の相互関連性　日本公衆衛生誌，第39巻第9号，698.）

注8：ヤヌシュ・コルチャック（Janusz Korezak, 1878-1942）の本名は，ヘンリク・ゴルドシュミット。ナチス・ドイツの迫害により，ユダヤ人孤児200人とともに1942年トレブリンカ強制収容所にて死亡。小児科医師や教育者としての実践，ユダヤ人孤児院とポーランド人孤児院の運営，著作活動を通じて，1989年国連子どもの権利条約の基礎となる子ども観を後世に残した。なお，1979年に国連が「国際児童年」と宣言した際には，この年を「ヤヌシュ・コルチャック年」と名づけた。

● 引用文献
1. 稲垣由子　2004　子どものまなざしと子どもに寄り添うということ　小児の精神と神経　第44巻第1号，7-11.
2. 南部真理子　2007　子ども虐待における人と人との関係性　甲南女子大学博士論文，p.10.
3. 下山晴彦 編集代表　2014　誠信 心理学事典（新版）　誠信書房　p.345.
4. 庄司順一　1988　Ⅳ 気質の評価　別冊発達8　発達検査と発達援助　ミネルヴァ書房，p.132.
5. Kernberg, P. F., Weiner, A. S., Bardenstein, K. K.　2000　*Personality disorders in children and*

adolescents. Basic Books. pp.16-19
6. 斉藤万比古 2000 注意欠陥／多動性障害（ADHD）とその併存障害：人格発達上のリスク・ファクターとしてのADHD 小児の精神と神経，第40巻4号，248．
7. 古田倭文男 2004 幼児の気質に関する尺度の妥当性について 仙台白百合女子大学紀要，第8号，1-12．
8. Thomas, A., & Chess, S. 1980 *The Dynamics of Psycological Development*. Bruner/mazel New York.（林雅次監訳 1981 子どもの気質と心理的発達 星和書店）
9. Thomas, A., & Chess, S. 1980 前掲書，p.71．
10. Thomas, A., & Chess, S. 1980 前掲書，p.72．
11. Thomas, A., & Chess, S. 1980 前掲書，pp.74-75．
12. Chess, S., & Thomas, A. 1999 *Goodness of Fit: Clinical Applications, From Infancy through Adult Life*. Bruner/mazel, New York pp.3-22．
13. 三宅和夫 1990 子どもの個性：生後2年間を中心に 東京大学出版会 p.46．
14. 三宅和夫 前掲書，p.52．
15. 三宅和夫 前掲書，p.53．
16. 横井茂夫・副田敦裕・庄司順一 1985 乳児の気質に関する研究 1) 乳児用行動様式質問紙の標準化 慈恵医大誌 100，871-877．
17. 庄司順一 1997 子どもの気質に関する研究（3）：NYLSにおける「気質」概念の検討 日本子ども家庭総合研究所紀要 第34集，pp.183-187．
18. 三宅和夫 1991 乳幼児の人格形成と母子関係 東京大学出版会
19. 高岸由香・宅見晃子・稲垣由子・中村肇 1996 幼児の自律機能・行動上の問題・気質と親の養育態度の関係 小児の精神と神経，第36巻第4号，323．
20. 水野里恵 1998 乳児期の子供の気質・母親の分離不安と後の育児ストレスとの関連：第一子を対象にした乳児期の縦断研究 発達心理学研究，第9巻第1号，63．
21. 斉藤早香枝 1998 子どもの気質に関する母親の認識と母子愛着関係 北海道大学医療技術短期大学部紀要，11号，pp. 22-23．
22. 宮本信也・山中恵子・渋川典子 1989 小児の気質と母親の養育態度：4ヶ月児における検討 安田生命社会事業団研究助成論文集，25，p.121．
23. 麻原きよみ・村嶋幸代・飯田澄美子 1992 幼児の気質と発達に関する研究（第1報）幼児の気質と母親の認知，養育環境の相互関連性 日本公衆衛生誌，第39巻第9号，701．
24. 足立智昭・古田倭文男・佐藤俊昭 1997 幼児の気質的特徴と母親の育児態度との関連Ⅱ 日本心理学会第61回大会発表論集，p.316．
25. ヤヌシュ・コルチャック 著，サンドラ・ジョウゼフ 編著，津崎哲夫 訳 2001 コルチャック先生のいのちの言葉：子どもを愛するあなたへ 明石書店 p.29．

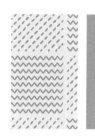

■ Ⅱ部 第3章

就学前の教育・保育における子どもの育ちと保育者
―人間関係に視点を当てて―

はじめに

　近年，就学前の教育・保育をめぐっての社会の動きは激しい。2015年度の「子ども・子育て支援新制度」の施行をはじめとして，2019年10月には幼児教育・保育の無償化についての本格実施が目指されている。また，2018年度には，改定された『幼稚園教育要領』[*1]・『保育所保育指針』[*2]・『幼保連携型認定こども園教育・保育要領』[*3]が施行されている。一方，保育の現場の状況を見ると，集団保育施設の利用率は年々増え続け，現在では4歳以上の就学前の子どもはほぼすべてが保育施設を利用している。

　そうした社会の現状を踏まえると，就学前施設における教育・保育は極めて重要になってきているといえる。乳幼児期は生涯にわたる人格形成の基礎を培う重要な時期であることから，就学前施設の教育・保育では特にその質が問われている。そこで，本章では，乳幼児期の子どもが教育・保育施設でどのように育ち，それを支える保育者はどうあるべきかを考えるために，とりわけ，保育の質に大きく関わる子ども同士の関係，保育者と子どもの関係に着目し，その現状や研究例を紹介していく。

　なお，本章において，教育・保育とは保育所等での保育と幼稚園での教育の両方を指し，幼児教育とは3歳以上の幼児期の施設での教育をさす。また，子どもとは，就学前の乳幼児期の子どもを指し，乳児保育とは0歳児から2歳児までの保育をさす。さらに，保育者とは，幼稚園・保育所・幼保連携型認定こども園に勤務している教諭・保育士・保育教諭をさす。本章で頻繁に引用する『保育所保育指針』は，断りのない限り最新の平成29年告示版をさす。

Ⅱ部　子どもと教育・保育

第1節　就学前保育施設の中での子どもの生活

1. 就学前の子どもの生活を支える場

　就学前に集団保育施設で教育・保育を受ける子どもの生活の場は，家庭，集団保育施設，地域社会の3つである。第一義的に子どもの教育に責任を持つのは家庭であるが，休日を除き日中に子どもが過ごす時間が長いのは集団保育施設であり，子どもの成長・発達や教育に及ぼすその影響は家庭に劣らず大きい。また，就学前の親離れしていない子どもにとって，生活の場としての地域社会の割合は家庭や保育施設より少ないかもしれないが，就学前の子どもの成長と発達は，家庭と保育施設，地域社会が協力的に繋がり，支え合うことで促進される。

　就学前の保育施設の現状についてもう少し詳しく見ていくことにしよう。近年，保育所・幼稚園・認定こども園に在籍している子どもの割合は増加している。図Ⅱ-3-1は2017年の『保育白書』[*4]に掲載された図で，就学前児童の保育状況について年齢別に2006年と10年後の2016年を比較したものである。保育所・認定こども園等・認可外保育施設・幼稚園の4種類の保育施設のいずれかで保育される子どもの割合の変化は，両年とも子どもの年齢とともに増加し，ま

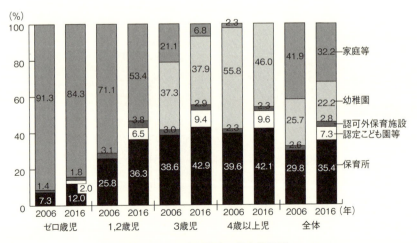

図Ⅱ-3-1　就学前児童の保育状況[*4]

第3章　就学前の教育・保育における子どもの育ちと保育者─人間関係に視点を当てて─

た、どの年齢でも2006年より2016年のほうが高くなったことがわかる。年齢別に見ると、0歳児では2006年には8.7％であったが、2016年には2倍の15.8％になった。10年間で割合が最も上昇したのは、1・2歳児で、28.9％から46.6％へ17.7ポイント上がった。4歳以上児では、2006年ですでにほとんど（97.7％）の子どもが保育施設や幼稚園で保育されているため、2016年には数値的な変化は小さいがほぼ100％になり、家庭等で保育される子どもはほとんど皆無になっている。

　保育施設の現状については、社会的に話題になっている待機児童の状況にも触れておく。ただし、メディアやインターネットで多くの情報が流されているため、最新の数値をもとに概要のみを紹介する。厚生労働省は、2011（平成23）年から2018（平成30）年まで毎年4月1日現在の全国の保育所等待機児童数の推移を公表している[*5]（図II-3-2）。それによると、8年間の待機児童数は最も少ない2018年の約2万人から最も多い2017年の約2.6万人の間を変動しているが、子どもの数が減少しているにもかかわらず、待機児童数の経年的な減少傾向はない。その原因として、図II-3-2に折れ線で示されている子どもの保育所等利用率が特に2015（平成27）年以降に急激に増加していることがあげられる。同じ公表資料に示された2018年の年齢別保育所等利用児童数と待機児童数は、低年齢児（0～2歳）はそれぞれ1,071,261人、17,626人なのに対し、3歳以上児は1,543,144人、2,269人であった。待機児童全体で見ればほとんど（88.6％）

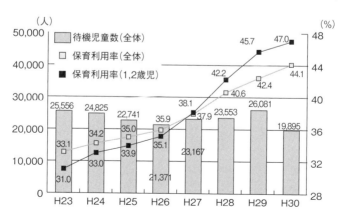

図II-3-2　保育所等待機児童数および保育所等利用率の推移[*5]

が低年齢児であるが、特に1・2歳児が多く、14,758人（全体の74.2%）であった。待機児童は主に低年齢児に対して起こっている問題であり、0歳児より1・2歳児が多いのは親の就労状況と関係していると考えられる。

　集団保育施設での子どもの生活が家庭と決定的に違うのは、保育の専門家である保育者がいて、ほぼ同年代の友だちや仲間がいて、保育に適切な環境が用意されていることである。とりわけ、集団保育施設には同年代の複数の子どもがいて、その関わりの中で育つことは、少子化時代の家庭にはない集団保育施設の大きな特性の1つである。幼稚園教育要領や保育所保育指針の改訂で新たに加えられた「幼児期の終わりまでに育ってほしい10の姿」のうち、自立心、協同性、道徳性・規範意識の芽生え・社会生活との関わりの5つは、保育の5領域（健康、人間関係、環境、言葉、表現）のうちの「人間関係」に相当する。保育の5領域はどれも重要な保育内容であるが、育ってほしい10の姿のうち半数が領域「人間関係」に関係していることは、それが特に重視されていることを表していると考えることができる。

　就学前の子どもの教育・保育に関するこうした現状を踏まえると、集団保育施設での子どもの生活の中で、子どもと子ども、子どもと保育者の関係性を考えることはますます重要になる。人と人の関係性のありようが、保育の質を決めると言っても過言ではない。

2. トラブル場面での子どもの育ち

　保育場面での子ども同士の争いは、一般に「トラブル場面」と言われるが、その当事者は泣いたり興奮したりしていることが多いため、特に保育経験の浅い新任保育者や保育実習学生にとって、その場面での指導や対応は難しい。しかし、子どもにとって、トラブル場面は平常ではない人間関係を経験し、学ぶことによって、社会性を育む機会でもある。家庭や地域の中で同年代の子ども同士が遊ぶ機会が減少している今日、子ども同士のトラブルを経験できる場として集団保育施設の意義は大きい。また、保育者にとっても、子ども同士の相互作用の質、保育者と子どもの相互作用の質を考える上で大切な場面である。とりわけ新任保育者にとっては、専門性である幼児理解や、人間関係の質を向上させるスキルを伸ばす場面といえる。ここでは、トラブル場面について2つの

研究を紹介し，その意義や保育者の関わりのあり方を探っていくことにする。

都築と上田は[*6]，幼稚園３歳児クラスのトラブル場面を１年間にわたりビデオで原則週１回記録し，特に当事者ではない周囲の子どものトラブルへの関わりの有無と内容について着目して，時系列に５つの事例を抽出して発達的変化を分析した。それによると，子どもの個人差はあるが，他者のトラブルに対する関心は３歳児クラスの初期においてすでに芽生えており，トラブルへの関わり方が１年の間で明瞭に変化した。初めは関心だけの傍観的態度から，単純な制止や当事者への慰め，解決への手段を講じた提案（おもちゃの取り合いのトラブルでの代替えおもちゃの差し出し），トラブルの経緯を判断した片方への味方や応援，といった変化である。

この研究は，一般的にまだ他者への関心が薄いとされていた３歳児が，他者のトラブルを終結させようとする社会性が発達する年齢であることを明らかにしたものである。また，トラブル場面は，その発生と終結が当事者である子どもの経験になるだけでなく，周囲の子どもにとっても人との関わりを育む環境になっていることを示唆している。観察記録の中で特筆すべきことは，保育者がトラブルの当事者を落ち着かせるために当事者の真似をして頬を膨らませた場面や，当事者の背中を擦った場面の後，保育者と同様の行動をしてトラブル当事者に関わる子どもがいたことである。子どもが大人の言動を観察し，真似をすることはよくある。保育者はトラブル場面では当事者に意識が集中しがちであるが，集団保育施設の中では当事者に対する言動が周囲の子どもの発達にも影響することを意識して関わることが求められる。

もう１つの研究例として，保育者および保育者養成課程学生による子ども同士のトラブル場面の記録を分析し，トラブル場面の保育的意義をまとめた友定らの研究を紹介する[*7]。この研究では，保育者が個々のトラブル場面をどうとらえているか，対応の意図や思いがわかるということから，保育者自身の記述記録を使っている。論文では３～５歳児それぞれ１，２場面，計５場面について事例があげられ，それぞれ，トラブルの原因，介入のきっかけ，保育者の関わりを分析している。まとめとしてトラブル場面に５つの意義を見出している。それぞれの説明は紙幅の関係で省略するが，見出し通りに（カッコは除く）列挙すると，①子どものレジリエンスを育てる（レジリエンスとは精神的な自己回

復力をさす)、②人とのつながりを体験する、③問題解決スキルを学ぶ、④倫理、道徳、価値を学ぶ、⑤保育者のトラブルへの関わりは、子どもの年齢や時期、個性、状況に応じて変化する、である。見出しだけでは①〜④は子どもの発達、⑤は保育者の関わりのあり方を示しただけのように思われるが、どれも保育者がトラブル場面で何を意識し、どう対応するべきかの示唆を含んだまとめととらえることができる。

　ここにあげた2つの研究からは、トラブル場面は子どもにも保育者にも意義があるとともに、その意義を引き出すのは保育者の関わり方であり、保育者としての専門的力量が求められることを示唆している。相互作用の質を考える上において重要なのは、保育者がトラブル場面に関わるとき、子どもの姿を丁寧にとらえていくことである。一人ひとりの子どもの行動特性や心の内面を理解し、状況を冷静に検討することによって、トラブル場面を意義のあるものにしていくことが大切であろう。

第2節　乳児保育での保育者と子どもの関わり

1. 0〜2歳児の保育の広がり

　国は、急速な少子化や子育ての環境の変化に鑑み、子どもの保育・子育て支援を総合的に進める「子ども・子育て支援法」を制定し、その法律に基づく「子ども・子育て支援制度」を2015年度より施行した。この制度に基づき、3歳未満児の保育の受け皿として、子どもの人数や施設の規模などが異なる「小規模保育事業」、「家庭的保育事業」、「居宅訪問型保育事業」、「事業所内保育事業」の4つの事業を「地域型保育事業」として全国で展開している。このように、3歳未満児の保育はここ数年で急速に広がりを見せている。

　また、子ども・子育て支援制度に呼応するように、保育所保育指針も先に述べたように2017年に改定されている。改定前の指針では、第三章「保育内容」は留意事項を除いて子どもの年齢を分けることなく記載されていたが、改定後の第2章「保育内容」では、乳児、1歳以上3歳未満児、3歳以上児の3つに分けられている。保育の「ねらい」と「内容」がそれぞれに記載され、そのため改定前と比べて乳児から2歳児までの記載が充実した。

第3章　就学前の教育・保育における子どもの育ちと保育者―人間関係に視点を当てて―

　保育所保育指針では，1歳児以上では保育の5領域に分けて保育内容が記載されているのに対し，乳児の保育内容は，ア「健やかに伸び伸びと育つ」，イ「身近な人と気持ちが通じ合う」，ウ「身近なものと関わり感性が育つ」の3つでまとめられている。社会的発達に関する2番目のイの内容はどれも保育者との関わりである。保育所保育指針に記載された乳児の保育内容についてあえて注目したいことは，その文体である。保育とは，子どもの生命保持や情緒安定を図るために保育者が行う援助や関わりである「養護」と，子どもの成長と発達の援助である「教育」が一体になったものである[*2]。しかし，保育内容の文の主語は，養護の場合は「保育士等」，教育の場合は「子ども」とされており[*8]，文章の主語は，保育の「ねらい」と「内容」は子ども，「内容の取扱い」と「実施に関わる配慮事項」は保育者と明確に使い分けられている。つまり，保育では養護と教育が一体であるとしても，保育のねらいと内容の意図は乳児でも教育が大きいと考えられるのである。保育者一人ひとりが持つ保育のねらいが保育の質を決める大きな要因であることは言うまでもない。身体的に弱い存在である乳児は大人が守るべき対象であり，養護に重点をおいた保育になりがちであるが，特定の大人との応答的な関わりを通じて情緒的な絆が形成される乳児こそ，その成長と発達を援助する教育的な視点が重要である。その視点を常に胸に刻み，保育者自身の振る舞いを省察する姿勢が問われる。

2. 乳児保育での保育者と子どもの関わりで大切なこと

　0～2歳児の乳児保育では低年齢の子どもを対象としているため，幼児教育とは違った多くの配慮すべき点がある。この時期は，特に排泄や食事，睡眠等生活のリズムを整える養護が中心になることは想像に難くない。しかし，0～2歳児は大人との情緒的な絆や信頼関係といった人と関わる基盤を養う大切な時期であり，それを援助する保育者の教育的な関わりは極めて重要である。0～2歳児の子どもが親と離れて保育所で生活する時間は，夜間の睡眠時間を除けば家庭での生活より長い。養護に追われがちな乳児保育の中で，教育の視点から子どもとどのような関わりが求められるかを考えていくことが乳児保育の質に繋がるといえる。

　保育所保育指針の乳児保育の項には「子どもからの働きかけを踏まえた，応

答的な触れ合いや言葉がけによって，欲求が満たされ，安定感を持って過ごす」と記されている。言葉の獲得とその広がりの時期にある0～2歳児にとって，触れ合いとは身体的な触れ合いを意味する。そうした身体的触れ合いは愛着（アタッチメント）と呼ばれ，子どもと保育者との情緒的な絆や信頼関係を形成する上で重要なキーワードになっている。愛着（attachment）とは，心理学の辞典では「生物個体がある危機的状況に接し，あるいはまた，そうした危機を予知し，不安や恐れの感情が強く喚起された時に，特定の他個体にしっかりとくっつく，あるいはくっついてもらうことを通して，主観的な安全な感覚を回収・維持しようとする心理行動的な傾向及び，それを支える神経生理学的な傾向制御機序」と説明されている[*9]。一般に，保育所では一人の保育士が複数の乳児を担当するため一人の乳児との接触が限られ，さらに，勤務時間の関係で一人の乳児に複数の保育士が入れ替わり関わることとなるため，家庭保育と比べて安定したアタッチメントが形成されにくいと考えられる。しかし，近藤は，乳児の保育士に対するアタッチメントの特徴を母子関係と比較し，ある程度の期間，保育所に在籍し，その間に継続した関わりを保育士と持てる限り，保育所児も家庭児と同じように主要な大人に対してアタッチメント関係を結び，そのアタッチメントの質は決して不安定なものではないことを指摘している[*10]。

保育所保育指針では，乳児保育において緩やかな担当制の中での，特定の保育士等と子どもとのゆったりとした関わりの中で，情緒的な絆を深めることを求めている。緩やかな担当制とは，日常保育の中で特定の保育士が特定の乳児に関わるように体制を組むことである。日本保育協会は，2012年に低年齢児の保育に関する全国調査を行い，保育担当制度を実施しているかどうかを「はい」「いいえ」の二択で聞いている[*11]。その結果，対象にした1,245施設中，担当制を実施しているのは，0歳児保育では590施設（47.4％），1・2歳児では580施設（46.6％）で，担当制を実施している施設は半数にも達していなかった。しかも，担当制を実施している施設に担当制にしている保育の内容を複数選択回答形式で聞いた結果では，「記録」（回答者の80.1％）と「食事」（74.7％）が高い割合であったが，特に保育者との情緒的絆形成や愛着に繋がるような「人への愛着」（51.3％）や「泣いた時の対応」（43.4％）などは半数程度であった。段落冒頭に記した「緩やかな担当制」が乳児保育に求められていることは，改定前の保

育所保育指針でも同じ文章で記載されている[*12]。それにもかかわらず，乳児一人ひとりに対する担当制が半数程度しか実施されていないのは，保育施設で保育士の勤務時間や数などの関係からそれが容易でないことが考えられる。しかし，逆の見方をすれば，半数ほどの施設で担当制が実施されている事実は，それが不可能ではないことを示しているともいえる。日本保育協会が2007年に行った同じ調査では[*13]，乳児保育の担当制についての質問には，大部分（86％）の施設が「一人ひとりとの関わりを意識している」を選択しながらも，「可能な限り担当制を実施」を選択した回答は38.7％にすぎなかった。2012年の調査とは質問が異なるため単純な比較はできないが，「可能な限り実施」を実施とみなしても2012年調査での実施割合のほうが10ポイント近く高い。現在でも乳児に対する担当制を実施していない施設は，乳児保育の質の向上のためにさらなる工夫が求められている。

第3節　子どもの育ちを促す保育者の専門性

1. 保育者の専門性

　子どもと関わりながら子どもの育ちを促す保育の質は，保育者の力量に大きく依存する。そのため，本章の最後に保育者の力量に関わる問題を取り上げる。保育者の力量とは，教育・保育に必要な専門的な知識とスキルであり，保育者の専門性と言い換えることもできる。歴史を振り返れば，保育は乳幼児の成長・発達に関わり，全人格的な人間形成を促す職務であるから，保育者の専門性には古くから関心が払われてきた。例えば，日本で最初の幼稚園として1876（明治9）年に開園した東京女子師範学校（お茶の水女子大学の前身）附属幼稚園の事実上の創始者である中村正直は，「ドウアイ氏幼稚園論の概旨」の中で，幼稚園の保姆（現在の保育者をさす）の必要条件として，フレーベル幼児教育法に通じ，常に深く考え反省する習慣，気根，快活な性格，言動の一致と品格，子どもを愛する心，幅広い教養，教育理論と実践の理解，音楽が得意であることをあげている[*14]。19世紀日本初の幼稚園開設時において，保育者の必要条件としてこのような知識，能力，性格，品格が求められていたことは，保育者がもともと高い専門性を必要とする職業として位置づけられていたことを示している。

集団保育施設での保育は，日々，多様な子どもの多様な場面に向き合いながら，それら子どもの発達・成長を支え，援助することを目的とした営みである。津守は，こうした保育という営みについて，不確実性と循環性の2つの特性を指摘している。「保育は保育者の主体的な行為であり，絶対的基準がなく，よりどころがない。実に頼りない。不確実なことである。子ども一人ひとりまた日によって違うし，状況も違う。保育者も一人ひとり違うし，日によって状況が違う」という不確実性と，「実践は毎日同じ子どもとの間で繰り返される営みなので，じきに新鮮さを失い，保育者はらくに同じことを繰り返し，それでよいとする傾向を生む」という循環性である。こうした不確実性と循環性は保育の営みに限ったことでないが，不確実であるがゆえにそれぞれの場面に適した対応をし，場面が毎日同じように循環しても子ども一人ひとりの成長・発達に合わせて最適な対応をすることが，保育という営みの全体的な難しさであり，基本的な専門性であるといえよう。

 では，子どもとの関わりの中で，どのような具体的な専門性が保育者に求められているのだろうか。子どもとの関係性の中では様々な専門性が考えられるが，その1つとして鯨岡が指摘する両義的な対応をあげたい。鯨岡は，保育者には子どもを「受け入れ・認める」行為とともに，それと相反する「教え・導く」行為が，両義的な対応として求められているという。例えば，この章の1節2.で書いたトラブル場面への対応を考えてみよう。子ども同士のトラブル場面の多くは，当事者双方の思いや行動がぶつかり，対立や葛藤が起こる場面である。しかし，保育者はどのようにそのトラブルが起こったのかを見ていないことがあり，トラブルが発生したことを子どもから間接的に知ることもある。そうした状況で保育者に求められる対応は，トラブル場面の状況と原因を的確に判断し，適切にトラブルを終結させることである。そのためには，トラブル当事者や周囲の子どもの主張を受け入れ，瞬時に判断して当事者を導き教えるタクトが必要になる。その判断や対応を誤れば，子ども同士の関係が悪くなり，その後の関わり合いに影響する可能性がある。子どもらの主張からその思いやトラブルの動機を正しく把握するためには，もう1つの重要な専門性である幼児理解が必要であり，トラブル場面での適切な両義的対応は保育者にとって高度な専門性といえる。

2. 専門性を向上させる園内研修

　これら，保育者の専門性をどのように向上させていけばよいのだろうか。保育者の専門性の向上は，保育者の力量形成や資質向上といった表現が使われることもあるが，それらは様々な観点から論じられており，それらをひと口にまとめるのは難しい。しかし，保育者の専門性の向上に効果ある方法としてよく取り上げられるのは，研修と保育カンファレンスである。

　研修は保育所保育指針でも第5章「職員の資質向上」の中で繰り返し取り上げられている。研修には様々な種類があり，そのうち保育者にとって最も身近なのは，日々の保育内容をより良くするために園長や現場の保育者自身が計画的に企画して園内で行う「園内研修」である。園内研修の内容や方法は多岐にわたり，例えば，保育記録，写真，ビデオなどで保育場面を振り返り，その場面の解釈，省察，対応について意見交換するといった方法を通して，保育や幼児理解を深め，専門性を向上させていく。一方，保育カンファレンスは，語意通り保育に関する話し合いである。保育者にとっての保育カンファレンスは，自らの保育の見直しのために他者の意見を聞く場である。そこは議論の場ではなく，他人の視点や考えを尊重し，自らの保育に活かそうとするのが目的の場である。こうした保育カンファレンスがより有効に機能するためには，保育者同士が互いを受け入れ，本音で話し合える支持的風土が職場にあることが必要である。[*17]

　園内研修が保育者の専門性の向上に効果があることは多くの研究が支持しているが，残念ながら園内研修はそれほど普及し，実施されているわけではない。ベネッセ教育総合研究所は，2012年に全国の幼稚園，保育所，認定こども園の幼児教育・保育の状況について調査し，5千件以上の有効回答を分析している。[*18] その結果，園内研修の頻度については，月1，2回以上（週1回と月1，2回）を行っている回答は国公立幼稚園では65％あったが，保育所（公営・私営）・認定こども園では43〜48％で半数以下，私立幼稚園では26％で特に低かった。園内研修を実施していないと回答した割合は，国公立幼稚園（0.4％）を除き，4〜10％であった。また，過去2007年（保育所），2008年（幼稚園）に行った調査の結果と比較すると，どの種類の保育施設も頻度は減少傾向にあり，実施していないとの回答率が増加していた。特に私立幼稚園では月1，2回以上行って

いるとした回答は前回39％から13ポイントも低下した。汐見は，この調査によって明らかになった園内研修頻度の低下傾向に象徴される問題は，事務など保育以外の仕事が増加し，保育に向き合える時間が減ったこと，非正規職員が増えたことと関係していると分析し，その改善策と園内外の研修の義務化を提案している[19]。なお，保育所保育指針では，「施設長は，（中略）研修機会を確保するとともに，職員の勤務体制の工夫等により，職員が計画的に研修等に参加し，その専門性の向上が図られるよう努めなければならない」（第5章2 施設長の責務）と明記されており，園内研修の実施に関する園長（施設長）の責任は重い。

3. 園長らのリーダーシップと園の文化

　保育者の専門性の向上には，園長や主任など保育者の指導的立場にある者の影響が極めて大きいことが指摘されている。そこで，本章の最後に園長らのリーダーシップとはなにか，どのようなリーダーシップが保育者の専門性の向上を促すのかを考えていきたい。

　西欧ではリーダーシップ研究は盛んである。保育分野でのリーダーシップ研究では英国のイラム・シラージ（Iram Siraj）らの研究が有名で，最近日本でもその著書の翻訳本が出版された[20]。彼女は，先に英国の質の高い保育施設の園長に見られるリーダーシップを調査し，保育における園長の効果的なリーダーシップとして「保育目標の明確化」「理解の共有化」「省察の推奨」など10のカテゴリーを見出している[21]。筆者は，ある保育所の保育士14人に園内研修の効果をもたらした要因について聞き取り調査を行い，その言葉の中から効果をもたらした要因が園長のリーダーシップの10のカテゴリーのどれに関係するかを分析した[22]。その結果，研修効果の要因として最も多く語られたのは8番目にあげられている「学びの集団と協働的な文化の構築」のカテゴリーに関係する言葉で，全員がそれを語っていた。具体的には"話し合い""学び合い""他の保育士からの刺激""保育士間の協力・支援"といった言葉である。実際，この園では日々メリハリのある休憩時間を設けて園長を含めた話し合いの場があり，インタヴューをした保育士の言葉に学びの集団と協働的な園の文化が構築されていることがうかがわれた。この研究はデータも少なく予備的調査にすぎないが，

園長のリーダーシップの1つのあり方を示唆するものであろう。リーダーシップの10のカテゴリーはどれも重要で相互に影響するものである。しかし，園の文化を構築するリーダーシップが効果的に発揮されていれば，他のカテゴリーのリーダーシップも機能しやすいはずであり，8番目のカテゴリーは最も重要なリーダーシップといえるのではないだろうか。

　園長のリーダーシップが保育者の専門性向上に強く影響することは，転勤で園長のリーダーシップに大きな差がある保育施設に変わった場合に如実にわかる。筆者は，1年以上勤めた幼稚園を転勤し，1年以上現幼稚園に勤めている5人の保育者に保育力量の自己評価と向上の契機についてインタヴュー調査し，加えて前・現幼稚園の園長らにその保育者の保育に対する熱意，子ども理解と援助，保育の計画，保育の省察の4点を評価してもらった。[*23] 結果は，転勤によって保育力量に変化があったと自己評価したのは2人（A，Bとする）で，Aは現任園，Bは前任園のほうでの力量を良く評価した。それを裏づけるように前任園と現任園の園長らの評価は違った。2人のインタヴューの言葉を分析すると，自らの力量を良く評価した園とそうでない園の違いは園の文化であったという点が共通していた。例えば，Aでは，2つの園の話し合いの頻度や内容は正反対で（高い自己評価をした），現任園を"この職場は言いやすい"といい，Bでは，低い自己評価をした現任園を"ここの園は外から人が入れないくらい堅い"と語った。これらの事例は，園内の文化が保育者の専門性向上の基礎であり，それが園の保育の質を決める前提であることを示している。園長らのリーダーシップは園の文化の構築に最も強い影響力をもち，その責任は重いといえる。

おわりに

　本章では，乳幼児の保育・教育をとりまく環境が激変している現状を背景に，集団保育施設の中での子どもと子ども，保育者と子どもの関係性，および子どもの育ちを促す保育者の専門性の問題について考察してきた。人生の出発点である乳児から始まる就学前までの子どもの成長と発達を援助する保育者は，心身の成長や発達に関与する専門家としての責務があり，専門性を向上させるた

めに学び続ける不断の努力が求められる。健やかに伸びやかに育つための社会と環境を子どもに与えることはわれわれ大人に課せられた使命であり，集団保育施設の子どもの生活を考えることは，子どもの未来を考えることでもある。

● 引用文献

1. 文部科学省　2017　幼稚園教育要領〈平成29年告示〉　フレーベル館　p.27.
2. 厚生労働省　2017　保育所保育指針〈平成29年告示〉　フレーベル館　p.40.
3. 内閣府・文部科学省・厚生労働省　2017　幼保連携型認定こども園教育・保育要領〈平成29年告示〉　フレーベル館　p.40.
4. 全国保育団体連絡会・保育研究所編　2017　保育白書　ひとなる書房　p.328.
5. 厚生労働省　2018　保育所等関連状況取りまとめ（全体版）．
   https://www.mhlw.go.jp/content/11907000/000350592.pdf（2018.8.23閲覧）
6. 都築郁子・上田淑子（2009）子ども同士のトラブルに対する3歳児のかかわり方の発達的変化：1年間の保育記録とビデオ記録にもとづく実践的事例研究　保育学研究，47(1), 22-30.
7. 友定啓子・白石敏行・入江礼子・小原敏郎（2007）子ども同士のトラブルに保育者はどうかかわっているか：トラブル場面の保育的意義　山口大学教育学部研究論叢，57第3部，117-128.
8. 文部科学省　2014　資料24　委員提出資料
   http://www.mext.go.jp/b_menu/shingi/chukyo/chukyo3/048/siryo/attach/1343446.htm（2018.9.20閲覧）
9. 下山晴彦　2014　新版　誠信心理学辞典　誠信書房　p.1088.
10. 近藤清美　2007　保育所児の保育士に対するアタッチメントの特徴：母子関係と比較して　北海道医療大学心理科学部研究紀要，3, 13-23.
11. 日本保育協会　2013　保育所における低年齢児の保育に関する調査研究報告書：すべては赤ちゃんのために　http://www.nippo.or.jp/research/pdfs/2012_03/2012_03.pdf（2018.8.27閲覧）
12. 厚生労働省　2008　保育所保育指針〈平成20年告示〉　フレーベル館　p.36.
13. 日本保育協会　2008　保育所における低年齢児の保育に関する調査研究報告書：平成19年度
    http://www.nippo.or.jp/research/pdfs/2007_02/2007_02.pdf（2018.8.27閲覧）
14. 倉橋惣三・新庄よし子　1980　日本幼稚園史　臨川書店　p.460.
15. 津守真　1998　保育者としての教師　佐伯胖他編著　教師像の再構築　岩波書店　pp.161-162.
16. 鯨岡峻　1998　両義性の発達心理学　ミネルヴァ書房　p.370.
17. 大塚忠剛　1977　支持的風土づくり　黎明書房　p.229.
18. ベネッセ教育総合研究所　2012　第2回幼児教育・保育についての基本調査報告書　第5章第4節　園内研修，p.102. https://berd.benesse.jp/up_images/textarea/10_4.pdf（2018.9.20閲覧）
19. 汐見稔幸　2012　本調査から見えてきたこれからの課題　ベネッセ教育総合研究所，第2回幼児教育・保育についての基本調査報告書　序章，pp.12-14.
    https://berd.benesse.jp/up_images/textarea/03.pdf（2018.9.28閲覧）
20. イラム・シラージ・エレーヌ・ハレット 著，秋田喜代美 監訳・解説　2017　育み支え合う保育リーダーシップ：協働的な学びを生み出すために　明石書店　p.208.
21. Siraj-Blatchford, I., & Manni, L.　2007　*Effective Leadership in the Early Years Sector: The ELEYS study*. Institute of Education Press, University of London, p.36.

第3章　就学前の教育・保育における子どもの育ちと保育者―人間関係に視点を当てて―

22. 上田淑子　2014　園内研修と園長のリーダーシップ：園内研修を行った保育士のインタヴュー調査から　甲南女子大学研究紀要人間科学編, 50, 7-13.
23. 上田淑子　2004　幼稚園保育者の力量に対する園長らの評価と力量向上をうながすリーダーシップ：転勤経験をもつ保育者の前・現任園の園長らの比較分析　乳幼児教育学研究, 13, 27-36.

III部

子どもと心理

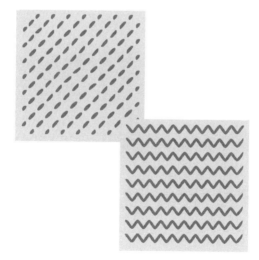

Ⅲ部 第1章

子どもとメディア

はじめに

　子どもの発達において見逃すことができないのが，その生育環境からの影響である。中でも近年のメディア環境の変化は著しく，子どもの発達に様々な形で影響を与えている。本章は子どもたちをとりまくメディア環境に焦点を当て，メディアがもたらす心理的影響について議論する。新たなメディアが次々と登場する現代において，子どもの健やかな成長を促すメディア環境を構築していくために何ができるだろうか。めまぐるしく移り変わるメディアの表面的な相違に振り回されることなく，子どもとメディアの関係を考える枠組みについて考察する。

第1節　子どもをとりまくメディア環境の変化

　子どもをとりまく近年のメディア環境の変化はめざましい。いまから約20年前の1999年，アメリカ小児科学会は，2歳未満の乳幼児のテレビ視聴を制限するよう保護者たちに提言し，そこから遅れること5年，日本小児科学会もそれに追随した。当時は至るところで「テレビに子守りをさせないで」といったコピーを聞いたものである。そのアメリカ小児科学会が最近になって，メディア利用に関する新たな提言を提出した。[*1] 子どものメディア環境が短期間のうちに大きく変化し，テレビ視聴を制限するだけでは不十分となったためである。新たな提言では，テレビやテレビゲームに加え，PC，スマートフォン，タブレットといったインターネットに接続可能なデジタル機器の使用が制限の対象となっている。

実際のところ，内閣府が2017年に0〜9歳の子どもの保護者を対象とした調査では39.2%が，スマートフォン（19.4%），タブレット（18.3%），携帯ゲーム機（7.2%）のいずれかの機器を使用してインターネットを利用している。その利用率は1歳以下でこそ10%未満という低い水準に留まるが，3歳ではすでに3人に1人（35.8%）が，また9歳では3人に2人の割合（65.8%）でこうした機器を使用している。利用時間も平日1日当たりで約1時間（60.9分）に上る[*2]。さらに10歳〜17歳の子どもを対象とした調査では，小学生の利用率は86.3%，中学生は92.4%，高校生は98.8%である[*2]。これらには学校でのPC利用なども含まれるが，インターネット接続の主要な機器であるスマートフォンの利用率も小学生29.9%，中学生58.1%，高校生95.9%となっており，高校生ともなれば，ほとんどの子どもが個人専用のスマートフォンを所有していることがわかる。

　このようにいまやインターネットは，子どもたちにとって当たり前のメディアになりつつある。総じて子どもは新たな技術を好み，特段の迷いを持つことなく，新しいものを自然に取り入れていく。一方，親の世代にとって新たな技術の持つ「未知性」はそれだけで危機感を生じさせ，それを使いこなす子どもに悪影響をもたらすのではないかという不安を抱きやすい。しかし現代生活にインターネットはすでに不可欠になっている。またおそらく今後も，新たなメディアは次々に登場することだろう。そのたびに，子どもへの悪影響を案じて右往左往するのではなく，冷静に向き合っていくにはどうしたらよいだろうか。次節では，メディアがもたらす影響を考える際の枠組みを提示していきたい。

第2節　メディアが与える心理的影響

1. メディアが伝達する情報（コンテンツ）に起因する悪影響

　そもそもメディアとは，その言葉が示すとおり「媒体」であって，情報を伝達する道具にすぎない。したがってメディアがもたらす悪影響を考える際，最初に考えるべきは，メディアが伝達する情報，すなわちコンテンツについてである。コンテンツとは，その情報の中身であり，テレビであれば番組，テレビゲームであればソフトウェアがこれにあたる。メディアが子どもたちに与える心理的影響を考える際，その影響がメディアそれ自体ではなく，コンテンツに

起因するものなのかを区別して考えることは重要である。

　ただしメディアを通じて私たちが手にするコンテンツは，多くの場合，それが現実の世界をそのまま写したものではない。メディアによって現実のあらゆる情報を伝達することは不可能なので，情報の発信者によって一部が切り取られたり，強調されたりして伝達されるのがふつうである。したがってメディアが映し出す世界は，現実とは異なる世界（しばしば仮想世界と呼ばれる）であり，そうした偏った情報への接触や，現実の生活ではめったに触れることがない情報（多くは社会的に望ましくない情報）への接触が，心理的な悪影響をもたらすと考えられている。このような議論は古くから続いており，1950年代のテレビ番組の暴力描写の影響をめぐる議論に始まり，ジェンダー（性役割）の描写，人種の描写，性描写，高齢者や子どもの描写等，これらの影響をめぐって今日までに様々な研究が行われている[*3]。このことは，インターネットのような新しいメディアにおいても何ら変わりはない。すなわち，インターネットが子どもに及ぼす悪影響としてまず懸念すべきは，暴力や性など偏った情報への過剰な接触によるものであり，インターネットというメディアそれ自体がもたらす悪影響とは区別して考えないと，問題の本質を見誤ることになる。

2. メディアの特性がもたらす悪影響

　その一方で，メディアそのものがもたらす悪影響も考えられ，それはさらに，メディア全般に共通する性質によるものと，個別のメディアに特有の性質によるものとに分けられる。

　メディア全般に共通する性質というのは，メディアは情報を媒介して伝達する道具であるからこそ，自ずと情報元である現実との関係が希薄になるということである。したがって，ある子どもが現実と触れ合うのはメディアを通じてのみということになれば，ひきこもりや社会的スキルの低下，社会的不適応を引き起こす可能性が懸念されるのは当然のことだろう。臨床心理学者のシェリー・タークル（Turkle, S.）は，対面でのコミュニケーションこそが重要であり，メディアを通じたコミュニケーションは共感性を損なうものだとしている[*4]。ただしインターネットに関していえば，ビデオチャットでも対面のコミュニケーションと同等の感情的なつながりが経験されること[*5]や，スマホを利用している

時間が長いほうがむしろ共感性が向上することを示す研究もあり*6，明確な結論は出ていない。

　しかしながら，ここで1つだけ確かなのは，子どもの生活時間は有限だということである。メディアの利用が増えれば，対面のコミュニケーションのみならず，他の活動に当てられる時間は必然的に減少する。つまり，メディアの利用が直接的に子どもの発達に悪影響がもたらすわけでなくとも，メディアの利用に夢中になることで，本来ならば，他の有益な活動に費やされるはずだった時間が減少し，間接的に悪影響が生じることも考えられる。そもそも，メディアはそれを利用することに耽溺させるような性質を持っている。そのため，現在，問題視されているインターネット依存（中毒）以前にも，テレビ中毒，ゲーム中毒，活字中毒など，あらゆるメディアは，「中毒」や「依存」という言葉と対にして語られてきた。中毒や依存は専門的には使用障害と呼ばれ，アルコールや麻薬等の物質関連障害がよく知られているる。しかし精神疾患の診断基準としてよく用いられる「精神疾患の診断と統計の手引き（DSM）」には，ギャンブル等の非物質関連の障害（嗜癖性障害）も使用障害の1つにあげられており，2011年に発刊されたDSM-5では「インターネットゲーム障害」が，今後研究が進められるべき精神疾患の1つとして提案されている。また世界保健機関（WHO）は，2018年に改定した国際疾病分類（ICD-11）において「ゲーム障害」を疾病と認定しており，メディア依存を疾病と考える流れができつつある。

　メディアが依存や中毒を引き起こしやすいのは，現実生活の中では入手しづらいコンテンツを，自身の欲求に応じて即時に入手できるという性質によるところが大きい。それにより脳の報酬系が直接的かつ頻繁に活性化され，それがさらに新たなメディア利用を促すという悪循環に陥る。心理学者のキンバリー・ヤング（Young, K. S.）は，ギャンブル依存症の診断基準を参考に，インターネット依存に関する診断基準を独自に作成している*7。それを参考に日本の中高生を対象に行われた調査では，中学生の5.7％，高校生の4.6％がインターネット依存の傾向が高く，インターネット利用のしすぎが原因で引きこもり気味になったり，試験に失敗したり，身体的な健康を損ねたりするなど，日常生活に支障をきたす割合が高くなっていることが報告されている*8,*9。

さて，個別のメディアには当然ながら，そのメディアならではの性質がある。したがって，メディア全般に共通する性質を検討したあとは，個別のメディアに特有の性質について考える必要があるだろう。かつてマーシャル・マクルーハン（McLuhan, M.）が「メディア論」の中で述べた「メディアはメッセージである」という主張は，まさにこの点を指摘している。例えば，同じストーリーであっても，それが本のような活字メディアで示される場合と，テレビなどの視聴覚メディアで示される場合では，伝達される情報の質が大きく異なる。本の場合，言葉だけでストーリーを正しく伝達する必要があるため，正確で論理的，説明的な描写がされやすいのに対し，テレビでは曖昧で感覚的な描写がされやすい。また，テレビには映像や音声が伴い，すべての情報を言葉だけで伝達する必要がないため，言語による細かな説明は省かれやすい。例えば，主人公を紹介する場面で，本であれば，性別，年齢，服装，性格など，事細かに説明をすることで，読者に主人公のイメージをつかんでもらう必要があるが，テレビでは，主人公はただ画面に登場するだけでよい。それによって，かなりの部分のイメージが視聴者にできあがってしまうからである。また本の場合には，情報は1つずつ継時的に示されるが，テレビの場合は，同時並行的に複数の情報が提示されるという特徴がある。そのため，主人公が映し出されている背後で，別の登場人物が別の行動をするといった，いわゆる伏線を張ることも可能である。

　このような相違が私たちの思考様式にまで影響を与えるというのが，マクルーハンの主張である。すなわち，本や新聞などの活字メディアが主流な時代から，テレビなどの映像メディアが主流の時代へと移行したことによって，情報の受け手の思考方法は論理的で継時的な思考方法から，感覚的で同時並行的な思考方法へと移行してきた可能性があるのである。この意味で，メディアは単に情報（メッセージ）を伝達するだけの中立的な媒体ではなく，それ自体が独自の心理的影響を及ぼすメッセージととらえることが可能である。

　このような観点から考えたとき，インターネットは従来のメディアにはなかった独自の性質を有しているといえる。それは，メディアが情報を受け手に伝達する媒体に留まらず，受け手からの働きかけを要求するインタラクティブなものになっているという点である。またこのような性質により，情報の

発信者と受信者という位置づけは曖昧なものとなり，誰もが情報の発信者にも受信者にもなりうるという点においても特異なメディアとなっている。こうした変化は，メディアによって一方的に伝達された情報をただ機械的に処理するという受動的な情報処理から，より能動的な情報処理へと人間の認知様式そのものを変えていく可能性を秘めているといえるだろう。

3. インターネットの利用目的から見る人間の基本的な欲求

インターネットというメディアが，従来のメディアと比べさらに特異なのは，用途が固定していないという点である。インターネット依存が，現実生活では入手しづらいコンテンツを自分の欲求に応じて即座に入手することができることによって引き起こされているのであれば，子どもたちが，インターネットをどのような用途で利用しているかを知ることで，彼らに何を求めているかを知ることができる。

内閣府の調査によると[*2]，0～9歳児でのインターネット利用の目的で割合が大きいのは「動画視聴」や「ゲーム」であり，これらはどの年齢でも比較的高

表III-1-1 0～9歳の子どものインターネット利用内容（保護者に対する調査）[*2]

	コミュニケーション	ニュース	情報検索	地図・ナビゲーション	音楽視聴	動画視聴	電子書籍	ゲーム	ショッピング・オークション	知育	その他
総数 (n=608)	7.6	1.3	13.7	2.3	15.8	85.4	1.6	65.8	1.0	30.4	3.5
0歳 (n=3)	-	-	-	-	33.3	66.7	-	-	-	66.7	-
1歳 (n=11)	-	-	-	-	27.3	100.0	-	18.2	-	36.4	-
2歳 (n=46)	4.3	-	-	-	6.5	89.1	2.2	23.9	-	30.4	2.2
3歳 (n=58)	1.7	-	-	-	8.6	91.4	-	43.1	1.7	48.3	-
4歳 (n=52)	1.9	-	1.9	-	15.4	86.5	-	61.5	-	40.4	1.9
5歳 (n=60)	3.3	1.7	1.7	-	6.7	91.7	-	61.7	-	38.3	5.0
6歳 (n=76)	2.6	1.3	6.6	3.9	11.8	86.8	2.6	71.1	1.3	30.3	-
7歳 (n=81)	11.1	1.2	14.8	3.7	19.8	85.2	2.5	77.8	-	29.6	3.7
8歳 (n=90)	13.3	1.1	21.1	4.4	15.6	75.6	2.2	76.7	1.1	21.1	6.7
9歳 (n=131)	13.0	3.1	34.4	3.1	25.2	83.2	2.3	81.7	2.3	20.6	5.3

＊値は%

い水準を維持している（表Ⅲ-1-1）。ただし低年齢の子どもの場合，インターネットの利用は保護者の管理下にあるのがふつうで，またこの調査は保護者に対して，子どものインターネット利用状況を尋ねる調査であったため，必ずしも子どもたちの欲求を反映しているといえない。それでもなお，発達的な変化に目を向けると，小学校に入ってしばらくした頃，すなわち子どもたちが自分の意志でメディアの用途を選択できるようになってきた頃から，利用割合が大きく増加するものがある。それは「コミュニケーション」と「情報検索」で，7歳から急激に利用割合が増加する。この傾向は，さらに年齢が上がっても続き，10歳〜17歳の子ども本人を対象とした別の調査によれば[12]，特に「コミュニケーション」の増加が著しく，高校生にいたっては最も利用割合が多い用途となっている（表Ⅲ-1-2）。ここでいう「コミュニケーション」とは，SNS（ソーシャル・ネットワーキング・サービス）のようなソーシャルメディアを利用したコミュニケーションのことであり，別の調査では，ソーシャルメディアの利用率は高校生で91.0%，中学生で80.8%と，ほとんどの生徒が利用していることが報告されている[8,9]。またソーシャルメディアを使用するのは「友だちや知り合いとコミュニケーションをとるため」が最も高く（高校生71.8%，中学生77.1%），これといった目的もなく，コミュニケーション自体を楽しんでいる様子がうか

表Ⅲ-1-2 小中高校生のインターネットの利用内容（本人に対する調査）[12]

		コミュニケーション	ニュース	情報検索	地図・ナビゲーション	音楽視聴	動画視聴	電子書籍	ゲーム	ショッピング・オークション	その他
いずれかの機器	総数 (n=2713)	68.2	31.7	61.9	30.1	63.7	77.7	14.4	74.9	13.7	7.5
	小 (n=664)	34.3	9.3	38.0	5.6	33.1	63.6	4.8	77.9	2.6	9.2
	中 (n=1115)	70.4	30.7	61.9	23.9	65.7	80.3	14.6	73.5	9.4	7.1
	高 (n=915)	89.8	49.0	78.9	54.9	83.3	84.9	21.1	74.8	27.1	6.6
スマートフォン	総数 (n=1644)	83.9	38.6	67.0	40.7	71.5	78.8	15.5	72.1	17.3	1.8
	小 (n=177)	46.9	9.0	38.4	7.9	31.1	59.9	4.0	76.8	0.6	1.7
	中 (n=608)	84.5	34.2	61.8	29.9	69.1	77.6	13.2	69.7	9.2	1.5
	高 (n=842)	91.1	47.7	76.7	54.9	81.6	83.6	19.5	72.9	26.7	2.0

*値は%

がえる。

　既述のようにインターネットは，利用者の欲求に応じて，様々な用途で利用することが可能なメディアである。また，子どもたちがインターネットの接続のために使用しているのは，その多くが小さなコンピュータと呼ばれるほど，高度な情報処理能力を備えたスマートフォンである。すなわち，本来ならば様々な用途に耐えうる高機能・多機能な情報機器を，子どもたちは（おそらく大人たちも）もっぱら友だちや知り合いとの単なるおしゃべりに利用しているのである。これは，何とも奇妙な傾向だが，しかしだからこそ，他者とのコミュニケーションというインターネットの用途は，人間の基本的な欲求を反映しているとも考えられる。

　アブラハム・マズロー（Maslow, A. H.）は，彼の提唱した「欲求階層説」の中で集団に所属したり，仲間から受け入れられたりすることを欲する社会的欲求は，食や睡眠を求める生理的欲求，安全な生活を求める安全欲求に次ぐ第3番目の欲求と定義している[*13]。つまり社会的欲求は，私たち人間が生きていく上で最低限必要な衣食住への欲求（物質的欲求）がある程度，満たされたあとにはじめて欲せられる欲求だというのである。一方，社会心理学者のロイ・バウマイスター（Baumeister, R. F.）とマーク・レアリー（Leary, M. R.）は，人間は集団に所属することで食や安全を確保してきたのだから，社会的欲求（彼らの言葉では，所属欲求）は物質的な欲求よりもさらに根源的な欲求であるはずだと主張している。そして，万一この欲求が脅かされるようなことがあれば，警告信号が発せられて，即座の回復が試みられるとの説を提唱している[*14]。

　進化生物学者であるロビン・ダンバー（Dunbar, R. I. M.）が近年提出した「社会脳仮説」[*15]も，人間を含む霊長類は，進化の過程の中で，他個体との交流を何よりも重視する方向に大脳を拡大させてきたと考える点で，バウマイスターらの考えに合致する。一般に生物の脳の大きさは体重に比例し，体重が重いほど脳容量も大きいが，霊長類の場合，体重に占める脳容量の割合が他の生物に比べて大きいことが知られている。一方で，脳の維持には多大なコストがかかる。他の身体部位に比べて消費されるエネルギーが格段に多いためである。例えば，人間の場合，脳の重さは体重の2％程度だが，食物の形で取り入れる全エネルギーの20％程度を脳が消費すると言われる。このように考えると，単純にエネ

ルギーコストを考えるならば、脳は小さい方が生存には有利であり、霊長類に大きな脳が備わっていることには、コストに見合うだけの必要性があったからとしか考えられない。そこで、ダンバーは様々な霊長類の脳、特に進化的に新しい大脳新皮質の大きさ（新皮質以外の部位に対する相対的な大きさ）を調べ、それと関連する要因を調べ上げた。その結果、もっとも強い関連性が見出されたのが、それぞれの種の平均的な社会集団（群れ）の大きさだったという。すなわち、群れの大きさが大きいほど、大脳新皮質が大きいことが明らかにされたのである。

「社会脳仮説」によれば、霊長類、とりわけ人間の大脳新皮質が大きくなったのは、協同して集団生活を営む他者の数（集団サイズ）が大きくなり、恒常的に接する人の数が増えたためである。人間は集団生活を営み、他者と協力し合うことで厳しい自然環境に打ち勝ち、生存確率を高めるとともに子孫を残してきた。しかしこのような集団生活（社会環境）において必要とされる能力は、生物が自然環境に対処する際に必要とされる能力をはるかに上回るほど高度な知性である。なぜなら社会環境においては、対処が必要とされる対象もまた知性を持つ人間だからである。集団サイズの増大は、自然環境への対処可能性を高めるが、同時に恒常的に接する人間の数を増やすことで、その関係性を複雑化し、さらなる調整能力を必要とした。そこで、こうした複雑な社会環境に対応するだけの知性と、それを支える脳が進化したというのである。

この仮説から敷衍して考えるなら、人間が他者との交流を求めるのは、自身の生存確率を高めるためということになる。むろん、現代においては、他者との交流が絶たれたからといって、それが死を意味するわけではないが、長い進化の歴史の中で生じた変化が、現代の環境にすぐ適応するわけはない。そのため、仲間に受け入れられているという感覚は、現代においても重要な意味を持っている。実際、機能的磁気共鳴画像（fMRI）という脳の活動状態を測定する機器を使った研究によれば、自分のSNSに「いいね」がたくさんつくときには、腹側線条体という脳の報酬系の領域が活性化することが示されている。[16]

ネット依存傾向が高いほどソーシャルメディアの利用割合は高いという結果もこれに整合する。既述のように中高生では、すでにほとんどの子どもがソーシャルメディアを利用しているが、例えば中学生の場合、ネット依存傾向が低

い子どもの利用率が67.7％なのに対し，ネット依存傾向が高い子どもの利用率は94.9％と極めて高い。また依存傾向が高い子どもは，ソーシャルメディアでやり取りする人数が多いという傾向があり，特に「ソーシャルメディア上だけでよくやり取りし，実際には会ったことのない友だち」が全体平均（18.6人）の3倍以上（60.3人）となっている。インターネット依存が，しばしばSNS依存やきずな依存と呼ばれる所以でもある。

なお既述のように，国際疾病分類ICD-11では「ゲーム障害」が疾病と認定されたが，最近のゲームはインターネットに接続されている場合が多く，他者との交流を伴うゲームが多数を占める。一般社団法人コンピュータエンターテインメント協会（CESA）が実施した調査によると，ゲームを継続的にプレイしている10代男性の30.5％，10代女性の18.7％が，家庭用ゲームの興味のある遊び方として「他のプレイヤーと交流すること」を選択しており，スマートフォンやタブレット用ゲームの場合にも，男性の23.2％，女性の22.8％がこの遊び方を選択している。このことから，「ゲーム障害」はゲームそのものの魅力に加え，ゲームを通じた他者とのコミュニケーションによるものである可能性を指摘することもできるだろう。

ところで，現代の人間は様々な集団サイズで生活をしているが，ダンバーが人間の大脳新皮質の大きさをもとに集団サイズを推定したところ，おおよそ150人になったという。この数字はダンバー数と呼ばれている。ダンバーによれば，過去の歴史を調べても，自然発生的にできあがる人間の集団のサイズはだいたい150人前後で，この程度であれば，気のおけない仲間として関係を維持しやすいのだという。ところが，インターネットが普及した現代においては，地理的に遠く離れているなどの理由で，現実には会うことがない人とも容易に人間関係を構築でき，この数字をはるかに超える他者と日常的に交流している人も多数存在する。このような本来の人間の能力を超えた他者との交流が，インターネットをめぐる様々な問題を引き起こしているとの指摘もある。他方，SNSなどのソーシャルメディアが普及しても，ほとんどの人が交流する他者の数は150人前後に留まるという報告もある。

第3節　豊かなメディア環境の構築に向けて

　前節では，メディアがもたらす心理的影響を考える際の枠組みとして，①まずコンテンツの影響を疑うこと，②メディア自体が及ぼす影響にも，メディア全般に共通するものと，個別のメディアに特有の性質によるものがあり，区別して考えたほうがよいこと，そして③メディアの用途には利用者である子どもたちが求めているもの，ひいては人間の根源的な欲求が隠れている可能性があり，それを考慮する必要があることを述べた。

　メディアの影響をめぐる具体的な研究を紹介せず，メディアの影響を考える際の枠組みを示すに留めたのは，そのような研究は世界中で多数行われているものの，明確な結論が出ているものはごくわずかだからである。既述の社会的不適応の研究がそうだったように，メディアの影響をめぐる研究のほとんどが，悪影響があるとするものと，ないとするもの（あるいは，むしろ良い影響があるとするもの）が入り乱れ，結果が混沌としているのが実情である。このことは，メディアの影響をめぐる研究を実施すること自体が困難を伴うことにも起因する。

　現在までに行われている研究の多くは，ある一時点における子どものメディア利用と心理的な状態との関係を調べる横断研究であり，因果関係を特定することができないものである。例えば，インターネットを利用した時間とうつ状態とを同時に調査するようなタイプの研究では，多くの場合，両者の間に正の相関関係がある（インターネットを利用する時間が長いほど，うつ状態が深刻となる）ことが報告される。このような場合，インターネットの利用によってうつ状態が引き起こされたものとして受け取られることが多いが，実際には，逆方向（うつ状態がインターネットの利用を促進した）や双方向の因果関係も想定できるし，第三の要因によってインターネット利用とうつ状態が同時に促進されている可能性も否定できない。したがって因果関係を特定するためには，本来ならば実験研究が必要だが，子どもたちをインターネットを利用する群とインターネットを利用しない群に無作為に分けて，うつ状態への影響を見るといった研究手法をとることはもとより不可能である。そこで代わって行われるのが縦断研究であり，ある時点でのメディア利用の多さが次の時点での心理的状

態に与える影響を統計的に予測する。このタイプの研究の典型例としてはNHK放送文化研究所が中心になって行った「子どもに良い放送プロジェクト」があり，2003年から1,224世帯を対象に12年間にわたって追跡調査を行い，一定の成果を上げてきた。[*19] しかしながら，この例からもわかるように，縦断研究の実施には大規模なサンプルと長期の研究期間が必要で莫大なコストがかかる。

加えてさらに問題となるのは，メディアの移り変わりが激しいということである。「子どもに良い放送プロジェクト」が開始された当時は，子どもが接するメディアといえばテレビか，せいぜいテレビゲームであった。本章の冒頭で触れたように，乳幼児のテレビ視聴について日本小児科学会が提言したのは2004年のことである。それが現在では，メディアと言えばインターネットを指すようになっている。このように次々と新たなメディアが登場する現代においては，長期にわたる縦断研究を実施する暇がない。したがって，残念ながら研究の成果を待って，それを実生活に活かしていくことは困難である。

それでは，子どもたちの豊かなメディア環境の構築するために，私たちができることは何だろうか。ここでは先にあげた枠組みに加え，次の3つを指摘しておきたい。

1. 子どもの特性に目を向ける

メディアの影響を考える際に見落としがちなのが，利用者である子どもの特性である。メディアの影響に個人差があることは，多くの研究で示されており，メディアを通じて同じ情報に接触していても，それによって影響を受けやすい子どもとそうでない子どもがいる。例えば，テレビの影響を調べた研究では，もともと攻撃性の高い人の方が暴力映像の影響を受けやすかったり，共感性の高い人の方が援助を喚起する映像の視聴によって援助行動が促進したりすることが明らかにされている。このようにメディアの影響が，利用者がもともと持っている特性と無関係でないとすれば，メディアからの一方向的な影響だけを問題にするのではなく，利用者である子ども側の事情にも目を向けるべきである。インターネット依存の場合も，明らかな依存の状態にまで至る子どもは少数であることから，依存になりやすい子どもに共通する特性を探すほうが，解決の近道なのかもしれない。

2. 保護者の役割を考える

　子ども一人ひとりの特性に合った対応をする上で，保護者の存在は不可欠である。実際，保護者による介入はメディアの影響を緩和することが多くの研究から明らかにされており，テレビの場合には，視聴内容について子どもと積極的に会話する「積極的介入」，視聴時間や内容についてルールをつくり，利用を制限する「制限的介入」，子どもと一緒にテレビを視聴し経験を共有する「共視聴」の3つの有効性が確認されている。インターネットに関する研究はまだ十分ではないが，おそらく同様の介入方法は，インターネットにも適用可能であろう。ただし3つの介入方法のうち，制限的介入は年齢が低いうちは有効であるものの，年齢が上がると反発を招き，逆効果（ブーメラン効果）が生じる可能性も指摘されている。したがって，年齢が高い子どもには積極的介入のほうが望ましいが，積極的介入には，保護者側のメディアやコンテンツに関する知識が必要であり，その点でハードルが高い。概して，最新のメディアに関する保護者の知識は子どもに劣ることが多く，保護者が当該のメディアについて子どもと対等に会話することは難しいからである。そのような場合に一考すべきなのは「技術的介入」と呼ばれる介入である。代表的なのがインターネットのフィルタリングサービスで，これを利用することで，子どもが有害サイトにアクセスすることが制限される。保護者に知識がなくても，専門家が子どもを近づけるべきではないとする情報から子どもを自動的に遠ざけることができる。

3. 主体的な子どもの育成

　しかしフィルタリングのような技術的介入は，強制的にメディアの利用を制限することから，制限的介入と同様のブーメラン効果を生む可能性がある。また子どもがアクセスしてもよいインターネットサイトを自らの力で選別する機会も奪うという点で教育的な効果を期待することができない。したがって年齢が上がるにつれ，少しずつ，強制的な利用制限を外していくという試みも必要とされるだろう。そのような際に注目されるのが，近年，行動経済学という心理学と経済学の融合分野で脚光を浴びている「ナッジ」という考え方である[20]。ナッジの本来の意味は「注意や合図のために横腹を特にひじでやさしく押したり，軽く突いたりすること」である。大事な会議の場で居眠りをしそうになってい

る同僚に「いま，居眠りをするとまずいよ」とひじでつついて教えてあげるような状況がこれにあたる。ナッジが興味深いのは，望ましい方向に行動を誘導しつつも，本人に選択の余地を残していることである。先の例でも「居眠りをするな」と強制しているわけではないので，そのまま居眠りを続けることも可能だが，この場合，ほとんどの人はそれを望んでいるわけではない。したがって軽くひじでつついてあげることで，自らの意思でより望ましい行動を選択するように導かれる。

　イギリスやアメリカでは政府内に専門チームをつくって，ナッジを公共政策に適用し，成果を上げている。そうした適用例のほとんどは大人を対象にしたものだが，この概念の提唱者であるリチャード・セイラー（Thaler, R. H.）とキャス・サスティーン（Sustein, C. R.）は，その著書の中で，公立学校で行われたナッジの社会実験の成功例を紹介している[20]。公立学校のカフェテリアでは，どこの学校でも毎日，同じメニューが提供される。そこで数十の学校に依頼し，メニューの内容はいっさい変えることなく，それらの陳列の順序や置き場所を学校ごとに変えてみたところ，個別の食品の消費量が最大で25％も増減したという。つまり子どもたちが何を消費するかは，食品の置き場所に依存し，子どもたちに健康的な食品を多く食べさせたければ，それを言って聞かせるよりも，選択されやすい場所に置くことのほうがずっと効果的だということである。

　ナッジは，強制的に特定の行動に仕向ける方法ではないため，万能薬にはなり得ない上記の例でも，どこの場所に配置しようが健康的な食品を避ける子どもはいるだろうし，インターネット利用にナッジを適用した場合には，フィルタリングサービスのように有害なサイトにいっさいアクセスできなくなるわけではない。しかし，そうしたリスクはあるにしても，本人に主体的な選択の機会を与えることは，昨今教育現場で叫ばれるメディア・リテラシーやインターネット・リテラシーの育成において，重要な経験をもたらすことになるだろう。メディアの影響を考えるとき，年長者である大人が，子どもにとって望ましいメディア環境を構築していくことは確かに重要である。しかしめまぐるしくメディアが移り変わる中，大人が常に望ましいメディア環境を用意することには限界がある。ときに一歩も二歩も大人たちの前を進んでメディアを利用している子どもたちが，自ら主体的に自身にとって望ましい選択ができるように，大人

は最小限のリスクの中で，子どもたちが実地訓練をする場を設けていくことが求められるだろう。その際に，ナッジの考え方は参考になる。現時点では，具体的にどのようなナッジが有効であるかは定かではないが，今後，子どもたちが豊かなメディア環境の中で成長できるよう知恵を絞っていきたい。

おわりに

本章では，メディアがもたらす様々な心理的影響について，それを考える枠組みを議論してきた。このような議論をする際にまず考慮すべきことは，新たなメディアが登場するたびに同じような議論がこれまでもされてきたし，そしてこれからも繰り返されるだろうということである。本章では主にインターネットがもたらす影響に焦点を当てたが，類似の悪影響論は，テレビが登場したときのみならず，ラジオや電話が登場したときにもあった。あるいは書き言葉も，情報伝達を媒介する技術という意味では，一種のメディアであり，書き言葉が使われ始めた頃には，記憶力を減退させる，情報の送り手と受け手との間に距離を生み出すなど，その使用に否定的な意見も多かったという。現代の子どもたちはインターネットに夢中になるあまり，本を読まなくなったことが懸念されているが，本を優れたメディアと位置づけるのは現代の価値観にすぎないのである。そう考えるならば，インターネットをめぐる悪影響論も，さほど心配することはないのかもしれない。実際のところ，あれほど喧しく論じられていたテレビの悪影響論も，最近ではすっかりなりを潜めている。メディアに限らず，新たな技術は常に一世代前の技術と比較され，常に悪影響という観点から語られる。しかし新たな技術は，何らかの利便性があるからこそ開発されるものであり，幼い頃から当たり前のようにその技術に触れた子どもたちは，ほとんどの場合，当たり前のようにその技術を使いこなして，成長していく。したがって問題となるのは，そのメディアが当たり前に使われるようになるまでのほんの短い過渡期であり，そこを乗り越えるために大人は冷静な態度で最小限の手助けをすることが必要だろう。しかしインターネットに関していえば，若い頃からインターネットのある生活環境の中で育ったデジタル・ネイティブと呼ばれる世代が，すでに子どもを持つ世代へと成長しつつある。そろ

第 1 章　子どもとメディア

そろインターネットの悪影響論も沈静化し，次のメディアの悪影響論へと移行する時期かもしれない。

● 引用文献

1. American Academy of Pediatrics　2016　American Academy of Pediatrics announces new recommendations for children's media use. https://www.aap.org/en-us/about-the-aap/aap-press-room/Pages/American-Academy-of-Pediatrics-Announces-New-Recommendations-for-Childrens-Media-Use.aspx（最終アクセス日：2018 年 9 月 30 日）
2. 内閣府　2017　低年齢層の子供インターネット利用環境実態調査報告書　http://www8.cao.go.jp/youth/youth-harm/chousa/net-jittai_child.html（最終アクセス日：2018 年 9 月 30 日）
3. 小平さち子　2010　乳幼児とメディアをめぐる海外の研究動向　放送研究と調査, 60(1), 36-51.
4. Turkle, S.　2015　*Reclaiming conversation: The power of talk in a digital age.* Penguin Press.（日暮雅通訳　一緒にいてもスマホ：SNS と FTF　青土社）
5. Sherman, L. E., Michikyan, M., & Greenfield, P. M.　2013　The effects of text, audio, video, and in-person communication on bonding between friends. Cyberpsychology. *Journal of Psychosocial Research on Cyberspace, 7*(2), article 3.
6. Vossen, H. G. M., & Valkenburg, P. M.　2016　Do social media foster or curtail adolescents' empathy? A longitudinal study. *Computers in Human Behavior, 63*, 118-124.
7. Young, K. S.　1998　*Caught in the net: How to recognize the sign of internet addiction and a winning strategy for recovery.* Wiley.
8. 総務省情報通信政策研究所　2014　高校生のスマートフォン・アプリ利用とネット依存傾向に関する調査　http://www.soumu.go.jp/iicp/research/results/（最終アクセス日：2018 年 9 月 30 日）
9. 総務省情報通信政策研究所　2016　中学生のインターネットの利用状況と依存傾向に関する調査　http://www.soumu.go.jp/iicp/research/results/（最終アクセス日：2018 年 9 月 30 日）
10. McLuhan, M. **(1964)** Understanding media: The extensions of man. New York: McGraw-Hill.（マクルーハン, M.　1987　栗原 裕・河本仲聖 訳　メディア論：人間の拡張の諸相　みすず書房）
11. Greenfield, P. M.　1984　*Mind and media: The effects of television, computers and video games.* Collins.（無藤 隆・鈴木寿子 訳　1986　子どものこころを育てるテレビ・テレビゲーム・コンピュータ　サイエンス社）
12. 内閣府　2018　青少年のインターネット利用環境実態調査　http://www8.cao.go.jp/youth/youth-harm/chousa/net-jittai_list.html（最終アクセス日：2018 年 9 月 30 日）
13. Maslow, A. H.　1943　A theory of human motivation. *Psychological Review, 50*, 370–396.
14. Baumeister, R.F., & Leary, M.R.　1995　The need to belong: Desire for interpersonal attachments as a fundamental human motivation. *Psychological Bulletin, 117*, 497-529.
15. Dunbar, R. I. M.　1998　The social brain hypothesis. *Evolutionary Anthropology, 6*, 178-190.
16. Sherman, L .E., Payton, A. A., Hernandez, L. M., Greenfield, P. M., & Dapretto, M.　2016　The power of the "like" in adolescence: Effects of peer influence on neural and behavioral responses to social media. *Psychological Science, 27*, 1027-1035.
17. CESA（一般社団法人コンピュータエンターテインメント協会）　2018　一般生活者調査報告書：日本ゲームユーザ＆非ユーザ調査　一般社団法人コンピュータエンターテインメント協会
18. Dunbar, R. I. M.　2010　*How many friends does one person need?* London: Faber and Faber.（藤井 留美

III部 子どもと心理

　　訳　2011　友達の数は何人？　インターシフト）
19. NHK放送文化研究所　2013　子どもに良い放送プロジェクト　https://www.nhk.or.jp/bunken/research/category/bangumi_kodomo/list_kodomo1.html（最終アクセス日：2018年9月30日）
20. Thaler, R. H., & Sustein, C. R.　2008　*Nudge: Improving decisions about health, wealth, and happiness.* New Haven, CT: Yale University Press.（遠藤真美 訳　実践行動経済学：健康，富，幸福への聡明な選択　日経BP社）

乳幼児期の社会性の発達

第1節　愛着関係の成立

　児童精神医学を学んだイギリスの医師ボウルビー（John Bowlby）は，メラニークライン（Melanie Klein）のスーパーバイズ（心理治療に関する指導）を受けて分析家としての資格を取得し，ロンドンの児童相談所に勤務していた。彼は児童相談所の在職中に発表した，"44人の盗癖児（Forty-four juvenile thieves）"という研究の中で，幼少期に長期に渡って母親から分離された子どもの中に，愛情欠損的性格を持つ者が見られ，幼少期に十分な愛情を受けずに育つことの問題を指摘した。20世紀中頃，施設に入所している子どもたちの死亡率が，家庭で養育されている子どもと比べて高く，発達に遅れがみられたり，性格形成に歪みが生じたりすることが問題となり，スピッツ（Spitz, R. A.）はこれをホスピタリズム（施設病）と呼んだ。

　ボウルビーは，子どもと養育者（母親となる場合が多い）の心の結びつきを愛着と定義し，愛着が欠損した状態のことを母性剥奪（マターナルデプリベーション）と呼んだ。そして，ホスピタリズムの原因は，単に施設での養育が問題ということではなく，発達初期から施設で生活することにより養育者との愛着が形成できないマターナルデプリベーションが問題となっていることを示唆した。

　愛着は，養育者が子どもに対して愛情を持った働きかけを行うことで，ゆっくりと育まれる目に見えない『心の絆』である。そして，子どもが示すいくつかの愛着行動によって愛着の形成が見て取れる。

　ボウルビーは，愛着行動は大きく分けて，『定位行動』『発信行動』『接近行動』があると述べている。定位行動とは，養育者の居るところを探す行動を指

す。養育者の発する声に反応したり，養育者を目で追うなどの行動がみられる。また，発信行動とは，養育者に注目してもらおうとして，声を出したり，微笑んだり，泣いたりする行動である。さらに，歩行が安定する頃には，養育者に対して近づいて抱っこをせがんだり，後追いしたりするといった接近行動がよく観察される。このような行動に対して養育者は，優しく声をかけたり，笑ったり，スキンシップをとったりすることによって，深い愛着関係が構築されるのである。

　また，ボウルビーの提唱した有名な理論に，愛着理論がある。愛着理論では，愛着を4つの段階でとらえている。

　第1段階は，出生後12週位までの間で，特定の人に対する愛着は見られず，不特定多数の者に対して「定位行動」や「発信行動」を示す時期である。この時期は，主たる養育者を区別しておらず，明確な愛着対象が見られない。そのため，誰にでもニコニコしたり，声を発したりする。

　第2段階（生後12週頃〜6か月頃）は，よく耳にする声や顔（の人）に対して「定位行動」や「発信行動」を多く示すようになる時期である。接触回数の多い，また，愛情を持って世話をしてくれる人を少しずつ見極め，その人に対する愛着を形成し始める時期である。

　第3段階（生後6か月〜2, 3歳頃）は，特定の人物への「発信行動」が飛躍的に増加し，いわゆる，人見知りが始まる時期でもある。主たる養育者を好み，それ以外の人には泣いたり，嫌がったりすることが始まる。久しぶりに会った祖父母に抱かれることを嫌がったり，夜寝るときは母親でなければ泣いてしまうなどの行動として現れる。また，主たる養育者を安全基地としてみなし，少しの間なら離れて活発に遊ぶようになるが，寂しくなると帰ってきてスキンシップを求めて安心する。

　第4段階（3歳以降）は，特定の愛着対象と愛着関係が無事に育まれることにより，心の中にその愛着対象をイメージとして持っていることができるようになる。そのため，母親と離れていても少しの間なら我慢できるようになり，幼稚園や保育所で安心して遊んだり活動できたりするようになる。

　エインスワース（Ainsworth, M. D. S.）は，ストレンジシチュエーション法と呼ばれる実験的な観察法を用いて，母子の観察を行い乳幼児に見られる愛着

第2章 乳幼児期の社会性の発達

参加者は1歳の子どもとその母親,および知らない人(ストレンジャー)

図III-2-1 ストレンジシチュエーション法の流れ[1]

行動のタイプについて検討を行った。その結果，乳幼児期の特定の対象との愛着形成には，養育者の関わり方と子どもの反応によって，回避型，安定型，アンビバレント型に分類できることを明らかにした。加えて，メイン（Main, M.）とソロモン（Solomon, J.）において，無秩序型が報告された[*2]。

愛着形成が子どもの行動や情緒的な側面でどのような影響をもたらすのであろうか。養育者の関わりと愛着のタイプを見ると（表III-2-1），乳児期に安定した愛着を形成した安定型のタイプの子どもは，幼児期には自尊感情や柔軟性が高く，愛他的で自己制御機能も適切に作用することから，仲間と仲良く関わることができるが，回避型の子どもの場合，仲間とうまく関われず孤立しやすい傾向がある。また，アンビバレント型は，衝動的で不安や緊張が高く，無秩序型の場合には，友だちに対する攻撃行動も多くみられる。これらのことから，安定した愛着を形成できなかった問題が，幼児期以降にも持ち越す恐れがあることが示唆される[*3]。また，乳児期の安定性は，青年期以降になっても，物事に対して柔軟な考えや態度を取りやすく，不安や攻撃性が低いことも示されている[*4]。

このような結果は，養育者の関わり方が子どもの愛着形成だけでなく，後の人格発達にもとても重要な影響を与えることを示唆するものである。また，この養育者と子どもの愛着関係は，子どもの認知的枠組みとして内在化され（内的ワーキングモデル），その後の対人関係を構築する際の礎となる。

表III-2-1　養育者の関わりと愛着のタイプ

愛着タイプ	養育者と分離した際の子どもの様子	養育者の関わり
安定型	養育者が居なくなると、泣いたりぐずったりする姿が見られる。養育者が現れると接近行動が見られ、すぐに気分が落ち着く。	子どもからのメッセージに敏感かつ適切に応答し、笑顔やスキンシップが多い。
回避型	養育者が居なくなっても、泣くなどの動揺した様子は観察されない。養育者が戻ってきても、特に喜んだり接近行動などは見られず、養育者を安全基地にして遊ぶ様子も見られない。	子どもの行動に対して拒否的な応答を行う。笑顔などのポジティブな表情や相互作用が少ない。
アンビバレント型	養育者が居なくなると、酷く混乱する。養育者が戻ると接近する一方、養育者を叩いたり、回避したりする。	養育者の気分などにより、対応が一貫していない。
無秩序型	上記3つにあてはまらず、行動に一貫性がなく予測不能。	虐待など

第2節　友だちや保育者との関わり

　幼児期に入ると，これまで多くの時間を養育者との密接な関係に費やしてきた幼児が，幼稚園や保育所の入園等に伴い，家族以外の人々と関わる時間が増加する。少子化による兄弟・姉妹関係の減少により，同年齢同士の関わりが乏しいわが国の幼児にとって，仲間との関係は社会性を培う貴重な経験となる。

　仲間関係とは，年齢や立場が等しい対人関係を指し，幼児期の場合には，幼稚園や保育所で同じクラスに在籍したり，遊びや活動の興味・関心などが近い者同士の関係をいう。パーテン（Parten, M. B.）は，このような仲間同士の遊びについて，6つの発達段階があることが示している。[*5]

1段階『ぶらぶらして何もしない』行動：特にあてもなく，ふらふらと歩いたり，周囲を眺めたりといった目的のないように見える行動を指す。
2段階『ひとり遊び』：傍で遊ぶ仲間がいたとしてもそちらに働きかけることなく，一人で遊ぶこと。
3段階『傍観行動』：他の子どもが遊んでいるところには加わらず，傍で他の子どもが遊ぶ様子を見ている行動を指す。
4段階『並行遊び』：近くで遊ぶ仲間と同じような遊びを行うものの，玩具の貸し借りや相互作用はみられず，各自がそれぞれ遊ぶ様子をさす。2～3歳頃によく見られる。
5段階『連合遊び』：一緒に1つの遊びを行い，玩具の貸し借りなども見られる。しかし，それぞれの行動が独立しており，役割分担など，組織的な遊びには至っていない。4～5歳児によく見られる。
6段階『協同・組織的遊び』：共通の目的を持ち，役割分担・ルールを持った組織化された遊びを指す。5～6歳児によく見られる。

　このように，発達に伴って遊びの形態や仲間との相互作用も変化し，彼らが社会の中で生きるための基礎が育まれている。こうした仲間同士の遊びや関係性は，養育者や大人との関係とは異なり，葛藤が生起しやすく幼児が欲求不満に陥る場面も少なくない。例えば，『お友だちに自分の使っていたおもちゃを取

られた』『ごっこ遊びに入れてもらえない』など様々である。こうした対人葛藤場面では,「嫌な気持ち」「悔しさ」「嬉しさ」等,様々な種類の感情を体験し,その感情に伴う行動が生起し,さらに相手との相互作用が始まる。対人葛藤を通して生じる様々な感情は,決してポジティブなものばかりとは限らない。しかし,そうしたネガティブな感情も,どのように受け止め整理するかについて,低年齢ながらも経験を通して学んでいくのである。ネガティブな感情に支配される時,子どもによってはその気持ちの整理に苦慮する場合も少なくない。低年齢であれば,ぐずりや泣きが長時間継続したり,自傷や他児への暴力行為として現れる場合もある。そのような場合には,保育者や保護者が寄り添い,共感し,ゆっくりと気持ちを落ち着かせる方法を学ぶことが非常に重要となる。

　また,年齢が上がるにつれて,「どうすれば自分の欲求を相手に伝えられるか」「相手の気持ちを思いやってどう行動するか」等を考えて行動するようになる。自分の欲求を相手に伝えるためには,まず,相手にわかりやすく話すという言語能力を必要とする。また,自分の欲求ばかりを強く主張するだけでは,お友だちに嫌われてしまうこともあるので,適度な自己抑制の力も必要となろう。そして,相手にも自分と同じ(あるいは異なる)気持ちがあることに気づき(他者視点取得),相手を思いやることでお友だちとの関係を良好に構築することができる。

　伊藤は,4・5歳児を対象として,他者の感情推測と向社会的行動との関連について検討した。その結果,他者の悲しみの推測と,向社会的行動が密接に関連することを見出した[*6]。また,伊藤では,友だちと同じ1つの遊びを行い,その中で遊びに関する会話を行う傾向の高い幼児は,お友だちが困っている際には向社会的に振る舞うことができると認知していることも示された[*7]。このように,仲間との良好な関係を形成・維持するための向社会性は,仲間関係を通して育まれる様々な社会的能力と関連することが示唆される。そして,こうした仲間同士の相互作用で生じる対人葛藤場面が,今後子どもたちが生きる上で必要となる,社会的能力を培う重要な機会となるのである。保育者は,葛藤場面を単に制圧するだけでなく,遊びや葛藤場面をルールを学ばせる機会としてとらえたり,相手の気持ちにどう気づかせるのか,といった配慮や支援を行うことが必要とされる。

集団保育の場が，子ども同士の関係性を育み，子どもそれぞれの生きる力となるのは先に述べた通りであるが，集団にうまくなじめず，孤立したり，登園を渋る子ども，お友だちに暴力をふるう子どもなど，友だちとの関係性を形成・維持しにくい子どもも存在する。児童期以降にみられるいじめに似た"関係性攻撃"と呼ばれる，仲間関係にダメージを与える攻撃のタイプが幼児期からみられることが明らかにされ[*8]，保育者の適切な介入なしには解決しにくい状況になることも示されている[*9]。特に，女児の仲間関係において関係性攻撃が顕著にみられ，いじめが小学校以降の現象ではなく，より，低年齢の幼児にも注意すべきことがらであることがうかがえる。しかし，すべての対人トラブルをいじめととらえて，保育者が介入してしまうことで，子どもの発達の機会を奪うことにもなりかねない。そのため，子ども同士で解決させるべき葛藤，または，保護者の支援が必要な葛藤を慎重に見極めた上での対応が望まれる。

第3節　乳・幼児期の対人関係と社会的適応

　乳児期の愛着に始まり，幼稚園や保育所での人との関わりは，将来の社会的適応に影響を与えると考えられている。愛着関係の世代間伝達について検討した研究では[*10]，自律していて安定したタイプの母親の子どもは，愛着の安定性が高く，相互作用や情動制御において，ポジティブな傾向が高いことが明らかにされた。一方，虐待等に関して選択的にメタ認知が作動せず，語りに非現実的な内容が入り交じったり，一貫性が著しく損なわれるタイプの母親の子は，安定性や行動の整合性が低く，混乱した様子が見られることが示された。

　幼少期の養育環境において，適切な愛着形成がなされなかったり，養育者等から虐待されるなどの経験をすることで，後に「愛着障害」を引き起こす可能性も指摘されている。DSM-5によると，愛着障害とは「反応性愛着障害」と「脱抑制愛着障害」の2つに分類されている。「反応性愛着障害」とは，他者に対する社交的・情緒的な反応が少なく，助けや愛情，保護を求めないタイプとされる。一方，「脱抑制愛着障害」は，見慣れない大人に対しても警戒心が少なく，積極的に関わりを求めようとするタイプである。両方のタイプに共通して，育児放棄に代表されるように，子どもの基本的な情緒・身体欲求の無視や，養

育者の頻回の交代を背景としている。また，発達初期に愛着の形成がうまくいかなかった場合，対人恐怖を発症する場合もあるという報告もある。[11] こうした，幼少期の愛着関係の不全は，後の心理・社会的適応に影響を与えていると考えられる。

児童精神科医のマーガレット・マーラー（Mahler, M. S.）は，子どもの精神科治療の経験に基づいて，彼女独自の乳幼児の発達理論（分離固体化理論）を提唱した（表III-2-2）。

生後1か月の間は，自分と養育者との区別もなく，快・不快といった生理的な欲求に基づく反応が見られ，外界からの働きかけには自閉的な時期とされる（正常な自閉期）。なお，この場合の『自閉的』とは，発達障害でみられる自閉症スペクトラム障害に伴う自閉的な症状とは異なるものである。

正常な共生期では，自己と他者（最も身近な養育者：母親）の区別はなく，保護または，欲求を満たしてくれる養育者と『共生圏（symbiotic orbit）』を構築してその中で生活し，養育者との関係を二者統一体（dual unity）と認識している。正常な自閉期と正常な共生期の2つの段階を通して母子が未分化な状態であることから，未分化期と呼ばれている。

首が据わり，寝返りをするようになる5か月頃になると，次第に，自分と養育者が異なる存在であることを認識し始めるようになる（分化期）。この頃にな

表III-2-2　マーラー分離固体化の過程

過程		年齢	特徴
未分化期	正常な自閉期	生後〜1か月	自他の区別がなく，自己の内的世界に没頭して自閉的である。
	正常な共生期	1〜5か月	養育者は真近で子どもを養育し，養育者と子どもが一体の関係にある。子どもは，養育者と自分を二者統一体（dual unity）として理解する。
分離固体化期	分化期	5〜9か月	自分と主たる養育者，主たる養育者と他者を区別し始め，人見知りが始まる。
	練習期	9〜15か月	主たる養育者を安全基地として，少しの間ならば養育者から離れて探索行動が可能となる
	最接近期	15〜24か月	養育者から離れて行動することにより生じる『分離不安』が養育者への愛情欲求として強く表れる時期
	固体化期	24〜36か月	『固体化』が完成し，短時間であれば分離不安に対する耐性が獲得される。

ると，自分と養育者の違いだけでなく，主たる養育者とそれ以外の人物を見分け，接触頻度が高く最も愛着を形成した人物に対して，愛着行動を頻繁に示し，そうでない相手には泣いたり嫌がったりするようになる。これが人見知りであり，自己と他者，他者の間の区別ができてきた証でもある。

　少しずつ歩けるようになった赤ちゃんは，養育者の傍を少しだけ離れては探索行動を示し，寂しくなれば養育者のもとに戻って心のエネルギーを補給するようになる。この時，養育者は情緒的な『安全基地』として重要な役割を果たしているのである。そのため，養育者はこうした子どもの何気ない接近行動を見逃さず，しっかりと受け止め安心させることが大切である。

　1歳半頃になって歩行も安定した子どもは，さらに活動的になる。養育者から離れ探索行動を頻繁にするようになった子どもは，日に日に自らできることも増え，"何でもできる自己像"を形成する。しかし，実際には失敗を経験することも多く，葛藤が生じ不安が高まる時期でもある。このような時期は，養育者と"離れたいけど離れられない"という相反する気持ちが交錯し，不安定になることもしばしばみられる。また，自己主張が芽生え始める時期でもあることから，子どもによっては自分の欲求が通らない場合に癇癪を起こしたり，養育者の言うことを聞かないという態度もみられる。このような時期には，養育者の傍を離れたり，接近したりを繰り返すようになる。養育者にとっても，甘えてきたと思ったら，愚図って離れたり，言うことを聞かない子どもにイライラすることもあり，対応に困惑する場合もある。子どもは，養育者に近づいて『この人にはどんなことがあっても見捨てられない』という気持ちを確認し，それが充足すれば自律していくことができることから，養育者は求められれば抱きしめ，巣立つときはそっと見守る姿勢が求められる。この時期に安定した母子の関わりを育むことで，将来の心理的安定が望めることから，マーラーは1歳半～2歳頃までのこの時期を『最接近期』と呼び，重要な時期と位置づけたのである。

　そして，2歳～3歳頃の間に固体化が完成し，養育者との分離においても少々の我慢ができるようになる。この頃には，「保育園で母親と離れる時大泣きしていたわが子が，心配して焦って帰ってきたら保育園の先生と楽しく遊んでいて拍子抜けした」等のエピソードがみられるようになる。これは，『情緒的対象恒

常性の確立』がなされたためであると考えられる。情緒的対象恒常性とは，養育者のイメージを心の中にストックし，寂しい時にはそれを思い浮かべることができるようになることである。これが確立されることによって，『きっとお母さんはお迎えに来てくれる』という安心感のもとに母親を待てるようになるのである。

　マーラーは，乳幼児期に養育者とスムーズな分離がなされなければ，その後に心理的な問題を抱える場合があることを指摘している。マーラーのこうした指摘を受けて，多くの研究者が乳幼児期の愛着関係と児童期以降の心理・社会的適応について検討を行っている。それらの結果から，乳児期に安定した愛着を形成できた子どもは，自己信頼感が高く，情緒的にも安定していることが示されている。[*12]

　児童期の子どもの精神分析に精力的に取り組んだメラニークラインは，思春期以降のパーソナリティ障害の患者に特徴的な，心の状態を考える上で非常に重要な知見を与えてくれる。クラインは，生後4か月～6か月頃にみられる，お母さんのおっぱいでお腹がいっぱいになって満たされた時，母親のおっぱいは"良いおっぱい"として認識するとした。その一方で，お腹が満たされなければ"悪いおっぱい"として認識し，一人のお母さんが同じおっぱいを持っているという認識ではなく，別々の者としてこれを認識しているとして，『部分対象関係』と呼んだ。『対象』とは，クラインでは母親を指す用語として用いられている。『部分対象関係』では，乳児は原始的防衛機制の『分裂』を用いて，母親（のおっぱい）を，別々にとらえていると考えられている。そして，ここでは自他の区別が曖昧であるため，自分の欲求が通るかどうかで良い－悪いの両極で思考することとなる。これをクラインは"妄想－分裂ポジション"と呼んだ。そのため，妄想－分裂ポジションでは，良い悪いの判断は，自分の欲求が満たされるかどうかにあり，まだ未熟な心の状態であると考えられる。

　その後，生後6か月～1歳頃になると，同じ母親のおっぱいであっても，時にはすぐに欲求を満たしてくれないこともあるが，『良いおっぱいも悪いおっぱいも同じ母親なのだ』と統合できるようになる。これは『全体対象関係』と呼ばれている。『全体対象関係』では，自分や養育者をそれぞれ人としてのまとまりであると認識できるようになる。また，『全体対象関係』における心の状態

としては，"抑うつポジション"があげられる。"抑うつポジション"は，共感性や罪の意識が芽生え，抑うつや反省の気持ちの根源となると考えられている。抑うつポジションが健全に発達することにより，自分や相手を全体対象としてとらえ，相手の気持ちへの配慮や適応的な関わり方が獲得できるようになると考えられている。

全体対象関係の構築には，乳児期に養育者が子どものサインを敏感に察知し，過不足なく授乳したり，スキンシップを取るなどの応答をすることが重要であると考えられているが，それが十分に満たされないままに成長してしまうことで，全体対象を獲得できない場合もある。思春期以降に発症すると考えられているパーソナリティ障害は，部分対象関係にとどまる心の状態であることが指摘され，幼少期の養育者との関係性が将来にわたる精神疾患との関連もうかがわせる。以上のことから，乳幼児期の愛着関係の発達がその人のその後の対人関係や精神衛生上の問題と大きく関連することが示唆される。

● 引用文献

1. Ainsworth, M. D. S., Blehar, M. C., Waters, E., & Wall, S. 1978 *Patterns of Attachment: A Psychological Study of the Strange Situation*. Hillsdale N.Y.:Erlbaum.（櫻井茂男　2009　自ら学ぶ意欲の心理学　有斐閣）
2. Main, M., & Solomon, J. 1990 Procedures for identifying infants as disorganized/ disoriented during the Ainsworth Strange Situation. In T. B. Brazelton & M. Yogman (Eds.), *Attachment in the preschool years: Theory, research, and intervention* (pp.121–160). Chicago: University of Chicago Press.
3. Sroufe, L. A. 1983 Infant-caregive arttaehment and patterns of adaptation in preschool: The roots of maladaptation and competence, In M. Perlmutter(Ed.), *The Minnesota symposia on child psychology*. Hillsdale, NJ: Erlbaum. pp. 41-83.
4. Kobak, R. R., & Sceery, A. 1988 Attachment in late adolescence: Working models, affect regulation and representation of self and others. *Child Development, 59*, 135-146.
5. Parten, M. B. 1932 Social Participation among pre-school children. *The Journal of Abnormal and Social Psychology, 27*(3), 243-269.
6. 伊藤順子　1997　幼児の向社会的行動における他者の感情解釈の役割 発達心理学研究, 8 (2), 111-120.
7. 伊藤順子　2004　向社会性についての認知はいかに行動に影響を与えるか：価値観・効力感の観点から 発達心理学研究, 15 (2), 162-171.
8. 畠山美穂・山崎 晃　2002　自由遊び場面における幼児の攻撃行動の観察研究：攻撃のタイプと性・仲間グループ内地位との関連, 発達心理学研究, 13 (3), 252-260.
9. 畠山美穂・山崎 晃　2003　幼児の攻撃・拒否的行動と保育者の対応に関する研究：参与観察を通して得られたいじめの実態, 発達心理学研究, 14 (3), 284-293.

10. 数井みゆき・遠藤利彦・田中亜希子・坂上裕子・菅沼真樹　2000　日本人母子における愛着の世代間伝達　教育心理学研究, 48 (3), 323-332.
11. 土居健郎　1971　「甘え」の構造　弘文堂
12. Elicker, J., Englund, M. M., & Sroufe, L. A.　1992　Predicting peer competence and peer relationships in childhood from early parent-child relationships: Modes of linkage. In R. Parke, & G. Parke (Eds.), *Family-peer relationships: Modes of linkage* (pp. 77-107). Hillsdale, NJ: Erlbaum.

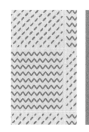

■Ⅲ部 第3章

つながりから考える子どものトラウマ

はじめに

インターネットの普及とともに，人とのつながりの希薄化が懸念される昨今，人とのやりとりはなぜ必要なのだろうか。適切なやりとりが培われないと何が起きるのだろうか。あらためて「つながり」というキーワードからヒトの成長発達を考え，子どもの育つ環境に求められる新たな視点とは何かを考える。

第1節　つながりはいかに育まれるか

1．つながりの土台としてのアタッチメント

　乳幼児期における養育者をはじめとする重要な他者の存在は，社会的存在として成長するヒトにとって「つながりの土台づくり」という意味において重要である。ボウルビー（Bowlby, J.）は，動物行動学の見地から乳幼児の行動観察を行い，ヒトには他者に対して生物学的に強い情緒的な結びつきを形成する性質が生得的に備わっていることを提示し，アタッチメント理論を構築した。人生最初期の対人関係である養育者（主に母親であることが多い）との関係に始まり，この相互作用の蓄積により，アタッチメントは形成される。乳児は泣くという行動を通して母親の注意を引き，母親は乳児を抱き上げなぐさめ，必要な関わりを行う。母親の反応には親密さ，温かさ，安定性があり，このような母親の応答性により，乳児は満足と喜びを獲得し，安心して存在することが許される環境であることを体感していく。こうしたアタッチメント体験の積み重ねを通して，乳児は自身の安全性と生存性の感覚を確保するとともに，このような自らの生理的欲求を満たしてくれる応答性のある母親に対して，社会的な絆

としてのアタッチメントを築く[*1]。乳児が生存のために重要な他者（母親）に向けてとる行動がアタッチメント行動である。このアタッチメント行動を通して，乳児は必要なときには母親への接近を模索することができるという近接可能性についての主観的期待や信念を形成する。これは母親が自分の働きかけに応えたり，求めに応じてくれる存在だということを，継続したやりとりを通して認識するようになるからこそのことである。加えてここでのやりとりは，お互いの次の行動を引き出すような働きかけ，すなわち相互喚起の過程であり，一定の規則的な相互作用として蓄積される。この過程を通して，乳児の中には自己の存在や他者への期待，基本的な信頼感，情緒的なつながりの基盤がつくられるとともに，アタッチメント対象として母親を内在化する。このような乳幼児－母親の2者関係をみていると，この2者関係の組織化は自己の組織化より先に存在しているといえ，自己はその結果形成されるもの，つまり自己は「社会において創られるものであり，他人との関係において定義され，維持され，変容する[*2]」といえよう。

　子どもは養育者との相互作用の経験を通して，自分がどのように受け入れられているか，またそれに伴ってどのようにふるまうことがその状況下では適切かについての理解を深める。そして体験を通して蓄積した情報を内的に組織化し，ある一定の枠組みとして表象を形成する。そして，その表象にアクセスし，参照することによって外的なアタッチメント行動に一貫性と安定性がみられるようになる[*3]。この情報の組織化，そして相互作用への理解が，乳児の内的枠組みや表象を構築する際の核となり，自分自身が母親から援助を受けるに値する存在であるか否かに関する，主観的な確信である自己についての表象モデルが形成される[*4]。それとともに，このアタッチメント経験を内在化させることによって，アタッチメント対象が誰であり，どこに存在し，どのような応答が期待できるかについて，対象（他者）についての表象モデルも形成される。自己および対象（他者）についての内的な表象モデルが形成されることによって，できごとの評価だけでなく，その先を予測した上で，自らの行動をシミュレーションできるようになる。この内的過程における心的枠組みをボウルビーは内的作業モデル（Internal Working Model: IWM）と名づけ[*1]，その後の行動の制御に関する選択的フィルターとしての役割をとるとした。乳児はこうした経験を

通して，未来における相互作用に関する予測性を備えることとなる。すなわち自分がこのようにふるまえば，相手はこう応えるだろうといった見通しを持つことができるようになるのである。こうしたIWMの働きにより，自己と他者についての表象は人格発達の基礎となるだけでなく，その後の対人関係のあり方も規定する。つまり，日々の母親に代表される重要な他者とのやりとりを通して，子どもはその体験を自分なりに解釈し，意味づけを行い，それが自分自身のありようを形づくるとともに，その後の人とのやりとりのしかたにも影響を及ぼすのである。そして，さらに青年期や成人期の個人の様々な社会的能力，対人関係様式，社会適応性を含む，社会的側面にまで影響を与える[3,5]。この意味において，まさに「つながりの土台」が構築されるのである。

2. 神経システムからつながりを考える

社会的存在として私たちは他者との関係のあり方をアタッチメントを通して構築していくわけだが，このつながりは身体の神経レベルではどのように理解できるだろうか。ポージェス（Porges, S. W.）は，哺乳類は脊椎動物としての進化の過程で，社会的なつながり（social engagement）に関連する自律神経系を系統発生的に進化させてきたとし，ポリベーガル理論（多重迷走神経理論）を提唱した[6,7,8,9,10]。これまで自律神経系は，交感神経系と副交感神経系の2つからなるとされていたが，この理論では副交感神経系は，さらに系統発生的に異なる起源を持つ背側迷走神経系と腹側迷走神経系の2つの神経系からなるとし，特に腹側迷走神経系は哺乳類に固有の社会的な関わりに関係すると位置づけられる。このような，3つの系統発生的な段階として位置づけることで，私たち人間の様々な情緒体験や情動過程を含む社会的行動が，神経生理学的な観点から説明できるようになった。環境から何らかの負荷がかかったときに，意識化する前に神経系がその刺激が危険か安全か，脅威はないかといった判断を行うが，それぞれの神経系が果たす役割は異なる。まず副交感神経系の1つである背側迷走神経系は，最も原始的なミエリン鞘を持たない無髄神経で，爬虫類や両生類，硬骨類，軟骨魚類を含む脊椎動物にも存在し，基本的に「不動」と関連する。この「不動」は日常生活における穏やかな休息の際の「不動」とともに，圧倒されるような危機的状況における「不動（凍りつき反応）」にも関連する。次に

交感神経系は"闘うか逃げるか"に必要な動作・行動に関係する神経系で，心拍出量を増加させ，消化管の代謝を抑制することで，身体が緊急事態に対応できるようにする。最後にもう1つの副交感神経系である腹側迷走神経系は，すでに述べたように哺乳類のみに見られる社会的つながりに関連し，動作や情緒，コミュニケーションを調整するシステムとしてある。そして環境とつながったり離れたりするといったことに対応できるよう心拍出量をすばやく調整できる有髄神経である。神経細胞に入ってきた情報は，次の神経細胞に電気的な活動として送られ伝達される。有髄とは，絶縁性であるミエリン鞘（髄鞘化）があることを意味し，それによって情報はすばやく高い精度で伝達されることとなる。このミエリン鞘は出生後，環境との相互作用を通して形成される。これは腹側迷走神経系が社会とのつながりによって組織化され，利用可能性が広がることをも意味する。したがって，自己調整できるようになるまでは，主たる養育者（母親）がスキンシップや語りかけを通してなだめたり，気持ちを落ち着かせてあげたりすることを通して，腹側迷走神経系を育む関わりをする役割を取ることになる。ここに前項で述べたアタッチメント対象者とのやりとりの重要性が指摘できる。赤ちゃんが不快を感じ泣いたとき，アタッチメント対象者である養育者（母親）はそのサインをキャッチし，赤ちゃんに微笑みかけ，まなざしを向け，抱き上げる。そのやりとりを通して赤ちゃんは自身の不快な状況が取り除かれることになり，抱っこされることで母親の胸の鼓動を感じ，再び心地よく過ごすことができるようになる。赤ちゃんは泣いたり（発声），不快な表情を示したり，抱き上げた母親の方を見ることを通して，社会的なつながりを母親と構築していく。この時の赤ちゃんの行為に関連する脳神経としては，動眼神経や三叉神経，顔面神経，舌咽神経，副神経などがあげられ，これらが社会的つながりを調整する部位として，腹側迷走神経系とも連動している。そしてこうした母親とのやりとりの体験を通して腹側迷走神経は形成される。外界とのやりとりにおける多様な刺激を通して神経系は組織化され，神経システムにおいても社会的つながりを構築していくのである。

第2節　つながりの断絶

1. 子ども虐待が及ぼす影響

　子どもにとって，つながりの土台となる主たる養育者とのやりとりの中で，欲求が満たされないことも時には出てくるだろう。しかし，そうした欲求が常に満たされなかったり，気づいてもらえない，また養育者自身に生じる様々な感情によって子どもへの関わり方が適切でなくなっていく，あるいは養育者以外に子どもと関わる人がおらず，親子が孤立した状況が続く時，子ども虐待の危険性は高まる。子ども虐待は，ある特定の1つのことがらが原因で生じるのではなく，様々な要因が複雑に絡み合い，蓄積された結果，大小様々なできごとをきっかけに発展していく事象である。子どもや養育者の要因だけでなく，両者をとりまく家族・生活環境や社会環境の要因など，関係性にまつわる要因が複合的・循環的に関連して重篤化する。子ども虐待が問題となるのは，子ども自身に及ぼす影響が多岐にわたるからである。

　図Ⅲ-3-1にあるように，子ども虐待は子どもの行動，身体，認知，情緒・心理的側面に影響を及ぼし，「自分づくり」である自分についてのイメージや，「人との関係づくり」である対人関係の持ち方に多大な影響が生じる。また，日常的に繰り返し虐待を受けると，脳に器質的な変化が起こり，脳がダメージを受

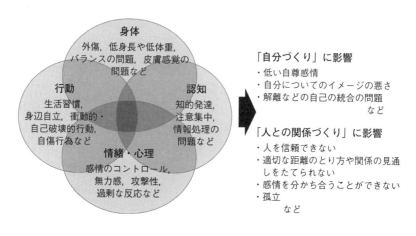

図Ⅲ-3-1　子ども虐待の影響

けることも近年の脳画像研究の発展により明らかとなっている。そして，脳のそれぞれの部位には，ストレスの影響を受けやすい感受期があることが，性的虐待体験のある成人女性の研究を通して明らかとなっている[*11]。アンダーソン（Anderson, S. L.）らによると，3～5歳の幼児期に性的虐待を受けた場合は，海馬という記憶と情動に関わる部位が影響を受け，9～10歳の性的虐待は脳梁という左右の脳をつなぎ，情報をやりとりする経路が，14～16歳では認知・実行機能や意思決定過程を担う前頭前野が影響を受けるという[*11]。さらに，複数の形態の虐待を一度に受けると，海馬や扁桃体などで構成される大脳辺縁系に障害を招く可能性があることも指摘されており[*12]，被虐待体験が"心の傷"だけではなく，その人に与える生物学的な影響と，その後の人生に及ぼす影響の大きさを知る必要がある。

2. 子どもの逆境体験

子ども虐待に限らず幼少期における様々な逆境体験が，その後の人生にどのような影響を及ぼすかが明らかとなってきている。1995年から1997年にかけて米国の健康保険組合と米国疾病予防管理センターが中心となって行った成人期の健康に関する調査研究は，いわゆる「ACE研究：子ども期の逆境体験に関する研究（Adverse Childhood Experiences Study）[*13]」として現在ではよく知られるようになった。そこでは子ども期の逆境体験を大きく2つ：「虐待（3カテゴリー）」と，「家族の機能不全（4カテゴリー）」に分け，7カテゴリーにより把握している。「虐待」には，心理的，身体的，性的虐待が含まれ，「家族の機能不全」には，物質乱用，精神疾患，母親や継母への暴力，家庭内における犯罪行為が含まれる。これらのことを18歳になる前までにいくつ体験したかその個数に応じて，ACEスコアがつく。1万人近くの人がこの研究に参加したが，そのうち40％の人がACEスコア2つ以上あり，12.5％が4つ以上であった[*13]。一般人口を対象とした大規模コホート研究において，これほど高い割合で子ども期の逆境体験を抱えている者がいるということへの衝撃とともに，これらの人々が抱える深刻な健康上の問題にも注目する必要がある。逆境体験が4つ以上の人は，逆境体験がまったくない人に比べると，抑うつ気分（4.6倍）や物質乱用（4.7倍），アルコール中毒への自覚（7.4倍），自殺企図（12.2倍）のリス

クが4倍から12倍になるという。また注目すべきは，子ども期の逆境体験と身体疾患との関連である。逆境体験が4つ以上の人は，逆境体験がまったくない人に比べると，糖尿病（1.6倍）やがん（1.9倍），虚血性心疾患（2.2倍），発作（2.4倍），慢性気管支炎や肺気腫（3.9倍）へのリスクが高まる。また，子ども期の逆境体験と教育歴，就労，収入といった社会的機会との関連では，逆境体験が4つ以上の人は，逆境体験がまったくない人に比べると，高校中退率（2.3倍）や非雇用率（2.3倍），貧困率（1.6倍）が上がることも示されている[*14]。成人してからの健康な生活環境の確保や，社会的な機会の獲得にまで子ども期の逆境体験が影響するのである。さらに，幼稚園修了時の学業評価データを検討した研究では[*15]，55％の子どもが1つの逆境体験を持っており，12％の子どもが3つ以上であり，逆境体験が3つ以上の子どもは，逆境体験がまったくない子どもと比べると，平均よりも低い言語・読み書き（1.8倍）や算数（1.8倍）の能力，注意の問題（3.5倍）や問題行動（2.7倍），攻撃性といった問題（2.3倍）を示し，集団で物事に取り組むことが困難である傾向が示された。このように幼少期に逆境体験があると，就学前の時期からすでに影響がみられ，特に成長発達に欠かせない学習の機会が保障されない可能性が示唆される。このことは子どもの社会的，情緒的，認知的な発達が影響を受けることを意味し，これらの機能障害がその後の生活のあり方として，喫煙や若年期からの飲酒，薬物，暴

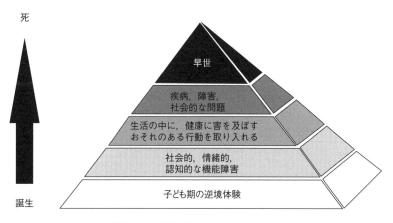

図 III-3-2　子ども期の逆境的体験（ACE）が人生に及ぼす影響
（Felitti et al., 1998 *13 を筆者が訳出）

飲暴食などの健康に害を及ぼす恐れのある行動を取りやすくなるとフェリッティ（Felitti, V. J.）らは提言している。[*13] そしてそれにより疾患や障害を招いたり，非行や暴力行為，犯罪行為等の社会的な問題の可能性を高め，最終的には早すぎる死を迎える可能性があるとしている（図III-3-2）。

本邦においてもACEスコアをもとにした研究が蓄積されつつあり，少年院に入所している少年少女に逆境体験が4つ以上ある割合が高いことが示されている。[*16, 17]

子ども期の逆境体験は生涯にわたり影響を及ぼす。その影響を少しでも減らすためには，子どもたちが体験しているできごとに耳を傾け，私たち一人ひとりがトラウマの視点からそのできごとの意味と子どもの行動への理解を示し，関わっていくことが求められる。

3. できごとはどのように体験されるのか

(1) 日常のできごと

毎日の生活の中で私たちは様々な刺激に囲まれ，その中でのやりとりを通して経験を蓄積していく。朝起きて着替えてご飯を食べるといった一連のできごとを習慣として自然に行うこともあるだろうし，学校で授業を受けたり休み時間に友だちと遊ぶといったできごとを自身が選択して行動することもあるだろう。では，「できごと」を私たちはどのように体験するのだろうか。友だちとグラウンドでドッジボールをするという「できごと」を考えてみよう。手に持っているボールの感触や「投げろー」という仲間の声，反対の陣地にいる相手を視覚的にとらえてボールを投げるといった動作，巻き上がる土ぼこりのにおいなど，五感を使ってドッジボールという体験をまず知覚する。それとともに湧き上がる心拍の上昇や呼吸の乱れ，ボールを投げた右腕のうずくような筋肉の感覚，額に吹き出る汗といった身体感覚という身体的な化学反応も生じるだろう。思ったとおりボールをコントロールでき，反対の陣地にいる相手に当てることができると，"やったー"と嬉しく，爽快な気持ちになるなど情緒的反応が生じる。それとともにその一連のできごとを自分なりにとらえ，うまく投げられた自分を"誇らしく思う"，こともあるだろうし，友だちとの関係性の中で"チームの役に立った"ことに満足することもあるだろうし，これまでの地

第3章 つながりから考える子どものトラウマ

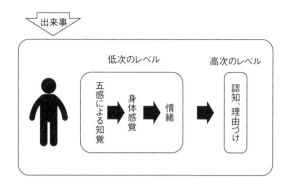

図III-3-3 「できごと」はどのように体験されるか

道な努力の積み重ねをふりかえって"練習した甲斐があった"などとそのできごとについての意味づけや解釈を行い，認知することになる。

図III-3-3に示すように，五感による知覚や身体感覚，情緒が低次のレベルとしてとらえられるとしたら，認知は高次のレベルでのできごとの体験といえる。できごとは，低次のレベルといえる五感による知覚や身体感覚を通して，情緒的な意味づけがなされた上で，そのできごとをどのように認知的にとらえ，意味づけるかといった高次のレベルでの解釈がなされる。これらは瞬時に行われるため，普段はそれらを分けてとらえることや，それらの関連性に意識を向けることもなく，また向ける必要もないことが多い。

(2) トラウマとなるできごと

しかし，過剰なストレス状況下に置かれたときや，予期せぬできごとや脅威から身を守る必要があるできごとの場合，その体験のされ方はまったく異なる。トラウマとなるできごとに遭遇した場合には，「分泌されるアドレナリンが，それらのできごとを頭に刻みつけるのを助け」[*18]，低次のレベルでの体験が身体の中に閉じ込められた状態となるのである。

「好ましい体験」と「トラウマ体験」の記憶は，大きく2つの点で違いがある[*18]。1つめは，記憶の構成のされ方の違いである。好ましい体験は起承転結があり，どういうことが起きたかについてできごとの流れが記憶され一貫して語られる。すなわち，低次のレベルを経て高次のレベルでとらえられたできごとは，低次

と高次のつながりが保たれた状態で記憶される。一方，トラウマ体験はできごとの一部，しばしばその人にとっての衝撃的な部分だけが詳細に記憶に刻まれ，その他の重要な部分，例えば誰が助けに来てくれたかといった内容は思い出されることなく，できごとは断片化された状態で記憶される。そして記憶に刻まれた詳細は，そのできごとの状況に瞬時に引き戻させるような身体感覚を伴って記憶される。その時に聞こえていた音や声，におい，眼に映る光景などとともに，その時の体の感覚や圧倒されるような情動体験が冷凍保存されたかのように一緒に記憶に刻まれる。この記憶に対する身体的反応が，「好ましい体験」と「トラウマ体験」の記憶との2つめの違いである。トラウマ体験は，この低次のレベルでの知覚や身体感覚が身体に取り残された状態となるため，いくら頭でそのできごとを理解・解釈して自身を落ち着かせようとしても，低次のレベルが整理されないままとなる。そして，しばしばフラッシュバックや解離といった形で，身体に取り残された知覚が立ち現われることになる。フラッシュバックでしばしば問題となるのは視覚像だけではなく，その時の「雰囲気」や「情動」である[*19]。今ここ「here and now」で動いている精神活動に，低次のレベルで体感していることが連鎖してトラウマ記憶が阻害的に働くのである。

(3) 子ども虐待をとらえなおす

養育者から身体的・心理的虐待を受けている子どもの学校での様子を考えてみよう。休み時間にクラスメイトとグラウンドで遊んでいるときに，肩にトンと手をかけてきた友だちにいきなり殴りかかることがあるかもしれない。授業中に宿題をしてこなかったことを注意された子どもが返事をすることなく，突然無表情になり，凍りついたように微動だにしなくなることがみられるかもしれない。その子どもの背景を知らないと，こうした行動は乱暴な行動や反抗しているととらえられ，問題行動として叱責の対象となるかもしれない。しかし，トラウマの視点から見直すと，その行動はまったく異なるとらえ方ができる。日々の生活の中で虐待が繰り広げられる世界では，日々の生活に安全・安心の感覚を根付かせることができず，また安定した対人関係を築くことがむずかしくなる。自分の周りのあらゆるものが，虐待の記憶を連想させるひきがね（トリガー）となるため，常に臨戦態勢で生活することを強いられる。そのような

状況では自分の気持ちをコントロールすることや，人との適切なやりとり，その場にあったふるまいなどできるはずもない。

　虐待やトラウマが子どもに及ぼす影響を知り，子どもたちの身体レベルにおける意識下の反応への理解があると，関わりも変わってくるだろう。本来なら安全なものであるはずのことが，トラウマを呼びさますひきがねになることがある。子どもたちのはしゃぐ声があちこちから聞こえてきたり，たくさんの子どもたちが縦横無尽に走り回る様子など，多くの刺激があふれる休み時間は，虐待を受けた子どもにとっては体の警報装置がいつ鳴るかわからない危険に満ち溢れた環境と映るだろう。肩にトンと手をかけられたら，それがひきがねとなって家での虐待場面の記憶に引き戻され，圧倒されてしまうことも出てくるかもしれない。その結果，本人にとってはその場の状況に適応するための行動として，つまり生き残りをかけた行動として交感神経系が活性化され殴りかかるという行動に出るのである。

　第1節で紹介したポリベーガル理論によると，ストレス状況下では自律神経系の階層的な反応ストラテジーが用いられる。[*7]まず系統的に最も新しい神経系である腹側迷走神経系が作動し，社会的つながりの中でそのストレスが解決できるかが試みられる。それがうまくいかない場合，次に交感神経系での解決が試みられる。交感神経系は「戦うか逃げるか」で代表される反応であるが，それすらも有効でないほどの危機的な状況の場合，最後の生き残りメカニズムとして原始的な背側迷走神経系の不動（凍りつき）反応が生じる。虐待等の逆境体験にある子どもたちは，安定した継続的な社会的つながりの中で成長する機会に恵まれなかったゆえに，腹側迷走神経系をうまく作動させてその場の状況に対処することができない子どもたちといえる。彼らにとっては，環境が常に「戦うか逃げるか」を迫られる交感神経系優位の状況といえる。だからこそ，先ほどの例の子どもは相手に殴りかかるといった「戦う」ことでその場の状況に対応しようとするのである。それでもうまく適応できない場合には背側迷走神経系が作動する，つまり環境とのつながりをシャットダウンする（凍りつく）ことによって生き延びることを余儀なくされる。

　神経システムから子どもの行動を理解すると，日常生活のあらゆるひきがねに対して，交感神経系と背側迷走神経系を使って不安な状況になんとか対処し

Ⅲ部　子どもと心理

ようとしている切実な毎日を過ごしていることがわかる。

第3節 トラウマ・インフォームドな環境がつくる子どもの安全・安心

1. トラウマの視点を手に入れよう

　本邦において"トラウマ"は，1995年の阪神淡路大震災以後知られることとなり，心的外傷後ストレス障害（Post Traumatic Stress Disorder: PTSD）といった用語などもドラマに登場する時代となった。また，トラウマにより日常生活に重大な支障が生じた時に，子どもが回復するための介入・治療法も普及してきている。[*20] しかし，これらはトラウマの影響を受けている特定の対象に対して提供される特定の介入・治療法である。こうした介入・治療法を受ける子どもたちは多くの場合，家庭の中で毎日の生活を送り，学校に通い，地域で生活をしている。事情があって家庭から離れて暮らす子どもであっても，同様に教育を受け，衣食住をともにする人たちとの生活を営んでいるのである。そうした中で子どもたちの言動への理解は，その子どもの暮らす環境全体で共有された視点としてあるだろうか。"トラウマに関する支援は専門機関で専門家がするもの"と，"トラウマへの理解"と"生活"が切り離されてとらえられる傾向はないだろうか。子どもたちが毎日の生活の大半を過ごすのは学校や家庭，地域であり，こうした環境で子どもの言動がどのように理解され，見守られるかを考えることが，子どもの育ちを支援する上で大切な視点となる。すでに述べたように，トラウマを含む逆境体験のある子どもが示す言動の背景には，外界からの刺激を受け取る身体感覚を含む知覚の違いや神経システムの作動の違いがみられる。子どもの存在そのものを認め，よりよい成長発達を保障するためには，子どもの周りにいるすべての人がトラウマとその影響への理解を深め，知識を持つことが必要といえる。

　またACE研究からわかるように，子ども期の有害なストレスやトラウマなどの逆境体験の影響は，個人の成長発達に多くの否定的な影響を及ぼし，成人期以降の健康な生活やひいては寿命にまで影響を及ぼすことがわかっている。アタッチメントの問題やトラウマ，逆境体験の影響が軽視され，癒されることなくそのまま放置されることの影響ははかりしれないのである。

さらに子どもの逆境体験の背景には家族の機能不全が認められ，その家族の機能不全に対して支援する機関や地域社会が適切に支援できない場合には，その機関や地域社会における制度や文化の構造的な問題も考えられる。[21]こうした地域社会の機能不全は，最も弱い立場の人に影響を及ぼし，子どもの問題としてクローズアップされるが，本当に子どもだけの問題なのだろうか。

2. 子どもを支える組織のあり方

　虐待を受けている子どもや家族を支援する機関，組織について考えてみよう。組織が虐待に適切に対応できないと，それは支援者，組織の傷つきとなり，恥の感覚や無力感などに支配されるゆえに，その後の対応にも影響が及ぶ。しばしばみられるのは，新しい考えや外部の意見を取り入れることが難しくなり，従来の関わり方に固執したり，権力を乱用した対応になるなど，子どもと家族の健康な成長発達に求められる適切な対応がなされない状態が生じる。これが常態化すると，それは組織が機能不全の状態に陥っているといえる。[21]ブルーム（Bloom, S. L.）らによると，組織においてそのようなことが起きる場合，それはその時，その時点における組織のメンバーの問題というのではなく，その組織が設立された当初から現在に至るまでの歴史的な要因が背景に影響しているという。[21]組織が悲しいできごとや危機的な状況に遭遇した時，その時にできうる最大限の対応をしたとしても，それが組織自体のトラウマとして刻印されることも出てくるだろう。その組織が今に至るまでに経験してきた様々なできごとやそれへの過去のメンバーの対応，理解，解釈などが，いつしかその組織の価値観となり，規範となり，暗黙のうちに受け継がれてきた結果，現在の対応に影響を及ぼしているのである。したがって組織の機能不全とは，組織がトラウマを抱えるがゆえに生じることとして理解でき，そのように理解することが回復への近道となる。このように，トラウマとは子どもや家族といった一人ひとりが抱えうるものとしてとらえられるだけでなく，人が集団をなし構成する組織そのものもまたトラウマを抱えうるといえ，すべての人，集団に当てはめることができるといえる。したがって，トラウマの視点はすべての人がそれぞれの立場に応じたレベルで持つ必要があり，そしてトラウマの影響を理解する必要があるといえるのではないだろうか。

3. トラウマの公衆衛生的視点

　子育て家庭への支援を考える時，子どもやその家族に特化した支援にとどまらず，その子どもと家族をとりまくすべての人が何らかの形でトラウマへの理解を深め，その子どもと家族が生活をしている地域環境そのものが，トラウマインフォームドな環境となることが求められる。トラウマは特定の人にだけ生じるものではなく，人類全体に関わることという認識を持つ必要があり，これが健全な人格を育成する文化を構築することにつながる[*22]。ブルームはトラウマや逆境に対して，われわれが何を知り，どういった関わりが求められるかについて，それぞれの立場に応じたトラウマに関する理解や対応をする必要があるという[*22]。そして公衆衛生の視点から生活を見直すことを提唱し，アプローチする対象によって3つの段階があることを提起している（図III-3-4）。

　まず第1の段階は「すべての人」を対象とした「トラウマインフォームド」なものの見方である。トラウマインフォームドなものの見方とは，逆境やトラウマが生活環境に及ぼす影響についての基本的な知識を持つということである。トラウマが短期的・長期的にどういう影響を及ぼすのかについての理解を深め，トラウマへの気づきを高めるのがこの段階といえる。今では煙草の健康被害や，シートベルト着用の義務などは誰もが知るところとなったが，これと同様にトラウマや逆境についても公衆衛生の常識としてすべての人が理解し，共通認識を持つことが理想という[*22]。子ども虐待を考えた場合，子どもと家族が暮らす地

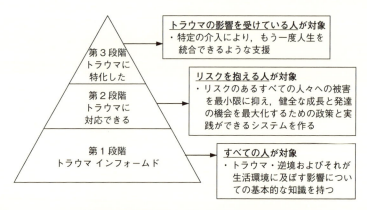

図III-3-4　トラウマの公衆衛生的視点（Bloom, 2016 *22 をもとに作成，野坂，2018 * 23 も参考）

域の人々すべてがトラウマについての基本的な知識を持つことが第1段階といえる。スーパーの店員やお医者さん・歯医者さん，公民館や図書館で働いている人，公園で遊んでいるお友だちのお父さんお母さん，犬の散歩をしている人，駅員さん，交番のお巡りさんなど地域で生活しているすべての人である。こうした環境があることで，子どもの日常への温かなまなざしによる見守りが可能となる。

　第2の段階は，「トラウマのリスクを抱える人」の健全な成長と発達の機会が保障され，さらなるトラウマに遭遇する事態を避けることができるために，「トラウマに対応できる」ようになる段階である[*22]。これはトラウマへの理解を深め，トラウマのリスクのある人が健全な環境で生活できるように環境を整えることを意味する。子どもが一日の大半を過ごす学校やその他の支援機関をはじめ，子どもと養育者に関わる機会があるあらゆる組織の人が，第1段階のトラウマインフォームドなものの見方をもとに実際的な対応をするのがこの段階である。この際，具体的なその人のトラウマの内容を知る必要はない。トラウマの影響についての知識を持っている学校の担任の先生は，子どもが険しい表情で登校したり，授業中にボーっとしたときに，その子どもが虐待環境にあることだけを知っていれば，即座に励ましたり叱責することはなくなるだろう。その代わりに静かに話しかけたり，クラス内でどのような刺激がその子どもにどう影響しているかを見直すことがで関わり方の工夫ができる。そして，子どもへの対応がトラウマ・インフォームドなものの見方に基づいたものとなり，その子どもが生活しやすい環境を整えることにつながるだろう。

　最後に第3の段階であるが，この段階は「トラウマの影響を受けている人」を対象に，トラウマの内容やそれが及ぼす影響を考慮した特定の介入を行う段階である。すでに述べたように，トラウマの影響は行動レベルだけでなく，神経システムにも現れる。過去を過去として整理できないまま，過去の記憶が現在の生活を覆い尽くしている状況に対し，人生の流れを統合し，未来に向けて歩みを進められるような専門的な支援がこの段階といえる[*22]。近年，身体志向的アプローチが注目されており，その1つにソマティック・エクスペリエンス[*24]があるが，子どもに使えるように多くのアートやエクササイズを通して，身体感覚にアプローチする技法も紹介されている[*25]。また現在，エビデンスに基づいた子

どもに対する介入としては，子どものトラウマに焦点化した認知行動療法であるトラウマフォーカスト認知行動療法(Trauma Focused Cognitive Behavioral Therapy: TF-CBT)[20]がある。これは子どもと養育者がともに取り組む治療プログラムであり，トラウマに関する心理教育をはじめ，日常生活の中で使えるストレスに対応するためのスキルや感情のコントロール，考えと感情と行動のつながりへの理解などを通して，最終的にはトラウマとなったできごとを安全に物語り，将来の安全と発達を強化する。このようにトラウマの影響を受けている人を対象に特定の介入を通して，もう一度人生を統合できるような支援を行うのが第3の段階である。

　安全な環境の中で子どもが安心して育つためには，以上のようにトラウマの公衆衛生的視点から子どもの生活する環境そのものを見直す必要がある。どれか1つが欠けても，子どもの安全・安心が守られる空間とはならない。どの程度のつながりのレベルで子どもとその家族に関わるかはそれぞれ異なるだろうが，トラウマインフォームドなものの見方が，今後ますます生活の場に根づくことが望まれる。

おわりに

　子どもの育つ環境を考えることは，その子どもの生涯にわたる生き方を支援することにつながる。何らかの傷つきを抱えていない人間はいない。トラウマの視点から子どもの支援を見直すことを提案したが，これは支援の対象となる子どもたちだけではなく，私たちみんなが暮らしやすい環境を手に入れることにもつながる。子どもをとりまくすべての人がトラウマとその影響に関する知識を持ち，毎日の生活で接する子どもたちの言動や自分自身の言動をトラウマの視点から見つめる時間を持ち，互いに温かいつながりを通した関わりが自然とできる世の中になることを願ってやまない。

● 引用文献

1. Bowlby, J. 1969/1982 *Attachment and loss: Vol.1 Attachment.* Basic Press.（黒田実郎・大羽蓁・岡田洋子・黒田聖一 訳　1976/1991　母子関係の理論：I 愛着行動　岩崎学術出版社）

2. Sroufe, L. A. 1989 Relationships, self, and individual adaptation. In A. J. Sameroff & R. N. Emde (Eds.), *Relationship disturbances in early childhood: A developmental approach.* New York: Basic Books, pp.70-94.
3. Main, M., Kaplan, N. & Cassidy, J. (1985). Security in infancy, childhood, and adulthood: A move to the level of representaion. *Monographs of the Society for Research in Child Development, 50*(1-2), 66-104.
4. Crockenberg, S. 2000 Infant social and emotional development in family context. In C. Zeanah(Ed.) *Handbook of Infant Mental Health.*(2nd Ed.). NY: Guilford Press. pp.60-90.
5. 金政祐司 2003 成人の愛着スタイル研究の外観と今後の展望：現在，成人の愛着スタイル研究が内包する問題とは 対人社会心理学研究，3, 73-84.
6. Porges, S. W. 1995 Orienting in a devensive world: Mammalian modifications of our evolutionary heritage. A Polyvagal Theory. *Psychophysiology, 32,* 301-318.
7. Porges, S. W. 2001 The polyvagal theory: phylogenetic substrates of a social nervous system. *International Journal of Psychophysiology, 42,* 123-146.
8. Porges, S. W. 2003 The Polyvagal Theory: phylogenetic contributions to social behavior. *Physiology and Behavior, 79,* 503-513.
9. Porges, S. W. 2007 The polyvagal perspective. *Biological Psychology, 74,* 116-143.
10. Porges, S. W. 2009 The polyvagal theory: New insights into adaptive reactions of the autonomic nervous system. *Cleveland Clinic Journal of Medicine, 76* (Suppl 2), 86-90.
11. Andersen, S.L., Tomoda A., Vincow E.S., Valente E. et al. 2008 Preliminary Evidence for Sesitive Periods in the Effect of Childhood Sexual Abuse on Regional Brain Development. *The Journal of Neuropsychiatry and Clinical Neurosciences, 20* (3), 292-301.
12. Tomoda, A, Polcari A., Anderson C.M. et al. 2012 Reduced visual cortex gray matter volume and thickness in young adults who witnessed domestic violence during childhood. *Plos One, 7*(12), e52528.
13. Felitti, V. J., Anda, R. R., Nordenberg, D., Williamson, D. F., Spitz, A. M, et al. 1998 Relationship of Childhood Abuse and Household Dysfunction to Many of the Leading Causes of Death in Adults. The Adverse Childhood Experiences (ACE) Study. *American Journal of Preventive Medicine, 14*(4), 245-258.
14. Metzler, M., Merrick, M. T., Klevens, J., Ports, K. A., & Ford, D. C. 2017 Adverse childhood experiences and life opportunities: Shifting the narrative. *Children and Youth Services Review, 72,* 141–149.
15. Jimenez, M. E., et al. 2016 Adverse Experiences in Early Childhood and Kindergarten Outcomes. *PEDIATRICS, 137*(2) e20151839.
16. 松浦直己・橋本俊顕・十一元三 2007 非行と小児期逆境体験及び不適切養育との関連についての検討：少年院における ACE 質問紙をしようした実証的調査 兵庫教育大学研究紀要，30, 215-223.
17. 松浦直己・橋本俊顕・十一元三 2007 少年院における LD, AD/HD スクリーニングテストと逆境的小児期体験（児童虐待を含む）に関する調査：発達精神病理学的視点に基づく非行の risk factor. 児童青年精神医学とその近接領域，48, 358-368.
18. van der Kolk B. 2014 *The body keeps the score: Brain, mind, and body in the healing of trauma.* Penguin Publishing Group.（柴田裕之 訳 2016 身体はトラウマを記録する：脳・心・体のつながりと回復のための手法 紀伊國屋書店）
19. 神田橋修治 2007 PTSD の治療 臨床精神医学，36, 417-433.

20. Cohen, J. A., Mannarino, A. P., & Deblinger, E. 2006 *Treating trauma and traumatic grief in children and adolescents*. Guilford Publications, Inc., 2006.（白川美也子・菱川 愛・冨永良喜 監訳 2014 子どものトラウマと悲嘆の治療：トラウマ・フォーカスト認知行動療法マニュアル 金剛出版）
21. Bloom, S. L., & Farragher, B. 2013 *Restoring sanctuary: A new operating system for trauma-informed systems of care*. Oxford University Press.
22. Bloom, S. L. 2016 Advancing a national cradle-to-grave-to-cradle public health agenda. *Journal of Trauma & Dissociation, 17*(4), 383-396.
23. 野坂祐子 2018 公衆衛生としてのトラウマインフォームド・ケア こころの科学 203
24. Levine, P. A. 2010 *In an unspoken voice: How the body releases trauma and restores goodness*. North Atlantic Books.（池島良子・西村もゆ子・福井義一・牧野有可里 訳 2016 身体に閉じ込められたトラウマ：ソマティック・エクスペリエンシングによる最新のトラウマ・ケア 星和書店）
25. Levine, P. A., & Kline, M. 2008 *Trauma-proofing your kids: A parents' guide for instilling confidence, joy and resilience*. North Atlantic Books.（浅井咲子 訳 2010 子どものトラウマ・セラピー：自信・喜び・回復力を育むためのガイドブック 雲母書房）

IV部

子どもと福祉

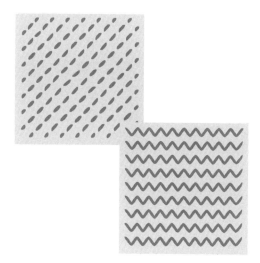

■Ⅳ部 第1章

子どもの当事者性と発達支援
―子どもの貧困を中心に―

はじめに

　家族機能の低下が指摘されるようになって久しいが、いつの時代のどのような社会における家族像と比較して「低下」と判断しているのであろうか。あるいは、広くコンセンサスを得ている理想としての家族像があり、それと比較して「低下」と判断しているのであろうか。このように突き詰めると、この家族機能低下論は大変に心許ない。しかし、家庭や家族が疲弊していることは否定できそうもない。なぜなら、生まれながらにして有しているはずの健全に発達する権利が阻害されている子ども、最善の利益を享受することのできない子どもが数多く存在するからである。しかも、彼ら・彼女らは―幼ければ幼いほど―自らが不条理に受けている辛苦を社会に訴える術を持たない。したがって、日々の生活の中で困難さを抱える子どもたちの声に真摯に耳を傾けるという姿勢は、子どもの福祉を考える者にとって不可欠である。本章では、子どもの当事者性に軸足をおきつつ、特に貧困な状況にある子どもの発達を支援するためには、何が必要なのかを考察する。

第1節　歴史に見る子どもの当事者性

　子どもたちの声なき声に、私たちは真摯に向き合い応えてきたのであろうか。それを探るため、日本において子どもがどのような存在としてとらえられていたのか（子ども観）を、子どもの扱われ方・育てられ方に着目しながら（主に拙著を引用しながら）、古代、中世、近世、近代、現代と通史的に概観する。その上で、私たちが子どもの当事者性に関心を向けられるようになるための条件

を考えてみたい。

1. 古代

縄文期における遺構の集積として有名な青森県の三内丸山遺跡では，大人の墓数の6倍近い880基以上の子どもの墓（埋め甕と呼ばれる土器）が，竪穴住居に近い場所に設けられている。ここから，当時は，今よりもはるかに早産児や新生児の死亡率が高かったことがうかがえる。また，埋め甕を母胎とみなして住居に近い場所に埋めていることから，亡くなった子どものすぐさまの再生を願う気持ちや亡くなった子どもに対する親の濃密な愛情が窺えると専門家は推測している。こうした子どもの命のはかなさに対する憐みの情やわが子に対する深い愛情は，奈良時代に編集された万葉集に収められた山上憶良の和歌の中にも見出すことができる。また，憶良の歌は，貧困によって生じる格差を社会福祉の課題とみなす考え方の萌芽であると解釈することもできる。

こうした課題意識が熱心な仏教信仰と結びついた表れの1つとして，光明皇后が興福寺の中に現在の社会福祉施設に通じる「悲田院（寺院内に設置された貧窮者や孤児を救済する場）」を設置したことがあげられる。平安京の東西2箇所に設置されたとされるこの施設は，平安時代の延喜式の中に，捨て子を見つけた場合は悲田院に連れていくよう検非違使に命じる記述があることから，かなりの期間，子どもの救済に大きな役割をはたしたと推測される。しかし，その後の度重なる疫病や天候不順による凶作などによって，悲田院の機能は徐々に失われ，それとともに，捨て子に対する関心や悲哀の気持ちは薄れていったと考えられている。

2. 中世

鎌倉期に入ると，梁塵秘抄に収録されている歌や鳥獣人物戯画絵巻に描かれている絵画から，遊びを通した子どもの成長を願う大人の気持ち，大人と一緒に遊びながら計数能力などを身につけさせようとする大人の教育的配慮が看取できるとされている。しかし，戦国時代に入ると，他者の痛みに対する人々の感情が麻痺していったことで，捨て子や堕胎・子殺しはありふれた日常となり，幼い子どもに対する無関心が当たり前となっていったことが，ルイス＝フロイ

スや藤原惺窩の記述からうかがえる。

　また，武家社会が興隆し，長子単独相続の広がりにともなって，家訓などを通した子どもの教育が重視されるようになった（これは，一般庶民には該当しないと考えられる）ものの，堕胎・子殺しや捨て子が社会や政治の問題であり，人の手でその解決策が講じられるべきといった認識は，世情が安定する近世（江戸時代）の到来を待つことになる。

3. 近世

　太閤検地と兵農分離によって成立した小農民世帯によって構成される共同体（家と村）での暮らしは，徳川家による幕藩体制によって十分に安定化し，生産性の向上と経済の発展が導かれる。そして，庶民のあいだにも，家と村の継続性を重視する気持ちが浸透すると，将来の担い手としての子どもに期待が寄せられるようになり，自覚的な子育てや子どもへの教育が始まったと推測される。その表れの1つが，17世紀後半から都市部だけではなく農村部や漁村部にまで広く普及するようになった寺子屋である。

　こうした時流は，さらに，幼児を丁寧に養育する必要性や捨て子など手厚い養育を受けられない幼児に対する支援の提案にもつながっていく。例えば，佐藤信淵は，5〜6歳までの幼児を持つ女性が農業に専念できるよう救済すべきであり，その方法として「貧民の乳児を養育する施設」と「4〜5歳から7歳くらいまでの幼児を遊ばせる施設」の創設を提言している。前者の背景には，貧しい家庭における口減らしの防止という目的も含まれていたと思われるが，こうした構想は，まさに，現代の児童福祉施設（乳児院など）や幼児教育施設などに通じている。

4. 近代

　明治期に入ると，広範囲にわたる諸制度の改革が実施されたが，子どもに関しては，学制に基づく学校の創設が大きな改革であろう。当初，容易には高まらなかった就学率は，小学校令などの就学奨励策により，1909（明治42）年には98％を超える。この頃になると，明治初期の欧米思想から，それに対抗するような儒教的皇国思想が興隆し，学校教育の統一化・画一化が進んでいく。ま

た，国威を発揚する子ども向け雑誌の刊行などとも相まって，子どもは銃後の守りを担う「少国民」とみなされるようになる。

一方で，こうした子ども観とは別に，子どもの独自性と権利を正当に認めるべき（植木枝盛），子どもの人格を認め発達段階に応じた対応が必要である（若松賤子），子どもは健全に育つ権利や十分な教育を受ける権利を有する（久津見蕨村），子どもは美・真・善なる存在であり一切の主権者である（下中彌三郎）など，子どもは発達の主体であり権利の主体であるといった現代に通じる子ども観が主張されはじめる。さらに，「赤い鳥」の創刊に端を発する童心主義，子どもにプロレタリアートの自覚を促すためのプロレタリア児童文学などの運動や漫画の台頭とそれらの統制などを経て，厳しい戦時下に入っていくが，この時期には，子どもの意見・子どもの主体的選択などはまったく顧みられなくなってしまう。

5. 現代

第二次世界大戦後，保護者を失った数多くの浮浪児・孤児の命・健康・安全な生活をいかにして守るのかという社会的課題の解決に向けた精力的な取り組みが，現代の子ども観および児童福祉事業などにつながっていく。1947（昭和22）年12月に成立し，翌年1月より施行された「児童福祉法」の第1章・総則（第1条〜第3条）が戦後の子ども観の中核であろう。その理念を整理すると「すべての児童が心身ともに健やかに生まれ育成されること，等しくその生活を保障され愛護されることを児童福祉の原理と定め，その実現は児童の保護者と国・地方公共団体の責任である」となる。

高度経済成長期には，「一億総中流」という言葉にも示されているように，国民全体の生活水準は大きく高まり，右肩上がりの経済の興隆が永続するという幻想が共有されていた。子どもの生活も豊かになり，子の将来に備えた親から子への投資が強く意識されるようになる。その表れである，学歴・学校歴を競い合うという構造は，「わが子への偏愛」と「他人の子への無関心」を生み出していく。その後，平成不況—バブル経済の破綻，リーマンショック，東日本大震災と福島第一原発事故—が次々と私たちの生活を脅かした。

戦後約70年が経過した現在，子どもの福祉に関する理念は，「子どもの最善

の利益の保障」にまで高められている一方で，大人からの不適切な養育によって生じる子どもの発育・発達のゆがみ，貧困の世代間連鎖によって子どもが受ける不利益，障害のある子どもが受ける排除などに起因する2次障害など，子どもの福祉を脅かす状況は多様に存在する。まさに，子どもの受難が私たちの眼前で展開している。

以上，歴史的に概観してきた子どもの扱われ方・育てられ方は，ある法則によって左右されていると思われる。それは，世情が安定しており，生活に余裕があり，未来に希望が持てる時代・社会においては，大人は子どもたち（わが子も他人の子も）の健やかな成長・発達に関心を寄せ，それを促そうと志向するのに対し，その反対の状況に見舞われると，大人は子ども（わが子を含む場合とわが子を除く場合とがある）に対してきわめて冷淡になってしまうという法則である。大人や社会全体が子どもに関心を向け（子どもの声に耳を傾け），子どもの当事者性という視点に立った支援が展開されるためには，大人の経済的および心理・社会的な余裕や安定と将来への明るい見通しという条件が必要であると考えられる。

第2節　格差社会と子どもの発達

日本は資本主義社会であり，人々の暮らしの豊かさにある程度の差が生じることが容認されている。したがって，格差社会とは，豊かさ・貧しさが，私たちが許容できる範囲や限度を超えて人々の間に拡がっている状態を指すことになる。許容できるかどうかの基準を一義的に決めることは難しいが，複数の指標によって相対的な格差の縮小や拡大の様相を示すことは可能である。

橋本は，ジニ係数[注7]，賃金格差（規模別，産業別，男女別），生活保護率という指標を用いて1950年から2010年までの格差の推移を分析し，「現代日本で格差拡大が始まったのは1980年前後のことである。だから，格差拡大はもう，40年近くも続いているのである。いや，格差を縮小するためのまともな対策がとられてこなかったのだから，40年近くも放置されてきた」と結論づけている[*3]。

また，格差の背景には，何らかの階級ないしは階層の違いがあり，社会学の「階級論」においては，日本社会は，長らく「資本家」「旧中間」「新中間」「労

働者」という 4 つの階級で構成されてきたとされる。構造的には，資本主義的な企業の領域として「資本家→新中間→労働者」階級という上下の関係と，それとは独立した自営業の領域として「旧中間」階級とに分けられている。しかし，近年，労働者階級内部での格差（正規労働者と非正規労働者との間の個人年収，世帯年収，貧困率の違い）が大きく広がっていることに着目した橋本は，こうした非正規労働者を中心とする低所得層（2015 年における男性非正規雇用者の相対的貧困率は 28.6%，女性非正規雇用者の相対的貧困率は 48.5%，20 〜 59 歳に限定）を「アンダークラス」と呼んでいる[*3]。

こうしたアンダークラス層の出現と大きく関係しているのが，「子どもの貧困」である。特に，「子どもがいる現役世帯のうち大人が一人の家庭（ほぼひとり親家庭に該当）」の貧困率がきわめて高いことが大きな注目を浴びている。厚生労働省ホームページによると，この比率は 1985 年に 54.5%，1997 年に 63.1% とピークを記録し，2015 年には 50.8% と推移している。改善の傾向は現れているものの，2 世帯に 1 世帯は貧困ライン未満の年収で生活しているという状況が少なくとも約 30 年間続いている。

そこで，まずは，子どもの貧困とは何かを紹介する。子どもの貧困白書編集委員会によると，子どもの貧困は以下のように説明されている[*4]。

>　「子どもの貧困」とは，子どもが経済的困難と社会生活に必要なものの欠乏状態におかれ，発達の諸段階におけるさまざまな機会が奪われた結果，人生全体に影響を与えるほど多くの不利を負ってしまうことです。
>　これは，本来，社会全体で保障すべき子どもの成長・発達を，個々の親や家庭の「責任」とし，過度な負担を負わせている現状では解決が難しい重大な社会問題です。
>　人間形成の重要な時期である子ども時代を貧困のうちに過ごすことは，成長・発達に大きな影響を及ぼし，進学や就職における選択肢を狭め，自ら人生を選び取ることができなくなる「ライフチャンスの制約」をもたらすおそれがあります。子どもの「いま」と同時に将来を脅かすもの，それが「子どもの貧困」です。

ここでポイントとなるのは，家庭が経済的に困難であること——これは，子ども自身が選ぶことも，子どもの力では改善することもできないにもかかわらず——によって，子どもから日々の「さまざまな機会」が奪われること（不利益の

蓄積と連鎖)が,将来の幸福な人生にとって必要な学校選択や職業選択などに大きな制約を与え,結果的に子どもは親と同じような経済的困難な状況に留まる(不利益の世代間連鎖)という点である。これを,子どもの発達・教育の文脈で言い換えれば,藤田が指摘する*5ように,「心理・精神的」「文化・社会的」「生理・身体・運動的」といった多様な側面の発達が経済的困難を起点として制約を受け,その帰結として人間としての中核である「人格・個性・アイデンティティ」がネガティヴな影響を受け,それらの総体が,制約を受けずに育った者との格差を生じさせるということになる。

　こうした機会の剥奪と発達の制約は,複合性と重層性を特徴とする。例えば,近隣に住む学齢期の子どもたちがサッカーチームをつくり,地域の大人の指導を受けることになったとする。その際,一緒に参加しようと誘われた子どもの家庭にボールやユニフォームを購入する余裕がなかった場合,この子どもは,こうした物品が手に入れられないだけでなく,友人の輪に入る機会や地域の人々にふれあう機会(対人関係面,文化・社会面)や楽しく運動を続ける機会(身体・運動面)を奪われ,さらには,運動が苦手になってしまうかもしれないという不安や低い自己評価(心理・精神面)に陥る可能性(「複合性」)がある。また,友だちの輪に入れなかった孤立という傷つき体験は,後年に訪れる別の機会への参加をためらうことに結びつき,さらなる孤立感を増幅させていく可能性(「重層性」)もある。貧困とは,単にモノが手に入れられないだけではないのである。

　以上のような状況に対応するべく,議員立法として「子どもの貧困対策推進法」が2013年6月に制定(翌年1月より施行)され,その推進のための具体的内容として「子供の貧困対策に関する大綱」が内閣府によって2014年8月に閣議決定された。しかし,この大綱で示されている対策や支援は,これまでに制定されている法律,例えば,生活保護法や母子及び父子並びに寡婦福祉法,あるいは生活困窮者自立支援法などが定めている給付や事業を十全に利用できるよう促すといった方策に留まっており,子どものいる貧困家庭の家計を抜本的に援助する新たな給付や事業が講じられているわけではない。また,「子どもの貧困率」*6や「子どもがいる現役世帯のうち大人が一人の貧困率」などを含む子供の貧困に関する指標(13種)を設定して,その改善に向けて取り組むこと

第1章　子どもの当事者性と発達支援—子どもの貧困を中心に—

としているものの，近年様々な政策において設定されている数値目標が，この大綱では，いずれの指標においても設定されてはいない。これでは，子どもの福祉や発達を守り・安定させるための第一条件である「大人の経済的および心理・社会的余裕・安定と将来への明るい見通し」が満たされることは難しい。

　これと同じような状況は他の制度などにも見られる。例えば，就学援助制度の利用率は，ここ数年で，子どもの貧困率とほぼ同じ水準になってきてはいるが，これはあくまで全体傾向であり，地域ごとに両者が同水準になっているかどうかの確認が必要である。戸室は，生活保護に関して，その捕捉率を都道府県別に算出・分析を行っており，実際に地域によって捕捉率が異なっていることを明らかにしている。[*7]これと同様に，就学援助に関しても，捕捉率が低い地域を見つけ，広報の徹底などによる利用の促進義務を法令等によって定める必要がありはしないだろうか。また，非正規雇用は正規雇用に比べて，雇用期間が限られており低賃金であるだけではなく，一定の条件を満たす人を除けば社会保険料（年金と健康保険）を全額自己負担しなくてはならない。格差社会を是正し，子どもの貧困をなくそうとするのであれば，非正規雇用率が高く，貧困率も高いひとり親家庭の保護者，特に女性を優先的に正規雇用することが求められるが，なぜそうした方策を採ることができないのであろうか。さらに，消費税増税分を社会保障等の福祉財源にまわすと喧伝されているが，日本の場合，消費税が単一税率のため逆進性が高く，日本の消費税は低所得層にとっては負担が重い仕組みだといわれている。

　このように，1つひとつの制度・施策を丹念に見ていくと，格差の是正はおろか，格差をさらに拡大しかねない制度設計がなされていることに気づく。まずは，新たに生じた階級であるアンダークラスの人々が十分で安定した収入を確保できるような制度への迅速な転換が求められる。

第3節　社会的相続を見据えた子どもの発達支援

　これまでは，貧困層（アンダークラス）の家庭に対する公的な経済的支援の必要性を述べてきたが，ここでは，子育て家庭をとりまく地域の資源・地域の人材（学校等も含む）が，子どもや保護者に直接に働きかける教育・福祉的支

援(介入)について考察してみたい。

質の高い就学前における教育の重要性を示すエビデンスとして頻繁に引用されるアメリカの長期縦断研究（ランダム化比較実験）に，ハイスコープ教育研究財団が実施している「ペリー就学前研究（Perry Preschool Study）」がある。この財団のホームページによると[*8]，1962年に始まった（現在も進行中）この研究プロジェクトの概要は以下の通りである。

対象は，社会経済的地位の低いアフリカ系アメリカ人の家庭とその子ども123名（3歳児と4歳児）であった。子どもの知的能力は，いわゆる境界知能（IQが70〜85：ただし，器質的な原因はない）[注8]の範囲にあり，就学時期になっても学校に通わない可能性があった。このうち48名（実験群）が介入プログラムに参加し，残りの65名（対照群）が介入プログラムには参加しなかった。年齢，性，IQ，生まれ順，社会経済的地位，父親の在・不在，親の教育レベル，世帯の人数，世帯密度に両群間の差が生じないよう，子どもたち（家庭）はランダムに選ばれていた。

実験群の子どもは，毎週月曜から金曜まで（1日当たり2時間30分）2年間にわたり幼稚園に通い，子どもの知的発達および社会性の発達を促すアクティブ・ラーニング・モデルを基盤とする質の高い教育的アプローチ（教師1名に対し子ども5〜6名の割合）を受けた。実験群の家庭の保護者は，毎週1回・1時間30分の家庭訪問を受ける（教師が自分の担当する子どもの家庭を訪問）とともに，1か月に1回，他の保護者と一緒に参加する小集団ミーティング（プログラムのスタッフが進行役を務める）に通った。

こうした介入プログラムへの参加が終了した後，実験群と対照群の子どもたちに対して，3歳から11歳までは毎年，その後は14歳，15歳，19歳，27歳，40歳の各時点で様々な調査が追跡的に実施され，その結果が公表されている。

主な結果やその示唆については，多くの書籍等で紹介・考察されているが[例えば*9, *10, *11]，重要なポイントは，40歳までに達成された教育上の成果，経済力，家族等との関係性における2群の差を最も良く予測するのは，子どもに対する介入プログラムによって促されたと考えられる非認知能力（社会性，他者とのコミ

第1章　子どもの当事者性と発達支援―子どもの貧困を中心に―

ュニケーション能力，やり抜く力，協同性など）であった点にある。

　以上のように，このペリー就学前研究の成果は，主に幼児教育・保育の文脈において，早期からの「質の高い保育・教育」の効果―貧困の再生産（世代間連鎖）すら克服できる可能性―を示すものとして紹介されることが多い。しかし，この研究の中で保護者に対してなされた介入プログラムの効果については，ほとんど報告されることはない。筆者は，この研究成果に，保護者に対する介入が無関連であるとは思えない。そこで，2010年からアメリカで始まった「シカゴハイツ幼児センター研究プロジェクト」の概要を，日本財団子どもの貧困対策チーム[*11]を参照しながら紹介する。

　このプロジェクトはシカゴ大学による長期縦断研究であり，シカゴ市内南部のシカゴハイツという地域に，2つの幼稚園を設置して，片方の幼稚園では認知能力を高める介入プログラムを実施し，もう片方の幼稚園では非認知能力を高める介入プログラムを実施し，両者を比較するという計画になっている。また，保護者への介入として，「親の学校」と呼ばれる2週間に1回（90分），9か月間・合計18回のプログラムが実施されている。さらに，保護者の参加を促すために，1回参加するごとに100ドル，宿題をきちんとしたら100ドル，子どもの成績に応じての報酬―現金で受け取るグループと子どもが高等教育に進学する時にだけ引き出せるグループに分かれる―などのインセンティブも用意されている。

　得られた結果や成果は，プロジェクトが始まったばかりであるため，暫定的なものが多いとされるが，ここでは，保護者向けプログラムに関連する結果を示すこととする。まず，保護者への介入プログラムは，子どもの非認知能力を大きく向上させる効果を持ち，それは，子どもの成績に連動する報酬の受け取り方の違いには影響されないことが明らかにされている。また，保護者向けプログラムは，子どもの認知能力を高める効果も持つが，これについては，子ども向けプログラムの効果のほうが強いことが明らかにされている。さらに，親向けのプログラムが非認知能力に与える効果は，リスクの高い家庭―例えば，親の所得が平均以下の世帯や母親の年齢が若い世帯―であるほど大きくなることも明らかにされている。

147

オリジナルな英文資料を参照できていないので，推測にはなるが，このプロジェクトにおける保護者への介入プログラムは，「親の学校」と名づけられていることから，「教育的」な内容が中心であると思われ，実際に親が家庭で子どもに対して教育的に関わることを促進させたであろうと考えられるが，インセンティブとして導入した報酬などは，社会福祉の視点からすれば現金による給付といったイメージ（例えば，日本でいえば児童手当への加算額）に近いと考えられる。つまり，このプロジェクトの計画自体に，保護者に対する教育的支援だけではなく，各家庭に対する福祉的支援も組み込まれていると考えることができ，そのことによる効果（家計のゆとり）が保護者のわが子に対する教育的働きかけを引き出した可能性があるのではないかと思われる。そこで，さらに，ここまでで示したものと同様の子どもの貧困の解決をテーマとした長期縦断研究ではあるものの，貧困層に対する福祉的（経済的）な支援がより明確な「アベセダリアン・プロジェクト」の概要を，日本財団子どもの貧困対策チーム[11]および佐々木[12]を参照しながら紹介する。

アメリカ・ノースカロライナ大学の「フランク・ポーター・グラハム子ども発達研究所」が，1972年より開始した就学前教育プログラムである。対象は1972年から1977年までの間に生まれた新生児111名であり，そのほとんどがアフリカ系アメリカ人である。参加者の4分の3は，実の親と暮らしておらず，多くの家庭は無収入であった。これらの子どもたちは，0歳〜8歳まで継続してプログラムを受ける子ども，0歳〜5歳までプログラムを受けるがそれ以降は受けない子ども，0歳〜5歳はプログラムを受けなかったがそれ以降は受ける子ども，まったくプログラムを受けない子どもの4群に分けられた。0歳〜5歳のプログラムは毎日8時間（週5日），5年間にわたって実験群の子どもたちに提供され，5歳〜8歳のプログラムは，教師が隔週で教室と家庭を交替に訪れ，3年間にわたって学校の授業の補習を提供するというものであった。

保護者に対する介入の特徴としては，最初の5年間では，遠方に住む子どもは無料の送迎サービスが提供され，保護者は子育てに関するグループセッションへの参加が奨励されている。また，小学校入学以降の3年間では，教師

第1章 子どもの当事者性と発達支援──子どもの貧困を中心に──

が実験群の子どもの家庭に行った時には，親に家庭学習の進め方を教え，親と学校との連絡・橋渡し役を務め，さらには，親が仕事を見つけるのを手助けしたり，その家庭が必要とする福祉サービスに関する情報を提供したりしている。

得られた結果は，概ねペリー就学前研究の結果と似通っており，15歳時点では，実験群のほうがIQ得点や数学・言語の達成度が高く，留年率が低く，それらが21歳時点においても維持されていたのに加え，大学進学率が高かった。さらに，30歳時点では，フルタイム従業者の割合が高く，生活保護を一定期間受給する者の割合は低かった。

以上のようなアベセダリアン・プロジェクトの成果──費用対効果が弱いとされてはいるが──が得られた要因について，佐々木[*12]は，「現実の貧困を確かなものとして克服するためには，サービスを受ける側だけでなく，提供する側（福祉関係者・教師・研究者たち）にも，『意欲や長期計画を実行する能力，他人との協働に必要な社会的・感情的制御』といった社会・情動的能力が必要であるということを物語ってはいないか。おそらく，このような専門的集団のサービスを長期かつ継続的に受けた貧困家庭の親子は，目的に合わせた具体的な学びの方法，学校・福祉（地域）との連携の取り方，希望というもののイメージなど，専門家としてのキーパーソンの援助を日々具体的に目に見える形で受けつつ，確実に自分たちの人生が変化する実感を身につけていったのではあるまいか」と分析する。

以上で紹介してきた「子どもの貧困」克服の手がかりを探求した3つの長期縦断研究を通して，筆者が提示したい結論は，以下のように整理できる。

貧困の世代間連鎖を解決するためには，「保護者に対する福祉的支援（経済的支援も含む）と教育的支援」と「子どもに対する教育的支援（非認知能力と認知能力の育成）」とを同じ家庭に対して同時に提供することが不可欠であり，それは，「社会的相続[注9]」すなわち「『自立する力』の伝達行為[*11]」を，国，地方公共団体および貧困層をとりまく多様なレベルの支援者が，当事者の声に真摯に向き合いながら，責任を持って担うことによってはじめて実現される。

149

Ⅳ部　子どもと福祉

おわりに

　紙幅の関係で,「社会的相続」という概念を十分に説明できなかったが,それは,大人が「子どもが育ち自立する」ことに関してどんな考え方（価値観）を前の世代から受け継いでいるのか,大人としてどのようなことが「自立するため」には重要（価値観）であると考えて次世代の子どもに対して伝えているのかを子細に把握し,もし,それが望ましからぬものであれば,いかにそれを望ましいものに変えて次世代に伝えていくかを考えるための有効な鍵概念である。
　なお,本章で紹介した縦断研究において,高い学歴,高い所得水準,あるいは持ち家率といった測度がウェルビーイング（Well-being）の指標として当たり前のように採用されている。これは,それらが高くなることが「人生の成功」に結びつくといった誤解を与えてしまう。そして,そこには「自分の能力はいくらで売れるか」といった類のアイデンティティ形成が目指されるといった危険性がつきまとう。また,子どもが希望する「なりたい自分」に向かって努力した結果,アンダークラスに陥ってしまう者がいるという現代社会は明らかに歪んでいる。大学卒と非大学卒が今ほど分断されている時代はない,と吉川は分析・指摘するが[*13],自らの仕事を通して社会を支えている誰もが,同じように心理的余裕,経済的余裕,そして将来の明るい見通しを持って生きていける社会の構築が急がれる。

● 注
注1：ここでの当事者性とは,生まれてくる家庭や育つ環境を選ぶことのできない子どものうち,安全で安心して暮らすことができない,心身ともに健やかに育つことが保障されない,家庭の経済的困窮によって自分の潜在能力を十分に発揮できないなどの不利益を被っている子どもたちが置かれている立場や気持ちを理解することを指す。
注2：本文献における古代から現代までの子ども観の変遷については,太田素子（2011）『近世の「家」と家族：子育てをめぐる社会史』角川学芸出版,野上 暁（2008）『子ども学 その源流へ：日本人の子ども観はどう変わったか』大月書店,柴田 純（2013）『日本幼児史：子どもへのまなざし』吉川弘文館を参考にしている。
注3：世界考古学事典（平凡社 1979年発行 p.58）によると,遺構とは「過去の人間・人間集団の行動の結果として残された構築物。それらが結果として残された行動およびその行動の目的,あるいはその行動を支えていた意識を反映している『もの』である点では,広義には遺物に含めてよいであろう」と説明されている。
注4：儒教は江戸時代を通して武家層を中心に定着したが,明治時代に入ると,儒教的な道徳教育は規

150

第 1 章　子どもの当事者性と発達支援―子どもの貧困を中心に―

制された。しかし，1890 年に制定された教育勅語に見られるように，儒教の忠孝思想が再導入され，天皇を中心とする国家のあり方が理想とされるようになった。これを儒教的皇国思想という。
注 5：銃後の守りとは，戦場で戦闘行為を担っている軍人・軍隊が必要とする資源や物資の供給を支えて，戦争の遂行や勝利を支援することを指す。
注 6：平成不況とは，日本においてバブル経済（1980 年代後半の実体経済からかけ離れた好景気のこと）が崩壊した後に訪れた不景気のことである。
注 7：ジニ係数とは，国家などのある集団における人々の所得分配の平等・不平等さを示す指標である。集団内のすべての人々の所得が同一（格差がまったくない）であれば係数は 0 に，一人だけが所得を独占していれば係数は 1 となる。
注 8：ここでの器質的な原因とは，知的な能力の不十分さについて，脳を含む身体のどこかが物質的・物理的に損傷を受けていると特定できることを指す。
注 9：親などから受け継ぐ財産的な価値（経済的相続）に対して，生活習慣，やり抜く力，学習意欲，協調性などといった価値（社会的相続）は親だけではなく社会全体で子どもに伝えていくことができる。

● 引用文献

1. 広井多鶴子　2012　戦後の家族政策と子どもの養育：児童手当と子ども手当をめぐって　実践女子大学人間社会学部紀要．第 8 集　49-70.
2. 伊藤 篤　2017　レッスン 1 子ども観の変遷と子どもの福祉　MINERVA はじめて学ぶ子どもの福祉 保育の心理学　伊藤 篤 編著　ミネルヴァ書房
3. 橋本健二　2018　新・日本の階級社会　講談社現代新書
4. 子どもの貧困白書編集委員会 編　2009　子どもの貧困白書　明石書店
5. 藤田英典　2012　現代の貧困と子どもの発達・教育　発達心理学研究．第 23 巻第 4 号，439-449.
6. 厚生労働省ホームページ　平成 28 年 国民生活基礎調査の概況 II 各種世帯の所得等の状況　6 貧困率の状況 https://www.mhlw.go.jp/toukei/saikin/hw/k-tyosa/k-tyosa16/dl/03.pdf（2018 年 9 月 14 日アクセス）
7. 戸室健作　2016　資料紹介 都道府県別の貧困率，ワーキングプア率，子どもの貧困率，捕捉率の検討　山形大学人文学部研究年報．第 13 号，33-53.
8. Parks, G. 2000 The High/Scope Perry Preschool Project. Juvenile Justice Bulletin, October, 2000. https://www.ncjrs.gov/html/ojjdp/2000_10_1/contents.html
9. 山野良一　2014　子どもに貧困を押し付ける国・日本　光文社新書
10. 西内 啓　2016　統計学が日本を救う：少子高齢化，貧困，経済成長　中公新書ラクレ
11. 日本財団子どもの貧困対策チーム　2016　子どもの貧困が日本を滅ぼす：社会的損失 40 兆円の衝撃　文春新書
12. 佐々木宏子　2017　子どもの貧困と学術研究の隠れた枠組み　学術の動向．第 22 巻第 10 号（10 月号），29-33.
13. 吉川 徹　2018　日本の分断：切り離される非大卒若者（レッグズ）たち　光文社新書

Ⅳ部 第2章

児童福祉の変遷と支援

はじめに

　1994年の「児童の権利に関する条約」批准後，子どもの権利や養育環境に関わる社会的関心が高まり，児童虐待問題がクローズアップされるようになった。

　また，厚生労働省（当時，厚生省）において，児童相談所の養護相談内容の1つである虐待相談の件数が着目され，統計を取り始めたのが1990年である。さらに，減少傾向だった児童養護施設の入所率（在所率）も1993年以降は増加傾向が見られ，2004年には90％を超え[*1]，都市部の一部においては入所困難な事態を招いた。その後は社会的養護のバリュエーションである里親やファミリーホームへの移行の影響を受け，児童養護施設入所率は82.6％[*2]となっている。

　児童福祉の原点は子どもの権利擁護に他ならないが，時代とともに求められる内容も変化し，上記のことからも1990年代は児童福祉の対象が，児童虐待をメインとする保護者の不適切な養育に対する援助へと変化していった時代ととらえられる。

　本章においては，教科書的に聖徳太子の悲田院から始まり，戦後の浮浪児対策を経た児童福祉の変遷，つまり，親がおらず保護を必要とする子どもの援助を概観するのではなく，社会的養護の受け皿が質的，量的に大きく変化しつつある近年における児童福祉に焦点を当て，その変遷と支援について述べることとする。

第1節　社会的養護の動向

1.社会的養護：パラダイム変換の動き

　社会的養護という語が初めて使用されたのは，吉田によると[*3]，大谷嘉朗・吉沢英子の保母養成課程テキスト『養護原理』（1967年刊）で，およそ半世紀前である。

　「社会的養護の課題と将来像」によれば，「社会的養護とは，保護者のない児童や，保護者に監護させることが適当でない児童を，公的責任で社会的に養育し，保護するとともに，養育に大きな困難を抱える家庭への支援を行うこと」と定義され，また，社会的養護は，「子どもの最善の利益のために」と「社会全体で子どもを育む」を理念として行われるとされている[*4]。近年，少子化にもかかわらず，社会的養護を必要とする子どもの数は減るどころか約4万5千人前後をキープし続けている[*5]。そして，欧米諸国では，社会的養護が必要な子どもを養育するにあたっては，フォスターケア（里親）が用意されてきたが，わが国は篤志家や宗教団体により明治期以来誕生した施設が，戦後の浮浪児対策を経て，近年増え続ける被虐待児の受け皿としても，依然として大きな役割を担っている現状がある。社会的養護は，長い間，入所施設を中心に制度化されてきたが，現在，このパラダイムを転換させる動きがあり，2つに整理できるのではないだろうか。

　1つは，社会的養護施設と呼ばれる児童養護施設および児童心理治療施設においてはそれぞれ約6割，7割が何らかの被虐待経験がある[*6]と調査結果が出ているにもかかわらず，大規模なケア単位での養育が行われており，子どもの多様かつ複雑なニーズに対して個別的な対応が十分にはできていないことへの反省がある。子どもの抱える課題の複雑さに対応できていない施設におけるケア体制の問題が被措置児童虐待を引き起こすなど，現行の社会的養護体制が子どもの権利保障に十分な体制となっていないことに対する内発的動機づけともいえる動きである。特に，虐待を受けた子どもへのケアは愛着関係の形成が重要であり，特定の信頼できる大人による密な関わりが保障され，できる限り家庭的な環境の中で職員との個別的な関係を重視することが求められた。このような趣旨からケア形態の小規模化を図った地域小規模児童養護施設（グループホ

ーム）が2000年度に，小規模グループケアが2004年度に創設された。

さらに，里親や特別養子縁組など，家庭をベースにしたケア中心の社会的養護体制は，「児童の権利に関する条約」でも求められているが，進展しない中，2010年，国連子どもの権利委員会から「子どもの養護を，里親家庭，または居住型養護における小集団編成のような家庭的環境のもとで提供すること」という勧告を受けたことによる外発的動機づけもあり，国では社会的養護のあり方を大きく変えることとした。

2011年の「社会的養護の課題と将来像」において現在，里親の割合が1割強しかない状態を2029年までに，概ね里親及びファミリーホーム3分の1，グループホーム3分の1，本体施設3分の1に変えていくという目標を設定した。そして，里親及びファミリーホームを家庭養護と表現し，施設も良好な家庭的環境を目指す方向とし，ユニット化，地域分散化により生活単位を小さくしたり，里親の後方支援にまわるべく，自治体や施設関係者が推進計画を作成し，タスクゴールを定めつつあるところだった。

ところが，その改革では遅いと言わんばかりに出された急進的な方向性を示した報告書が，「新たな社会的養育の在り方に関する検討会」による2017年8月の「新しい社会的養育ビジョン」[*7]である。「新たな社会的養育の在り方に関する検討会」は国の審議会とは異なり，当時の塩崎厚生労働大臣が有識者を参集し開催された独自の検討会であるが，報告書には具体的な数値目標が提示され，厚生労働省もこの数値目標に即して今後の社会的養護政策の展開を求めている。つまり，単なるガイドラインではない多大な影響力を持つ方針修正である。

2.「新しい社会的養育ビジョン」の求めるもの

「社会的養護の課題と将来像」を全面的に見直すのであれば，「新しい社会的養護ビジョン」の方が明解で良さそうである。なぜ，「新しい社会的養育ビジョン」（以下，「ビジョン」という）なのだろうか。

2016年改正児童福祉法では，子どもが権利の主体であることを明確にした。また，家庭での養育が原則となり，第2条第3項において「国及び地方公共団体は，児童の保護者とともに，児童を心身ともに健やかに育成する責任を負う」と規定され，第3条の2において「国及び地方公共団体は，児童が家庭に

おいて心身ともに健やかに養育されるよう，児童の保護者を支援しなければならない」とされた。つまり，社会が，全ての子どもの福祉のために，子ども家庭への養育支援から代替養育までの広い守備範囲の充実を図ることとされた。2016年改正児童福祉法の具現化のために登場した「ビジョン」においては「養護」という限定された単語より「養育」とした方が施設養護からの脱皮も図れ，家庭養育の理想に近づけられる，そんな目論見もあるのかもしれない。

「社会的養育」について「ビジョン」の中では，その対象は「全ての子ども」で，考慮すべき点は「子どもの権利，子どものニーズを優先に，家庭のニーズも」と記載されるが，残念ながら定義はなされていない。「ビジョン」の説明から「社会的養育」の中に「社会的養護」があり，「社会的養護」の中に「代替養育」が存在する。これを図にすると図IV-2-1のようになる。

ではいったい「社会的養育」とは何であろうか。

「社会的養育」を「ビジョン」に記載してある文言で定義づければ，「社会が，全ての子どもの福祉のために提供する子ども家庭への養育支援及び代替養育」となるであろう。言わば，社会による子育て全般を指すことになる。ただし，「社会的養護」の範囲には，様々な考え方があり，「社会的養育」との区別が明確になっていない。

厚生労働省が行政説明などで示している社会的養護体系一覧の「家庭養護」と6種類の「施設養護」[*8]は，狭義の「社会的養護」を表すが，「社会的養護」を広くとらえた場合，「家庭養護」と「施設養護」だけではない見解は従来から存在する。

例えば，保育所や児童発達支援センターなど一時的に親子分離を行い，健全育成や発達支援を補完するものや，保健所や児童家庭支援センター等における相談援助やショートステイ・トワイライトステイ等，在宅家庭を支援する事業も含まれる[*9]。

図IV-2-1　社会的養育概念図（「新しい社会的養育ビジョン」[*7]から筆者作成）

「ビジョン」において,「社会的養護は保護者と分離している場合と分離していない場合の両者を含み,分離後の代替養育を公的に保障しサービスを提供する場合は,措置・契約の形態如何にかかわらず,社会的養護に含める」とされた。これにより,「社会的養護」は,「ビジョン」に例示されているように,在宅指導措置,里親・施設等への措置,一時保護,自立援助ホーム,契約入所による障害児施設,ショートステイ,母子生活支援施設を含む。さらに,養子縁組に移行するプロセスも含むことが望まれている。

よって「社会的養護」の補集合は,保育所,地域子ども・子育て支援事業,貧困家庭への学習支援,子ども食堂などと,それらをコーディネートする子育て世代包括支援センターや市区町村子ども家庭総合支援拠点などが該当するのではないかと推測する。

厚生労働省の社会的養護体系一覧やホームページにおいては「社会的養護の課題と将来像」の定義を用いて,「社会的養護とは,保護者のない児童や,保護者に監護させることが適当でない児童を,公的責任で社会的に養育し,保護するとともに,養育に大きな困難を抱える家庭への支援を行うこと」と説明している。

「保護者のない児童や,保護者に監護させることが適当でない児童」であるからこそ「ビジョン」のいう通り「サービスの開始と終了に行政機関が関与し,子どもに確実に支援を届ける」必要がある。「ビジョン」は「社会的養護」を手続き論としてシンプルに説明しているが,「社会的養育」については説明しきれていない。

また,浅井は,「ビジョン」の「社会的養護」について「「養護」は経済的困窮と家族問題を内包した概念・用語であり,社会的歴史的に形成されてきた用語を具体的な論証抜きに勝手に定義し意味づけることには同意できない」としている。[*10]

「乳児院に就職を考えていたのですけど,乳児院ってなくなるのですね。」「ビジョン」の写しを卒業研究の参考資料として渡した一人のゼミ生からこんな声が聞こえた。「措置を停止するっていうことは乳児が入所してこないのでしょ。乳児院は不要ってことではないですか。」「ビジョン」をしっかり読んでいる学生だなと感心するとともに,次のようにアドバイスした。「でも,もう少し,よ

く読んでごらん。乳児院は親子関係再構築の支援や里親支援という新たな役割を持って高い専門性を提供するセンターになるんだよ」。学生にそう言いながら本当にそうなるのだろうか？「ビジョン」を信じてよいのか一抹の不安を感じる。「ビジョン」の求める理想に対する現場の驚きと批判的な声は児童福祉の関係者から耳にすることは少なくないが，これから子どもの保育・教育に携わろうとする者に対しても大きな影響力を与えたことは間違いない。

　2016年児童福祉法改正内容の実現という鎧をまとった「ビジョン」については，そう簡単には変えることはできないであろうが，現状を踏まえて，一足飛びすぎる点は真摯に現実に沿ったプランに「見直し」すべきではないかと考える。

3. 家庭養護促進の担い手

　里親制度は，児童福祉法第27条第1項第3号の規定に基づき，児童相談所が要保護児童の養育を委託する制度であるが，その推進を図るために，制度やしくみはこの10数年の間に大きく変わってきている。

　2002年度に親族里親，専門里親を創設。2008年の児童福祉法改正で，「養育里親」と「養子縁組を希望する里親」とを制度上区分した。2009年度から，養育里親と専門里親について，研修を義務化するとともに，里親手当の増額を行い，2017年度から，里親の新規開拓から委託児童の自立支援までの一貫した里親支援を都道府県（児童相談所）の業務として位置づけるとともに，養子縁組里親を法定化し，研修を義務化した。

　もともと，どちらかといえばボランタリーな制度であったものを，2009年度に普及のインセンティブとして研修を受けて相応な手当を出す有償専門職化が図られ，専門里親には，より高額な手当の支給が設定された。ただし，里親の要件としては，例えば養育里親をみてみると，①要保護児童の養育についての理解及び熱意並びに要保護児童に対する豊かな愛情を有していること，②経済的に困窮していないこと（要保護児童の親族である場合を除く。），養育里親研修を修了したこと（児童福祉法施行細則第1条の35）となっている。いずれの類型についても特に資格などの必要はなく，心身ともに子どもの養育が可能な状態であること，子どもの養育に関し，虐待等の問題がないと認められること。

また、里親本人またはその同居者が、禁固以上の刑、児童買春・児童ポルノ禁止法等の規定による罰金刑、その他児童虐待等の行為など欠格事項に該当していないこと（児童福祉法第34条の20）となっており、基本的には誰もが里親になる機会が与えられ年齢制限もない。

2009年度から第2種社会福祉事業として創設されたファミリーホームは、養育者が当該住居において補助者を配置し、委託児童の養育に当たる。小規模住居型児童養育事業として児童福祉法第6条の3第8項に規定されているものである。里親の拡大版として位置づけられ、里親の委託児童数は4人までだが、ファミリーホームは5～6名を定員とし、里親等として分類されている。

里親制度の趣旨は厚生労働省里親制度運営要綱において、「家庭での養育に欠ける児童等に、その人格の完全かつ調和のとれた発達のための温かい愛情と正しい理解を持った家庭を与えることにより、愛着関係の形成など児童の健全な育成を図るもの」とされ、その制度普及と活用が求められている。[11]

里親による養育を受けている子どもは2006年度末において3,424人で措置・委託児童に占める割合（委託率）は9.4％であったが、10年の経過の中で6,546人、委託率18.1％とおよそ2倍に増加した。しかしながら今なお8割以上が施設に措置され、十分な活用が図られているとはいえない。

普及しないいくつかの理由のうち、児童相談所が児童虐待対応を優先せざるを得ない状況のもと、里親に関する業務（＝フォスタリング業務）[12]に関わる力点の置き方が問題視されていた。2016年改正児童福祉法でフォスタリング業務

表IV-2-1 措置・委託先のうち里親の占める割合（10年前と比較）

（福祉行政報告例：各年度末現在数）

年度	乳児院		児童養護施設		里親等		合計	
	入所児童数（人）	割合（％）	入所児童数（人）	割合（％）	委託児童数（人）	割合（％）	児童数（人）	割合（％）
2006年度末	3,013	8.3	29,889	82.5	3,424	9.4	36,326	100.0
2016年度末	2,801	7.8	26,449	73.9	6,546	18.1	35,796	100.0

注：「里親等」は、ファミリーホームを含む。

は，都道府県（児童相談所）の本来業務としながらも，一方でアウトソーシング化が提案されており[*13]，児童相談所のフォスタリング業務のあり方を変化させるべく示唆した。ところが，実際にフォスタリング業務を担える機関は現時点では少なく，手立てがない中で，児童相談所のフォスタリング業務がこれまでと大きく変わることはないように見受けられる。

「フォスタリング機関（里親養育包括支援機関）及びその業務に関するガイドライン」によればフォスタリング業務は次の4つに整理されている。①里親のリクルート及びアセスメント，②登録前，登録後及び委託後における里親に対する研修，③子どもと里親家庭のマッチング，④里親養育への支援（未委託期間中及び委託解除後のフォローを含む。）である。

これら4つのうち，児童相談所は，何を民間等へ委託できるかを考えてみる。全面委託可能なのは②の登録前，登録後及び委託後における里親に対する研修であろう。①については里親希望者のアセスメント（適性評価）は，措置権者である児童相談所として関与の範囲は大きい。ただし，里親のリクルートは全面委託可能であろうし，むしろ，公平・平等を重視する行政よりは民間に委ねて重点的掘り起こし等の戦略を練るのも方法かと考える。③のマッチングは委託可能だが，措置権者である児童相談所は子どもと実親の情報提供等は適宜必要である。④については，支援のコーディネートは委託可能だが，児童相談所は養育状況を把握し，適時適切な対応を行うための情報を共有しなければならない。

結局②の研修を除いて児童相談所は何らかの関与が必要であり，全面的なアウトソーシングは難しいであろう。だからと言ってこれまでどおり児童相談所がすべてを抱えてしまうのではなく，有力な担い手である乳児院，児童家庭支援センター，その他の社会福祉法人，NPO法人等，民間フォスタリング機関と積極的に協働していかねばならない。特に，児童家庭支援センターの中には里親支援事業を絡めながら，フォスタリング機関のモデルを実現している先行例もある[*14]。こうした機関と積極的に関係を取り，また，育てていくといった発想とエネルギーが今後，児童相談所には必須といえよう。

第2節　児童相談所改革

1. 児童相談所の設置基準と設置拡大の変遷

「ビジョン」における「児童相談所の改革」に目を向けるとまず，① 2016年改正法附則に基づき，施行後5年を目途に中核市・特別区により児童相談所設置が可能となるような計画支援を行うとある。

筆者が大阪府の児童福祉司だった頃，児童相談所は人口50万人に1か所以上必要と児童相談所運営指針（以下，運営指針という）に記載があった。ただし，当時勤務した3か所の児童相談所の管轄人口はいずれも50万人をはるかに超えていた。

2018年7月11日総務省発表の同年1月1日時点の住民基本台帳に基づく人口動態調査による国内人口は1億2520万9603人である。運営指針の基準でいけば全国で250か所が必要であるが，現状210か所[*15]で到達はしていない。

そして，この「50万人に1か所」という配置基準は運営指針からいつの間にか消えてしまっていた。運営指針の改正をたどってみると2009年3月31日付雇児発第0331034号をもって人口に対する設置基準は姿を消した。

児童相談所の設置に関わる法令を見てみると，児童福祉法第12条に「都道府県は，児童相談所を設置しなければならない」と規定されている。

しかし，設置義務があるのは都道府県だけではなく，児童福祉法第59条の4に大都市等の特例があり，指定都市も含んでいる。変遷をたどれば，指定都市はもともと，都道府県と同様，児童福祉法制定当初から設置義務が課せられていた。2004年児童福祉法の改正により，2006年4月からは，中核市程度の人口規模（30万人以上）を有する市を念頭に，政令で指定する市（児童相談所設置市）も設置することが「できる」こととされた。そして，2016年改正児童福祉法により特別区が設置主体として新たに加わることになったのである。

2014年，中核市は人口20万人以上に規制緩和されたこともあって，2018年4月1日現在，54市あり，移行を検討している市を含めると64市（中核市市長会ホームページ）となる。一方，特別区23区において，人口が最も多い世田谷区は約90万人であるが，最も少ない千代田区は約6万人である。人口20万人の中核市や千代田区も児童相談所をつくれるとなったため，もはや人口何万人

に1か所という基準が，意味をなさなくなってしまった。なお，上記77の市・区がすべて児童相談所を開設すれば，285か所に達する。

　必置とはなっていない基礎自治体（＝市区町村）が，児童相談所をつくろうとする動きが最近，活性化してきている。現在，東京都22区が設置の方向で名乗りをあげており，中核市も2019年開設予定の明石市を含め4市が設置する方向で検討を始めている[*16]。

　「つくることができる」規定を前向きにとらえて，子どもの権利擁護センターである児童相談所を自らの地域に設置して「わが地域の子どもはわが地域が守る」をスローガンに子どもを虐待などの権利侵害から守っていこうとする動きである。

　関係市・区から見えてくる課題は，ヒト・モノ・カネであるが，このうち，カネについては国が改正法施行後5年を目途に児童相談所の設置を促進する方針を打ち出しており，財政措置に期待するところである。

　基礎自治体が児童相談所を設置するには，莫大な財政負担とマンパワーを結集させなければならず，また，虐待対応業務の大変さがある。そのため，多くの自治体から地方分権化，自治権の拡大は重要と声は上がるも，児童福祉に関わる自治体職員がボトムアップで設置した児童相談所は今のところはない。強いリーダーシップを発揮する首長が存在する一部の自治体のみが，設置を目指そうとしている[*17]。

2. 基礎自治体が目指すべき児童相談体制

　2004年には，児童相談所の一極集中から分散すべく，児童相談の第一義的窓口は市町村が担い，専門性の高いスキルを要するケースや緊急重篤なケースは児童相談所が取り扱うとともに，児童相談所は市町村支援を行うことが明確化された。そして，市町村と児童相談所という通告窓口の2元構造化が始まった。通告窓口が複数となり，間口が広がったメリットもあっただろう。

　しかしながら，2元構造の最大の課題はケースの主担がどちらなのかもめたり，狭間を生じたりという連携・協働・移管の問題である。

　児童相談の運営体制については，責任の主体を基礎自治体に移管する動きが進みつつあり，児童相談所の設置もそうした流れの1つである。人口20万人以

上の中核市であるならば，ぜひ，児童相談所を設置してほしい。そして，通告窓口の一元化を目指してほしい。2006年度に児童相談所を設置し，通告窓口を一元化した金沢市においては，①迅速性，機動性，②身近な相談窓口，③他部局課との密接な連携などプラスとなる効果が表れている。[*18]

今後，児童相談所を「持つところ」「持たないところ」では相談対応力の格差が拡大していくことだろう。

児童相談所設置を検討している基礎自治体にもう1つ提案したいのが，高機能な小規模一時保護所の設置である。

一時保護には，もともと①緊急保護，②アセスメント（行動観察）③短期入所指導の3つの機能がある。一時保護ガイドライン（2018年7月6日）では①と②が強調され，③は②に連続する機能とも考えられるとされ，やや退けられた感もあるが，短期入所指導に関しては，以下のように記載されている。

「子どものニーズに応じた子どもの行動上の問題や精神的問題を軽減・改善するための短期間の心理療法，カウンセリング，生活面での問題の改善に向けた支援等が有効であると判断される場合であって，地理的に遠隔又は子どもの性格，環境等の条件により，他の方法による援助が困難又は不適当であると判断される場合などに活用する。」

さらに，「治療やレスパイトケアのできる施設を活用することも含めて検討することが必要である」と記載されている。

管轄エリアが小さい基礎自治体においては，治療やレスパイトケアのできる施設がない場合がある。特に，今後，児童相談所の設置拡大が期待される特別区においても然りである。

一時保護所において，あらかじめ保護児童定員の余裕を設けておき，短期入所指導の機能を使って，早期に手を打つことによって問題を悪化，複雑化させない効果を狙う方法がある。受け皿が十分でない社会的養護体制を代替，補完することもできる。県内及び隣県に児童心理治療施設がない金沢市は，2016年度から一時保護所を使って情緒障害児の宿泊トレーニングを開始した。

人口規模が大きすぎないからこそ小規模な一時保護所を設けて，個別的，治療的に関わることが重要である。その他，一時保護所は自治体において24時間365日対応している数少ない事務所であることから，そのメリットを十分に

活かして高機能化すべきである*19。

3. 警察と児童相談所との連携

　2018年3月，目黒区の5歳女児の痛ましい虐待死事件を受けて，同年7月20日に児童虐待防止対策の強化に向けた緊急総合対策において情報共有の強化・徹底が周知された。

　「ビジョン」の児童相談所改革には列挙されてなかったが，関係機関間（警察・学校・病院等）の連携強化は，従来から言われ続けている。とりわけ，警察との連携については，立入調査を実施する際に保護者が攻撃的・暴力的な場合あるいは自殺の可能性がある場合，援助を依頼し，協働して業務遂行することがたいへん心強く重要である。また，警察職員や警察OBの児童相談所配置を進めるなど人事交流や児童相談所と警察が，ケース検討や訓練などの合同研修を実施して，連携強化を進めているところである。

　ところが，児童相談所は警察とうまくスクラムを組めていない現状もある。「子どもの命」を守る点では一致しているのに連携を阻んでいるものは一体何か。根本は組織の行動原理の違いであろう。児童相談所は児童福祉法に基づく福祉的な支援をする行政機関であり，虐待の可能性があった場合には子どもの安全を最優先に行動し，仮に保護者側の虐待加害が結果として間違いだったとしても介入しなければならない。

　一方，警察は警察法に基づく権力行使を以て公共の安全と秩序を維持する行政機関であり，事件性の有無がその活動を維持するか否かを重視する捜査機関でもある。虐待に関しては，加害に関わる事件性の評価が重要で，児童相談所が望む警察の関与と必ずしも一致しない。立件できる場合は積極性を発揮するも，立件が困難と思われたケースに関しては，その後の対応を児童相談所に移管し，処遇を委ねるのが基本である。警察の業務過多も背景にあるだろう。

　また，児童相談所の職員は「要保護児童通告」の警察側の基準について，把握していなかったり，要保護児童のとらえ方の相違もある。

　そのような両者の関係性のもと，従来から虐待事例の情報共有といった連携・協働がうまくいっていない現状がある。

　心理的虐待に属する面前DVは，そのほとんどが，警察が先に通報を受ける

ため，事実上，全件共有に近い。ただし，子どもを守るための情報共有が拡大される中で,「相談機関」としての児童相談所は，警察との連携において従来より懸念していることがある。支援が中心となる軽微な案件まで警察に情報共有されることになったら，養育困難な保護者の児童相談所への相談が萎縮しないだろうかということである。親族や身内からの相談もあるが,「虐待してしまった」という自責の念で相談してくる母親も少なくない。ためらう人が出てこないだろうか。少なくとも「相談機関」として保護者の孤立を深めてはならない。

　警察と児童相談所の連携については，こうした行動原理の違う組織間においてチームを組めるのかという課題が立ちはだかっている。チームを組むためには，鷲見は，仕事の仕方，今までのアプローチの方法，価値，指標など変える覚悟が必要であると説明している。そして，他の職種の仕事の仕方を知り，チームを組む大変さを互いに共有することが第一歩であると述べている。[20] そのため双方で事例検討を行ったり，通告の基準について勉強会を行うなど現場サイドの相互理解の努力が必要であろう。また，調査研究等において全国レベルの警察と児童相談所へのヒアリングやアンケートを行い，子どもの安全のための双方にとってメリットある情報共有のあり方に関する提案が必要と思われる。

　緊急総合対策では情報共有の一定の全国ルールが示された。児童相談所は，相談機関としてのスタンスを維持する観点より前述した通告への躊躇の懸念など細部に関して抵抗もあるだろう。児童相談所の改革が求められている今日，変えられるもの，変えられないものをしっかりと吟味しなければならない。そして，児童相談所はあらゆる機関とチームを組まねばならない宿命を背負っていることを念頭におかねばならない。

第3節　代替養育を必要とする子どもの支援

1. 里親委託優先の原則

　施設養護中心の社会的養護体制を変革するべく，2011年3月，国は里親委託ガイドラインを発出し，社会的養護では，里親委託を優先して検討するべきであるとした。ガイドラインでは里親家庭に委託することによって次のような効果が期待できるとしている。①特定の大人との愛着関係の下で養育されること

により，自己の存在を受け入れられているという安心感の中で，自己肯定感を育むとともに，人との関係において不可欠な，基本的信頼感を育むことができる，②里親家庭において，適切な家庭生活を体験する中で，家族それぞれのライフサイクルにおけるありようを学び，将来，家庭生活を築く上でのモデルとすることが期待できる，③家庭生活での人間関係を学んだり，身近な地域社会の中で，必要な社会性を養うとともに，豊かな生活経験を通じて生活技術を獲得できる[*21]。

里親委託優先の原則を定め，里親やファミリーホームへ委託される率が少しずつ増えていったとはいえ，「社会的養護の課題と将来像」のデザインする，2029年までに，里親及びファミリーホームが概ね3分の1には達しないとの推測があったのだろう。後発の「ビジョン」においては，「特に就学前の子どもは，家庭養育原則を実現するため，原則として施設への新規措置入所を停止する。」そして「愛着形成に最も重要な時期である3歳未満については概ね5年以内に，それ以外の就学前の子どもについては概ね7年以内に里親委託率75％以上を実現し，学童期以降は概ね10年以内を目途に里親委託率50％以上を実現する。」としている。その理念は理解できるのだが，わが国においては，実現に当たり制度的な課題が山積している。

2. 家庭養育優先のハードル

「ビジョン」の通り家庭養育原則を実現しようとするならば，現在，乳児院や児童養護施設に入所中の児童を里親委託へ措置変更する必要がある。

特に児童養護施設においては，反社会的及び非社会的問題行動を有する児童，情緒的な問題を有する児童，健康上の問題を有する児童が多数存在している。

この「対応の難しい」子どもを里親委託の対象にできない。強行に実施すれば，里親不調により，子どもも里親も傷つきを増幅させるリスクがある。

また，親に返せない場合は，養子縁組を検討することになっているが，実親の養育が不適切な場合，司法的枠組みで親権をはく奪するような仕組みになっていないわが国では，実親の反対に対抗するのは容易ではない。ましてや高い専門性を持った児童福祉司がケースワークで実親を説得していくなどという姿は，経験の浅い児童福祉司[*22]が多い現場では理想像にすぎないだろう。

3.「できる限り良好な家庭的環境」への転換のハードル

　「家庭」,「家庭における養育環境と同様の養育環境」の提供が困難な際,次に検討されるのは「できる限り良好な家庭的環境」であるが,専門的ケアを要するケース,年長児で家庭養育の拒否感が強いケース等,期待されるニーズは高いといえよう。

　この類型の養育システムは原則「小規模かつ地域分散化」が求められている。児童福祉施設の小規模化へのインセンティブには大きく2つの流れがあると考えると井上はいう。1つはケアの形態を小さくして被虐待ケアを重点に取り組めるように「家庭的養護と個別化」を目的にした施策の推進である。もう1つは,地域小規模児童養護施設の設置目的にあるように,家庭引取りの困難な児童らに対する「社会的自立」を主軸とした施策の推進である[*23]。代表的な施設形態としてグループホーム（地域小規模児童養護施設）と小規模グループケアがあり,児童養護施設において転換が進められているが,現行制度の問題も多い。

　グループホーム（地域小規模児童養護施設）を見ると措置費では常勤2人＋非常勤1人＋宿直専門員1人であるが,実際はそれより少ない人数で運営しており,夜間等は一人勤務となるため,相当なマネージメント力が求められ,新任や経験の浅い者に任せられない。児童養護施設に就職した学生から聞くと宿直回数は月8回程度であり,労働基準法が規定している週1回をオーバーしていると思われる。ましてや子育て中の者は働くことが難しいだろう。労働条件の悪さから人材確保,職員の定着性の向上が困難になり,担い手が恒常的に不足しがちである。

　次に小規模グループケアをみてみる。措置費では4：1＋加算職員。6人～8人の児童のユニットを3人で担当している。深夜の時間帯は,それぞれのユニットに夜勤者が必要になるが,現行の職員配置ではローテーションを組むのに困難をきわめ,また職員の労働負担が大きい。小規模グループケアを行っているある施設の話であるが,1つのユニットを担当している経験年数の浅い3人の職員が疲弊し,同時に辞めてしまった。そのため,当該ユニットの子どもを他のユニットに分散せざるを得なくなってしまった。子どもにとっても不条理な環境変化である。

　このように現行の基準における小規模化及び地域分散化は,人材確保,人材

育成，子育てしながらの就職，労働基準法の遵守が困難なことから移行・転換はスムーズにいかないと思われる。

4. パーマネンシーの保障と養子縁組

　アメリカにおけるドリフト（子どもたちが複数の里親のもとを転々とする）問題の反省から，「パーマネンシープラン」と呼ばれる永続的家庭環境の重要性が認識された。粟津は，この国においてパーマネンシーの中でも一番好ましいとされているのは，親子再統合。その次は，法律的にも最もゆるぎなく，崩壊しにくい養子縁組であると述べている。また，林は，家庭復帰が困難な子どもには原則的に，法的親子関係に基づく養子縁組を検討することが必要であり，養子縁組はこうした子どもたちにとって重要なパーマネンシー保障の手段といえると説明している。わが国においても，家庭復帰の実現が困難と判断された場合は，親族による養育や非親族による養子縁組への移行がスムーズに行われなければならない。現状において，このような業務を担うのは児童相談所の児童福祉司である。しかし，これまで児童福祉司は人口や虐待相談数においてのみ増員が図られてきているが，家庭養育を推進するための増員はなされてこなかった。

　2018年7月20日児童虐待防止対策に関する関係閣僚会議決定の「児童虐待防止対策の強化に向けた緊急総合対策」では児童虐待防止対策体制総合強化プラン」（新プラン）を2018年内に策定することとし，先の「児童相談強化プラン」を前倒しで見直すこととしている。そこには里親養育支援の児童福祉司の配置も含まれている。

　また，2008年に養子縁組里親と養育里親が区分され，養育里親に軸足を置くべく普及が図られ，当時は「わが子とするニーズ」である養子縁組里親は「わが子のように育てるニーズ」の養育里親に比べ，重きが置かれなかったといえる。しかし，8年後の2016年の児童福祉法改正により，養子縁組里親も法定化され，都道府県の業務としての関与も強化された。

　このように，養子縁組，特に特別養子縁組は子どもの福祉に永続的，安定的な家庭と同様の養育環境を提供できる資源として，これまで以上に期待されている。

おわりに

　横須賀市と並んで中核市児童相談所第1号の金沢市の児童相談体制に2008年から2015年まで7年間，身をおいた筆者は，身近な基礎自治体が目指す子ども家庭支援の方向は，一元化した総合相談とワンストップ化であるという信念を持ち続けている。

　第2節で述べたように今後，基礎自治体の役割がますます重要になるであろう。児童福祉法第10条の2では，市町村は児童虐待発生時において迅速・的確な対応を可能とする要保護児童に対する支援の拠点として「子ども家庭総合支援拠点」を整備することが求められ，身近な地域での総合的な支援体制づくりが喫緊の課題となっている。要保護児童対策地域協議会及び子育て世代包括支援センターといった支援のネットとどうつながり，地域社会で子ども見守る体制をどのように構築するかが全自治体に問われている。

　管轄エリアの小さな自治体で，管内に児童福祉施設がない場合は，このピンチを家庭養護推進のチャンスととらえ，積極的に委託可能な里親を確保していかねばならないだろう。

　また，2016年の児童福祉法改正により，子どもが権利の主体として位置づけられ，子どもの家庭養育優先原則が改めて明記された。そして，「ビジョン」が出され，今後，スピーディーに乳幼児期を最優先にした質の高い里親養育を提供しなくてはならない。「フォスタリング業務」「フォスタリング機関」という名称の使用を含め，いかにもアメリカの制度を意識してまとめられたであろう「ビジョン」においては，里親委託のメリットは再三，強調されている。

　しかしながら，第3節で述べてきたように，わが国の里親の体制整備と効果的な保護者支援の仕組みが成熟するまでは，まだ相当な距離があるように感じられる。

　里親に限ったことではない。例えば，子どもの権利擁護の最前線の砦である児童相談所でさえ，市民に理解されているわけではない。設置拡大の動きの中で都市部に建設しようとするとしばしば反対運動が起こっている。非行少年が近辺に居るのは不安，トラブルに巻き込まれたくない，資産価値が下がるなど「必要な施設だが，ここにつくってくれるな」といったコンフリクトが生じる。

第 2 章　児童福祉の変遷と支援

子ども家庭福祉に関わる社会全体の意識改革が必要であることは明白であるが，それは時間を要するだろう。子どもをあらゆる権利侵害から守るため急がなければならないのは，SOS を出すことのできる社会と SOS を受け止めることのできる「しっかりした大人」がいる社会の構築である。

● 引用文献

1. 厚生労働省　社会福祉施設等調査の概況　施設の種類別在所率の年次推移
2. 厚生労働省　社会福祉施設等調査の概況　平成 29 年 10 月 1 日現在　施設の種類別在所率
3. 吉田幸恵　2016 年 9 月 11 日　「養護」という語の歴史的展開に関する一考察　日本社会福祉学会第 64 回秋季大会　口頭発表
4. 児童養護施設等の社会的養護の課題に関する検討委員会・社会保障審議会児童部会社会的養護専門委員会とりまとめ　2011　社会的養護の課題と将来像　平成 23 年 7 月
5. 厚生労働省ホームページ「社会的養育の推進に向けて（平成 29 年 12 月）」「社会的養護の現状（1）里親数, 施設数, 児童数等」2018 年 8 月 30 日参照　https://www.mhlw.go.jp/file/06-Seisakujouhou-11900000-Koyoukintoujidoukateikyoku/0000187950.pdf
6. 厚生労働省　児童養護施設入所児童等調査結果　平成 25 年 2 月 1 日
7. 新たな社会的養育の在り方に関する検討会　新しい社会的養育ビジョン　平成 29 年 8 月 2 日
8. 前掲書（6）「社会的養護の現状（1）里親数, 施設数, 児童数等」に記載される乳児院・児童養護施設・児童心理治療施設・児童自立支援施設・母子生活支援施設・自立援助ホームの 6 施設
9. 伊藤嘉余子　2016　社会的養護（第 4 章第 8 節）　新社会福祉士養成講座 15：児童や家庭に対する支援と児童・家庭福祉制度　中央法規　p.199.
10. 浅井春夫　2018　第 1 章「新しい社会的養育ビジョン」をどう読むか：〈施設養護か里親制度か〉の対立軸を超えて　明石書店　p.25.
11. 厚生労働省雇用均等・児童家庭局長通知「里親の運営について」（一部改正）　平成 29 年 3 月 31 日　雇児発 0331 第 35 号
12. 厚生労働省子ども家庭局長通知　平成 30 年 7 月 6 日　子初 0706 第 2 号「フォスタリング機関（里親養育包括支援機関）及びその業務に関するガイドラインについて」において規定
13. 前掲書（12）「フォスタリング機関（里親養育包括支援機関）及びその業務に関するガイドライン」（別添）p.4.
14. 川並利治　2018 年 7 月 20 日　児童家庭支援センターの役割と機能のあり方に関する研究（第 2 報）p.79.
15. 厚生労働省　平成 30 年 8 月 30 日　全国児童相談所一覧（平成 30 年 6 月 1 日現在）「平成 30 年度全国児童福祉主管課長・児童相談所長会議資料」
16. 厚生労働省子ども家庭局　参考資料集　平成 30 年 7 月　「児童相談所の設置に向けた検討状況」（平成 30 年 6 月時点）　https://www.mhlw.go.jp/content/000339275.pdf
17. 川並利治　2015　児童相談所設置市の課題と展望　子どもの虐待とネグレクト，Vol.17，No.1，45.
18. 前掲書（15）pp.47-48.
19. 川並利治　2016 年 11 月　第 4 章 小規模一時保護所の設置と検討課題　児童相談所一時保護所の子どもと支援　明石書店　pp.177-179.
20. 鷲見よしみ　2016 年 1 月　在宅医療関連講師人材養成事業資料　各論 1 多職種協働・地域連携　V

IV部　子どもと福祉

　　ケアマネジメント　p.171.
21. 厚生労働省雇用均等・児童家庭局長通知　雇児初0330第9号　平成23年3月30日　里親委託ガイドラインについて
22. 厚生労働省雇用均等・児童家庭局総務課調べ　2015年4月現在　勤務年数3年未満 約4割　5年未満 約6割
23. 川並利治・井上 景　2017年3月　児童相談所設置に向けた中核市の課題と提言　花園大学社会福祉学部研究紀要　p.30.
24. 粟津美穂　2017　アメリカの養子縁組とパーマネンシーの保障　子どもの虐待とネグレクト，Vol.19，No.1，32.
25. 林 浩康　2017　要保護児童を対象とした養子縁組の現状と課題　子どもの虐待とネグレクト，Vol.19，No.1，8.

■ Ⅳ部　第3章

社会福祉にみる支援と介入

はじめに

　近年，支援とは，よく聞きなれた言葉である。地域包括支援センター，地域子育て支援センターなど見聞きする。支援と対比する言葉は，介入ではないだろうか。しかし，そうとは限らないようにも感じる。児童相談所の職員をしていた時に，市町村から児童虐待に対して家庭に介入をしてほしい。児童福祉施設から子どもに介入してほしいと要請が入る。児童虐待の場合，家庭に介入することは，実は，子どもの関わり方に困っていた母親に，1つもしくは複数の支援のアクセスを提供することにもなる可能性がある。つまり，子育て支援サービスにつながることや安心感を得るきっかけにもなる。

　一方で，児童相談所は，家庭や子どもに強制的に介入をする場面がある。具体的な手段として，児童福祉法第33条による職権一時保護，児童福祉法第28条による家庭裁判所への申立による保護者不同意の入所措置や児童福祉法第33条の7親権停止・親権喪失など，いくつかの方法で法的対応を執っている[注1]。児童相談所は，相談機関でもあるが，子どもの権利擁護の機関であるため，法的対応にかかる武器を有している。ここに，児童相談所は，支援と介入の両刀使いをする機関と言われ，児童福祉司は，相反する対応を課せられており，難しい判断を迫られている。

　そもそも支援とは，社会福祉において，いつから，誰が，何を対象として使い始めたのだろうか。そして，介入が意味するものは何か，と疑問がわく。誰もが，子どもを守り支援のために行動しているのだが，人や機関との間に対立や齟齬が生じる。おそらく，人や機関によって支援のとらえ方に違いがあるのだろう。そこで，臨床現場の経験と歴史的・社会的な視点から支援と介入の概

171

念について整理をしてみる。

第1節　子ども福祉における支援と介入

1. 支援と介入の対立軸

　大阪府の児童相談所では，介入部門と支援部門を機能分化（離）するために，相談対応課と育成支援課の2課を設置している。相談対応課は，主に児童虐待と非行対応等の要保護性の高いケースを担当し，介入的アプローチをする。育成支援課は，保護者からのニーズによる養護相談，障害相談，施設入所ケースを担当し，支援的アプローチをする。

　育成支援課は，支援という言葉を使いながらも，子どもの権利が侵害されていると判断すれば，保護者と意見が対峙しても相談を進めていく。具体的には，施設入所している子どもが家に帰るのは怖いと話し，保護者は，そろそろ家に帰してほしいと言う。まだ，家族再統合には，時期尚早と判断すれば，担当児童福祉司は，保護者に対して施設入所継続の必要性を説明する。そうすると，保護者から「お前ら何が支援課やねん，支援と違うやないか」と，反発を食らう。

　一方で，相談対応課にいた時の経験であるが，子どもを職権一時保護し，母親から子どもを切り離し介入した時のことである。数日後，その母親から「このままであれば，育児に疲れしんどかったのです」と感謝の言葉を受けたこともある。

　この2つの事例からもわかるように，支援と介入が切っても切れない関係にあるのではないだろうかと考える。どこかで，支援と介入が入れ違いになっていることに気づく。厳密なことを言えば，切り替わっているのかもしれない。ここに，支援と介入の対立軸の切っても切れない微妙な関係がある。

　加藤は，支援と介入の意味を明確にしたうえで，共通の言葉としていくこと，実践や事例を重ねたうえで，両者がどのように協働していけるのかを明らかにしていく作業が必要であると，指摘している。[*1]

2. 介入は支援の始まり

　児童相談所の児童虐待のケースワークを経験したものならば，一度ならずと

第3章　社会福祉にみる支援と介入

も「介入は支援の始まり」と聞くことになる。この言葉の所以は，どこにあるのか探ってみたい。

　国際ソーシャルワーカー連盟によれば，「ソーシャルワークは，人間の行動と社会システムに関する理論を利用して，人々がその環境と交互に影響し合う接点に介入する」（2000年採択）とある。ソーシャルワークが，等しく介入ではないとしても，ソーシャルワークの重要なプロセスの1つがInterventionである。つまり，Interventionとは，直訳すれば，介入ないし関与である。また「カウンセリング」も影響し合う接点にあるという意味で介入しているといえる。Interventionは，ソーシャルワークの手法であり，「環境」と「人間」との調整でもある。ここに，支援と介入が切っても切れぬ関係があるといえよう。

　数日経って，母親が感謝の気持ちを伝えてきたケースもソーシャルワークによる介入（Intervention）の結果として，支援の展開ができたといえる。クライエントと援助者が同じ方向を向いているときは「支援」と感じるが，援助者は，実は「介入」している。児童相談所の虐待対応の場合，その介入が保護者などと真っ向から対立しているので，何か別物のようにとらえられる。

　少し，支援の概念を整理するならば，支援とは，援助者が，クライエントのニーズに応じたサービスの提供を行い寄り添いながら，自己実現を支えることである。すべての支援が，クライエントのニーズに応じたものではない。もともと意図していなかったが，子どもの最善の利益を考えると，援助者側から仕掛け，結果として支援になっている。

　他方，介入を考えてみる上で，介入と強制的介入があり，区別する必要があると考える。法的対応は，強制的介入そのものであり，介入の中でも，別の枠組みとしてとらえるべきものと考える必要がある。図Ⅳ-3-1によって，支援と

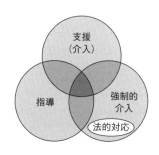

図Ⅳ-3-1　子ども虐待対応にみる支援と介入の構造（著者作成）

173

介入の構造を示した。

その別の枠組みとして考えるのが，強制的介入である。しかし，強制的介入が，実は，次のケース展開によって支援に変化することもあり得る。強制的介入の中に，行為としての法的対応があり，職権一時保護，親権停止や親権喪失など家庭裁判所に審判を求める場合がある。支援と介入は，表裏一体のものと考えてもよいのではなかろうか。指導の概念については，第3節にて論じる。

3. 歴史的・社会的にみる支援と介入

歴史的にみて支援という言葉は，いつから使われるようになったのか。戦後の社会福祉の歴史を辿ってみると，1つの時代背景を現しているものがある。社会福祉の雑誌の名称である。『社会事業』が『厚生問題』として取り扱われた時代がある。すなわち，社会問題としてとらえられ，子どもであれば問題の児童としての認識やとらえがあったと考えられる。つまり，社会福祉の問題でなく，社会の問題として，戦後の混乱期の中，浮浪児の対策は，社会問題の対象として取り扱われたといえよう。

このことは，戦後まもなく，国が打ち出した「戦災孤児保護対策要綱」1945.9,「戦災引揚児援護要綱」1945.12,「浮浪児その他児童保護等の応急措置実施に関する件」1946.4,「浮浪児根絶緊急対策要綱」などをみれば，当時の国の方針や対策がよくわかる。ここに出てくる用語として，「対策」・「応急措置」・「根絶緊急対策」の用語が並べられており，支援という言葉は，まったく見当たらない。何れの用語をとっても，浮浪児は，支援対象ではなく社会問題への対策である。中垣は，政策主体からの一方的な命令であったと考え，当時の施策について「浮浪児の根絶を目的とした児童収容施設に保護する貧困対策であった」と述べている[*2]。つまり，子どものニーズや支援を目的としたものではなく，政策サイドの思惑によって，対策が実施されたと考えるべきであろう。

戦後「社会事業は，社会政策に対する補完的役割を担うもの」ととらえたのは孝橋正一の立場である。孝橋のこの考え方からみても，当然のことであるが，支援の概念が成立しているかといえば，成立しているとはいい難い。

支援の概念が含まれていない理由として，浮浪児は，子どもたちの意図とは関係なく，政策サイドの思惑によって，根絶を目的として，対策が講じられた

ものであるからといえる。つまり，ここに支援の概念は存在しないと考える。

では，近年，よく見聞きする支援は，いつ，誰が，何を対象として使用したのか，次の項で探ってみる。

4. 社会福祉分野における支援の起源

支援と聞いて悪い印象を受けるであろうか。多くの人は，支援と聞いて悪い印象は受けない。援助と支援の違いを考えてみると，援助は，Assistance，支援はSupportと訳される。援助センターと支援センターでは，前者は聞きなれないだけでなく，微妙に2つの意味の違いを読み取ることができる。太田は，援助概念の類型を整理し，支援について「援助者本位の概念から利用者本位の支援概念にトーンがソフト化した」と述べている。[*3]

支援とは，抽象的な表現でもある。最近よく使われている包括も同様である。支援は，なにぶん使い勝手の良いキーワードである。包括は，従来，たらい回にしていた行政サービスを一元化するために使われたものであろう。この言葉も政策サイドとしては，非常に扱いやすく都合の良い言葉である。子育て世代地域包括支援センターなどは，典型的な例であると考えられよう。

では，社会福祉の分野において，支援が使用されたのは，いつからなのであろうか。ソーシャルワークを専門領域とする太田は，社会福祉について，支援科学であるとの立場で数多くの著書に論じ，支援科学の構成を整理した。[*4]

さらに，支援をキーワードとして，論文等の検索をしてみると，高齢者の相談機関であった在宅介護支援センターが最初に使われたものではないかと考える。

表IV-3-1には，各分野と使用された実施機関・制度をまとめてみた。

表IV-3-1 社会福祉分野別の支援の一覧

分野別	名称	発足年
高齢者福祉	在宅介護支援センター	1990年
児童福祉	児童自立支援センター	1997年
	児童家庭支援センター	1997年
障がい福祉	支援費制度	2003年
教　育	特別支援学校	2008年

表Ⅳ-3-1のように整理すると，高齢者福祉分野から支援の言葉が使われ始めたと考えられる。1990年に全国の市町村に開設された在宅介護支援センターの設置目的などを見ると，高齢者介護の原理には，「尊厳」と「自立支援」の言葉がいく度となく出てくる。

また，児童福祉分野では，1997年の児童福祉法改正によって教護院が，児童自立支援施設に名称を改めた。同年には，児童福祉法第44条の2の規定によって，児童家庭支援センターが創設された。児童福祉分野においても，この時期を契機に「支援」という言葉が使用されるようになったと考えられる。

次に，障害福祉の分野では，2003年の支援費制度による制度改正の部分から「支援」という用語が，派生したものではないかと考える。支援費制度は，ノーマライゼーションの理念を実現するため，これまで行政が「行政処分」として障害福祉サービスを決定してきた従来の措置制度からの転換である（ただし，厚生労働省の支援費に関する制度の説明資料は，2001年頃から使用されている）。

さらに，教育分野においても支援という言葉が使われた経過を確認することができる。障がいのある児童・生徒の教育の場であった養護学校は，2008年の学校教育法改正によって，特殊教育から特別支援教育に改められ，特別支援学校と名称が変更された。ここには，「障害者の権利に関する条約」に規定されたインクルーシブ教育の実現に向けた取り組みが背景にあると考えられる。

各分野を整理してみると，その時代背景などがよくわかる。高齢者分野では，統計上において言われていた高齢化社会が，確実に実態として見えてきた1990年前後に，従来の介護の概念を変え，自立支援の概念を強調しようとした高齢者福祉分野が先頭を切り，政策サイドによって支援という言葉が使われたと考えることができよう。

では，児童福祉の現場では支援と介入が，どのようにとらえられているのか，次の節において，具体的な事例を交えて考えてみたい。

第2節　児童相談所の子どもの支援と介入

1. 児童虐待対応における支援と介入

　児童相談所には，子どもの権利侵害に対して，法的対応を執るために，いくつかの法律の条文が用意されている。2016（平成28）年の児童福祉法改正によって，さらに，一時保護に関しても2か月を超える場合の対応が厳密化された。保護者が一時保護継続を不同意とした場合，従来ならば，児童措置審査部会に諮問するだけで足りたが，より客観性が求められ，かつ，児童虐待への対応強化として司法関与が加えられ，家庭裁判所に審判を求めることになった。

　児童相談所が，子どもの人権侵害に対して家庭へ強制的に介入し，法的対応する具体的手段を表Ⅳ-3-2に整理してみた。

　児童相談所は，児童虐待対応への市民から社会的要請と期待を受け，また，政策サイドの思惑によって，良くも悪くも，より権限強化される機関に変貌を

表Ⅳ-3-2　児童相談所の法的対応一覧

根拠法	対応	内容（略）
児童福祉法 第33条	一時保護	一時保護は，児童相談所長の権限により行政処分にて行使されるが，2カ月を超える場合は，家庭裁判所の審判を求める。
児童福祉法 第28条	保護者の児童虐待等の場合の措置	児童虐待等の事案によって，児童相談所が施設入所措置の必要性を判断したが，保護者は，施設入所に不同意の場合，家庭裁判所に審判を求める。審判によって認められた場合，2年に限って児童を入所措置することができる。
児童福祉法 第33条の7	親権停止 親権喪失	児童相談所長は，親権喪失，親権停止若しくは管理権喪失の審判の請求又はこれらの審判の取消しの請求を行うことができる。親権停止は，2年を限って効力がある。
児童福祉法 第29条 児童虐待防止法 第9条	立入調査	都道府県知事は，必要があると認めるときは，児童相談所の職員に，児童の住所若しくは居所又は児童の従業する場所に立ち入り，必要な調査又は質問をさせることができる。
児童虐待防止法 第9条の3	臨検捜索	児童虐待が行われている疑いがあるときは，当該児童の安全の確認を行い又はその安全を確保するため，児童相談所の職員に，当該児童の住所又は居所の所在地を管轄する地方裁判所等の許可状により，当該児童の住所等に臨検させ，捜索させることができる。
児童福祉法 第27条1項4号， 同法 第27条の3	家庭裁判所への送致	児童の行動の事由を制限する強制措置。虞犯送致などと併せて，家庭裁判所に申立てを行う。

注：「児童福祉司養成に必要な実務の専門性とスキル」の法的対応を改訂，著者作成

遂げようとしている。どんどん法的対応に係る業務が増している。相談機関の役割を堅持しながら，世間がとらえている介入という言葉によって，何か，まったく違うような機関に変化しようともしている。また，世間がとらえている支援という言葉によって，そもそもの相談機関としての役割をもたせようとしている。決して機能分化（離）が悪いのではなく，推進すべきものなのであろう。しかし，機能分化（離）の構造的理解や概念の整理をしない状態のもとで，各々が支援や介入という言葉を勝手に使えば，より混乱を生じさせるのではないかと，危惧を抱く。

2. 非行対応における支援と介入

　児童相談所の児童福祉司をしている時に出会った非行少年 A 君のことを思い出す。A 君は，父母と母の連れ子（異父兄 2 人）のもとで暮らしていた。父母の離婚を契機に，その後，母と異父兄 2 人の 4 人で新たな暮らしを始めることになる。A 君を溺愛していた本児の父の存在がなくなると，異父兄たちの態度は大きく変わった。些細なことで，A 君は，母と口論となり関係が悪化していき，異父兄たちも今までの兄弟間差別から A 君を受け入れられず，いびつな家族関係になった。

　結果的に，A 君は家庭での居づらさを感じ家出を繰り返し，やがて，母からの養育放棄と心理的虐待により児童養護施設に入所した。その後も，施設では落ち着かず，暴力行為から措置変更を余儀なくされたものの，措置変更先でもたび重なる暴力行為があり，最後には，家庭裁判所に A 君を虞犯送致するとの組織判断をした。家庭裁判所の審判では，観護措置が執られた後，家族等の調整が図られたが，粗暴行為や受け先がないなど様々な理由で少年院送致となった。

　観護措置を執る審判前に A 君に対しては，少年鑑別所のことやその後の可能性の高い少年院の話をしてきた。今まで，対応してきた児童ならば，仮定の話だとしても，「少年院には絶対に行かない，家に帰せ」と，まず反発するか，「もう二度と悪いことしないと約束するから家に帰してほしい」と逆に謝罪をする。しかし，少年 A 君の態度は違った。自分の行き先に，選択肢がそこしかないと感じたのだろうか。

それまでにいく度となくA君と面接を繰り返し、また、一時保護を実施してきた。つまり、A君に介入し、一時保護という強制的介入もしてきた。さらに、家庭裁判所への送致という法的対応をしたわけである。

結果として、このケースワークが支援であったのだろうか、介入であったのかと疑問が宿る。本稿の第1節3.において、「支援の概念が含まれていない理由として、浮浪児は、子どもたちの意図とは関係なく、政策サイドの思惑によって、根絶を目的として、対策が講じられたもの」と述べた。このケースワークが政策サイドの意思決定のみによって行われたのであれば、支援ではなく対策であったと言わざるを得ない。そうではなく、子どもとの面接を繰り返し、子どもにとって最善の利益にかなう方法を検討した結果、家庭裁判所への送致としたのであれば、結果的に支援であったと考えるべきであろう。

しかし、当初は、子どもと相反する意見を繰り返し、一時保護することになった。このケースワークには、介入や強制的介入が存在しているし、家庭裁判所への虞犯送致は、まぎれもなく手段として法的対応をしたことになる。

ケース全体をみれば、支援をしている。行為は介入かもしれないが、事実上支援であるといえよう。支援と介入は、表裏一体であり切っても切れない関係にあることが、この事例からもわかる。非行対応における支援と介入は、概念整理をするにあたって非常にわかりやすい。

3. 児童相談所の支援と介入の視点

児童相談所は、児童虐待対応を中心として、支援と介入の両刀使いを余儀なくされており、支援と介入を分ける機能分化（離）の方向に動いている。その課題を第2節1.で説明した。2018（平成30）年3月に目黒区で起こった児童虐待死事案を契機に、国は、児童相談所の人材強化を示し、児童虐待ケースの対応として、この支援と介入部門を分離する体制に関心を持っている。すでに、国は、2015（平成27）年に児童相談所の介入機能と支援機能の調査を実施している。[注3]

ここに何が生じているのか。支援、介入、強制的介入、法的対応の4つの概念が整理されていないことに気づく。4つの概念をまぜこぜにすることによって、さらに混乱が生じる。現場で対応していれば、支援と介入は、表裏一体で

あることを経験する。逆に，真っ向から法的対応を執るべきケースの手法は違うことも経験する。他方，児童相談所が，持ちこたえることが難しいケースもあろう。

　犯罪性があるかないか。ここには，一定の仕切りがあると感じている。例えば，内縁男性だけでなく，その友人までもが，わずか4歳の子どもに腕立て伏せを強要し，できなければ暴行を加えた事件を考えてみる。これは，虐待ではないといいたい。れっきとした傷害事件であり犯罪である。この行為によって，その子どもが亡くなれば，傷害致死罪である。しかし，その寸前まで児童相談所等は，事件性がない限り持ちこたえている。

　何か，虐待も程度の差があるように感じる。無免許運転で交通事故を起こした少年も，保護者がしっかりと見ていなかったと要保護児童（ネグレクト）として虐待通告がある。本来ならば，犯罪少年であろう，もしくは，広く解釈して虞犯少年として処理される事案である。しかし，児童福祉法第25条を見れば，この通告も間違ってはいない。[注4]

　この要保護児童として通告された少年を福祉的支援の対象として，とらえるべきなのであろか。社会通念上許されない犯罪が含まれていることを考えれば，児童相談所が，捜査機関に代わって家庭裁判所に法的対応を執るべきケースであろう。そのまま少年を家に戻し，保護者の虐待等について指導することが，少年の福祉的支援とは言い難い。大人は，しかるべき対応を執り，少年にはしっかりと，無免許運転で交通事故を起こしたという犯罪に対して，内省を与える機会をつくることが，この場合の福祉的支援だと考える。初期アセスメントをしっかりと行い，その時々に適切な判断をしなければ，その後のケースワークを行き詰まらせる。つまり，子どもの人生を左右させることにもなりかねない。

　これまでの経験を踏まえ，児童相談所の相談や通告は，インテーク部門で，一定のアセスメントをしてトリアージすることが重要であると考える。支援と介入は切っても切れないものであると述べた。ニーズがあったとしても支援は介入である。意見が対立した時に明らかに介入であることが，明確化されるにすぎない。そのためには，ケースを見立てるインテーク部門の強化が必要であろう。概念の整理ができていないことや制度・法的欠陥などによって，様々な混乱を生じさせていることが，これらの事例からもみてとれる。

第3節　一時保護所の子どもの支援と指導

1. 児童相談所一時保護の子どもの支援

　児童相談所一時保護所に入所する背景や主訴は，子どもたちによって様々であるが要保護児童との括りで大人に連れられてくる。かつて勤務していた大阪府の一時保護所は，不夜城であった。眠らない一時保護所であると言ってよい。子どもたちは，虐待等によって夜間，警察官や児童相談所の職員に連れられてくる。涙で目を腫らしてくる子もいれば，全身あざだらけの子もいる。保護されることが納得できずに一時保護所の玄関先で，泣きわめく子どももいる。泣きわめいた子どもも，しぶしぶ納得し保護所の生活に馴染む。昼夜を問わず，ドラマチックな様相の中，子どもたちの保護は，何も変わらず今日も繰り返されている。

　児童相談所一時保護所は，児童福祉法第12条の4に基づき，必要に応じて児童相談所に付設もしくは児童相談所と密接な連携が保てる範囲内に設置され，虐待，置き去り，非行などの理由により子ども（概ね2歳以上18歳未満）を一時的に保護する施設である。

　入所の際のインテーク時に，子どもたちには入所に至った経緯を自ら話させる。自分が悪いからここに連れられてきたと話す被虐待の児童，何も悪いことをしていない友人の方が悪いと主張する非行の児童と，様々な子どもたちと出会ってきた。そのような子どもたちも，自らの歩んできた道，歩まざるを得なかった道を語り始めれば，一時保護所の支援がスタートする。

2. 一時保護所における指導

　もともと児童指導員をしていれば，違和感はないのかもしれないが，児童相談所の相談部門の児童福祉司から一時保護所の児童指導員となった折に，指導員とは何なんだろうかと，ふと思ったことがある。

　一時保護所の児童指導員をしていた頃に出会った子どもたちには，一人ひとりに想い出がある。なぜなら，家庭・学校・社会の中で，いろいろとつまずきながら入所してくるからである。前項では，子どもたちは，要保護児童という括りの中で，様々な理由によって保護されると述べた。

一時保護所に保護される子どもの特徴について,茂木は,「①必要な衣食住が保障されてこなかった。②危険にさらされてきた。③保護者から必要な関りを受けてこなかった。④被虐待児童や非行児童の多くに学校でのいじめ体験,居場所・所属間を得られてなかった」と4つに整理した。^{*5} その上で,一時保護所では,当たり前の生活,活動,よりよい人間関係をマズローの欲求段階説と併せて説明をしている。ここに,一時保護所は,教育的視点と福祉的視点がまじりあっていると考えることができよう。

一時保護所では,学習指導,生活指導などの言葉が飛び交う。入所してくる子どもたちは,家庭での養育が適切に受けられておらず,その結果,学習環境が整わず,学力が定着していない子どもが多い。学習指導員や児童指導員は,入所の子どもたちに,一時保護所の学習や日課を通して,できることの楽しさを感じるように指導している。

しかし,指導ということが,本当に的確な表現なのかと思う。指導は英訳すれば,Coach。支援は,Supportである。少なくとも,一時保護所の生活のすべてが,指導対象なのか疑問を持つ。

一時保護所の児童指導員は,子どもらと一緒に食事をする。その食事のことを指導食というが,確かに,食事は,指導対象なのかもしれない。食事場面で,落ち着いて食べられない子ども,お碗を手に持たず口の中へご飯を入れる子ども,他の子どもと喧嘩をし出す子どももいる。発達年齢相応のことができていないだけでなく,しつけの範囲ができていないのであれば,ここには,Coachの必要性が出てくる。しかし,指導が続くわけではない。次の転換としてSupportをして,年齢相応の対応ができるように支援をしていくことになる。

このように指導と支援の関係も一部に表裏一体となっていることも伺える。指導は指導,支援は支援であると別物ではないし,食事場面での指導は,介入でもある。そして,支援でもあり得るのではないだろうか。

3. 一時保護所の機能にみる支援

一時保護所は,緊急保護とアセスメント機能があると「一時保護ガイドライン」によって明確化された。これは,これで正しいし,一時保護所の専門性が認められたともいえよう。しかし,一時保護所の子どもたちと寝食をともにし

第3章　社会福祉にみる支援と介入

た者からすれば，当然，入所してきた子どもたちの一人ひとり大切にしたいと思うだろう。子どもたちが退所する日に，児童指導員らは，子どもたちを玄関先から送り出す。その子のエピソードを振り返る瞬間である。苦手だった算数ができて喜ぶ姿，毎日，他の児童と順番争いし叱ったあと拗ねていた姿，引きこもりの子が周囲の子どもや大人の様子を見てリーダーシップをとる姿，何かしら，必ず子どもたちは成長して出て行ってくれる。

　都市部の一時保護所では，常に入所定員が満床のため，プラスアルファの機能など考えられないとの声もある。確かに，そのとおりであり，一時保護ガイドラインが示すように，場合分けしていく必要がある。ただ，一時保護所が緊急保護に特化した通過施設になってはならないと考える。不安を抱えて，子どもたちが初めて経験する社会的養護の入所施設であるからだ。そこには，一時保護所の特性上，表には出ない役割や効果がたくさん隠され，秘められている。

　子どもたちは素直である。大人がしっかりと関われば，いつの日にか，子どもたちは，子ども期のことを想い出してくれるだろう。そこに，形だけの支援ではなく，本当の支援があれば。

おわりに

　私が児童相談所開設準備室を経て，最初に児童相談所へ配属されたのが，2006（平成18）年4月であった。2004（平成16）年の児童福祉法改正に伴い，中核市においても児童相談所を設置できる規定が設けられ，金沢市の子どもは基礎自治体である市が責任を持って守るとの首長の強い意志で設置された中核市初の児童相談所である。

　その児童相談所で，経験をしたことのない児童虐待対応に苦戦していた時に，当時小児科医であった所長から「介入型アプローチにおけるアセスメントのあり方について」の論文を手渡された。従来のソーシャルワークに固執していた私に，当時，先進的な取り組みをしていた自治体の手法を，それとなく伝えたかったのだろう。

　介入型のアプローチは，2004（平成16）年1月に，中学生3年生が餓死寸前で保護された岸和田事件をきっかけに取り入れを強化し，すでに，実践してい

た大阪府の虐待対応ソーシャルワークの手法であった。奇しくも，その後，その大阪府で10年あまり，児童虐待，一時保護児童の対応や子育て支援の相談を経験させてもらった。

　今回，子ども学の視点から支援とは何かと考える機会を得て，支援と介入は表裏一体であろうことを再考させられた。SNSでは，児童虐待事案に対する加害親への厳罰化が叫ばれている。確かに，加害親は実刑こそ免れないが，10数年，いや数年で社会復帰する。しかし，当事者の成育歴をみると，社会構造の欠陥によって必然的所産の結果，虐待が生じたものともみてとれる。必要な時に，適切な支援が受けられなかったことは，臨床現場にいたものならばよくわかる。

　誰もが，幸せに暮らせる環境の整備のためには，子ども期の大切な時期に，厄介だからと他人任せにするのではなく，大人がしっかりと責任を持って，子どもをみて，子どもに学び，子どもとともに育ち，必要な時に支援することが必須である。今回，臨床現場から離れ，本稿において改めて「支援」と「介入」に立ち返り述べてきたことが，子どもの最善の利益のために，何かしらの道しるべになれば幸いである。

● 注
注1：児童福祉法
　児童福祉法第33条　（一時保護）
　　児童相談所長は，必要があると認めるときは，第二十六条第一項の措置をとるに至るまで，児童に一時保護を加え，又は適当な者に委託して，一時保護を加えさせることができる。
　児童福祉法第28条　（保護者不同意による施設入所）
　　保護者が，その児童を虐待し，著しくその監護を怠り，その他保護者に監護させることが著しく当該児童の福祉を害する場合において，第二十七条第一項第三号の措置を採ることが児童の親権を行う者又は未成年後見人の意に反するときは，都道府県は，次の各号の措置を採ることができる。
　児童福祉法第33条の7　（親権停止・親権喪失）
　　児童又は児童以外の満二十歳に満たない者（以下「児童等」という。）の親権者に係る民法第八百三十四条本文，第八百三十四条の二第一項，第八百三十五条又は第八百三十六条の規定による親権喪失，親権停止若しくは管理権喪失の審判の請求又はこれらの審判の取消しの請求は，これらの規定に定める者のほか，児童相談所長も，これを行うことができる。
注2：ソーシャルワークの定義
　2000年7月27日モントリオールにおける総会において採択，日本語訳は日本ソーシャルワーカー協会，日本社会福祉士会，日本医療社会事業協会で構成するIFSW日本国調整団体が2001年1月26日決定した定訳。

第 3 章　社会福祉にみる支援と介入

注3：厚生労働省（2016）「児童相談所における介入機能と支援機能の分離状況」を208か所の児童相談所に調査した。
　①同一の地区担当が緊急介入からその後の支援まで継続して対応している。64％
　②緊急介入とその後の支援で担当を分けている。21％
　③事例によっては，緊急介入とその後の支援で担当を分けている。15％
注4：児童福祉法第 25 条
　要保護児童を発見した者は，これを市町村，都道府県の設置する福祉事務所若しくは児童相談所又は児童委員を介して市町村，都道府県の設置する福祉事務所若しくは児童相談所に通告しなければならない。ただし，罪を犯した満十四歳以上の児童については，この限りでない。この場合においては，これを家庭裁判所に通告しなければならない。

● 引用文献

1. 加藤曜子　2017　児童福祉法改正に関する課題について：市町村の役割を中心に　流通科学大学論集：人間・社会・自然編　第 30 巻第 1 号　pp.49-50.
2. 中垣昌美　2004　社会福祉学原論　さんえい　pp.70-74.
3. 太田義弘　1999　ソーシャルワーク実践と支援過程の展開　中央法規　pp.7-11.
4. 太田義弘　全掲書（3）pp.23-28.
5. 茂木健司　2016　一時保護所に保護される子どもの特徴　児童相談所一時保護所の子どもと支援　明石書店　pp.50-52.

● 参考文献

太田義弘　1999　ソーシャルワーク実践と支援過程の展開　中央法規出版
特別支援教育の在り方に関する調査研究協力者会議　2003　今後の特別支援教育の在り方（最終報告）
小林美智子・松本伊智朗　2007　子ども虐待：介入と支援のはざまで「ケアする社会」の構築に向けて　明石書店
竹内まりこ　2010　特別支援教育をめぐる近年の動向　調査と情報．第 684 号
大阪府子ども家庭センター　2013　民法および児童福祉法等の改正に伴う新たな親権制度対応ガイドライン　大阪府
和田一郎　2016　児童相談所一時保護所の子どもと支援　明石書店
藤井渉　2017　障害とは何か　戦力ならざる者の戦争と福祉　法律文化社
駒崎道　2017　GHQ「児童福祉総合政策構想」と児童福祉法　明石書店
河浦龍生　2017　児童相談所と虐待：介入か支援か論争に終止符を打つ　藤林武史　編著　児童相談所改革と協働の道のり　明石書店
川並利治・井上景　2018　児童福祉司養成に必要な実務の専門性とスキル　金沢星稜大学人間科学研究．11 巻第 2 号
厚生労働省　2018　一時保護ガイドライン　子発 0706 第 4 号

V部
子どもと医療

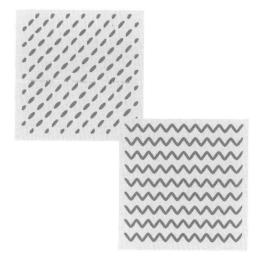

V部 第1章

子ども学と子ども虐待

はじめに

　小児科医として地域の一般病院の小児科医として診療に携わっていたときに，どうしても対応に困ってしまった親子に出会った。健診で明らかに好ましくない離乳食の与え方をしている母親に対して，看護師・栄養士・調理師とともに時間をかけて栄養指導や食事指導を行った。指導後も，われわれの指導を理解し，改善したとは思えなかった。なぜ私たちが行った指導が伝わらないのだろうか？　こんなに熱心に指導を行ったにもかかわらずなぜ改善が見られないのか？　私たちの指導のどこがいけないのか？　その当時は？？？だらけであった。しかし，その子は大きくなり学校への就学時には何ら問題なく成長発達していたのである。また，先天奇形を持って生まれてきたわが子を，悲しみを乗り越えて育てようとしている親から育児相談を受けたときにどのように相談に乗ればよいのか？　と悩み続けていた。今思えば小児科医として単に未熟であったのであるが…。

　そのような時，「発達行動小児科学」と出会った。理解できなかった親子の状況や，自分の診療のまずさの根源がどこから来ているのかを気づかせてくれた。そして，狭い小児科の外来からでも，いまの子どもたちが抱えている諸問題が見えてくるようになった。そしてふと気づくと「子ども虐待」が私の中心的な臨床対象となっていた。虐待臨床に携わると必然的に家族内での親子関係，子どもの様々な問題行動が，虐待を受けて大きくなっていく経過とともに変化していく様子が理解できるようになってきた。そして子どもの成長発達を支えながら臨床を進めていくと，自然と保育・教育・保健・福祉の現場との関わりへと繋がることとなった。子ども虐待臨床は一医療機関の小児科医だけでは関

第1章　子ども学とこども虐待

わりきれないことから，自分が様々な領域の現場に出向くことができる場を求めた。そして，最終的に今後子育てを行うようになる女性たちに自らの知識と経験を伝えたいとの思いから女子大学に身をおくことになった。様々な領域と連携を取りながら地道に，しかし着実に歩を進めていこうと決意したのである。そして19年が経った。子ども虐待臨床が私の中で進んできているのであろうか？　迷いつつ，途方にくれながら対応することのほうが多かったように思える今日この頃であるが，子どもと親への理解と対応についてはある程度の水準に達したと感じている。

甲南女子大学人間科学部総合子ども学科では，「子ども学」を基に，保育士・幼稚園教諭・小学校教諭の資格取得を希望する学生に「子ども学」・「子どもの保健」・「乳児保育」・「幼児理解」といった科目を担当してきた。「子ども学」とは，ひと口で言えば「子どもに関する知識を様々な領域から学び，子どもに関わる職業人として実践を行っていく際に役立つ学問」である。筆者の中心的研究分野は子ども虐待であり，虐待関係にある親子に関わりながら実践を重ねているが，今までの経験とまとめあげてきた研究成果から子ども学と子ども虐待に関して記していく。

第1節　子ども虐待の理解

子ども虐待は古くは，童話や民話の中で語られてきたが，社会のありようによって子どもたちが翻弄され続けていた姿であった。児童虐待が世界で最初に注目されたのは1874年にアメリカで起こった「メアリー・エレン事件」である。孤児院から引きとられたメアリーが6年間にわたって養父母によって虐待されていたのを，見るに見かねた隣人が彼女を保護するために立ち上がった事件である。その際に保護された法律は，なんと動物愛護法であった。当時動物に対する保護の法律は存在しても，子どもへの法律が用意されていなかったというのは驚くべきことである。その後，20世紀半ばになり，小児科医であるケンプ（Kempe, R. S.）によって不自然な外傷を呈した事例が報告され[*1]ようやく関心が高まった。家庭という密室で発生する身体的な暴力によって子どもが傷つけられるということを報告したのである。

V部　子どもと医療

表 V-1-1　子ども虐待に対する社会の対応

1) 虐待の存在を無視する：この時代が長く続いたが，子どもの人権が認められるようになって無視できなくなってきたのである。
2) 虐待（主に身体的虐待）に目が向けられ始める：主には医療機関で，外傷で受診してくる子どもの受傷機序が説明のつかない（全身のレントゲン撮影で新旧入り混じった骨折が多数見つかったり）ことから判明してきた。
3) 「可愛そうな子ども」「醜い親」：子どもを親から分離する気運が高まる
4) 分離だけでは解決しないことに気づき，親への治療援助を始める
5) 性的虐待への気づき
6) 子どもの心の治療による世代間連鎖の断ち切り
7) 発生予防，周産期からの親への育児支援

わが国では，児童養護問題としてこの問題に古くから関わってきてはいたが，1989年に国連で「児童の権利条約」が採択され，1994年に批准したことから子ども虐待への取り組みが大きなうねりとなり，重大な社会問題として認識されるようになった。子ども虐待への研究が進むにつれて，この問題に対する社会の流れは，どの国であっても同じように進んでいくということがわかってきた（表V-1-1）。

1. 児童虐待の定義

わが国では，1954年に一般児童の健全育成，福祉の増進を目的として児童福祉法が制定された。この中に児童虐待に関する内容も盛り込まれてはいたが，1989年の児童の権利条約から社会的な運動が活発になり，2000年に「児童虐待の防止等に関する法律」が制定され，ようやく児童虐待防止が法律として整備された。2004年に改正され，同時に改正された児童福祉法とともに子ども虐待に関しては一定の水準に整備された。現在の法律は2007年に再度改正がなされ2008年4月から施行されているものである。この法律の目的は，子ども虐待が児童の心身の成長・発達および人格の形成に重大な影響を与えることから，児童に対する虐待の禁止，児童虐待の防止に関する国家および地方公共団体の責務，児童虐待を受けた児童の保護のための措置を定めることである。

この法律では，わが国の子ども虐待の定義は，親または親に代わる養育者による以下のような行為とされる（表V-1-2）。

表 V-1-2　虐待相談の内容別割合

	身体的虐待	ネグレクト	性的虐待	心理的虐待	総数
平成28年度	31,925 (26.0%) (+3,304)	25,842 (21.1%) (+1,398)	1,622 (1.3%) (+101)	63,186 (51.5%) (+14,486)	122,575 (100.0%) (+19,289)

- 児童の身体に外傷が生じ又は生じる恐れのある暴行を加えること（身体的虐待）。
- 児童の心身の正常な発達を妨げるような著しい減食又は長時間の放置，保護者以外の同居人による虐待行為の放置，その他保護者としての監護を著しく怠ること（養育の拒否・怠慢：ネグレクト）。
- 児童にわいせつな行為をすること又は児童をしてわいせつな行為をさせること（性的虐待）。」
- 児童に対する著しい暴言，拒絶的な対応，家庭における配偶者に対する暴力（配偶者およびそれに準ずる事情のある者の身体的な攻撃で，生命や身体的危害を及ぼすものや，心身に有害な影響を及ぼす行為）児童に著しい心理的外傷を与える行為（心理的虐待）。

　その他，特殊なタイプとして，揺さぶられっこ症候群（Shaken baby syndrome），子どもを代理としたミュンヒハウゼン症候群（Munchausen syndrome by proxy），医療ネグレクトなどがある。
　一方世界では，どのような行為，どのような状況を虐待とするかは，民族，国家，文化，社会背景により異なっているが，基本的には児童が愛され育まれるべき家族や環境や社会によって心身をおびやかされ虐げられていることであり，マルトリートメント（児童が不適切に処遇されている）という概念で語られている。その点わが国では親または親に代わる養育者と限定されており，社会的に密室となる家庭（私的な空間）でのものと限定しているのが特徴である。そのほか，定義以外でも法律的には国によって異なっているので制度や文献を精読する際には注意が必要である。
　わが国での定義によれば，虐待は，虐待をする親側から見れば養育困難の最たるものであろうが，あくまでも子どもの側からの視点に立たなければならな

V部　子どもと医療

い。子どもにとってどうであるのかという視点に立つことが重要なのである。

2. わが国の現状

　わが国の児童虐待に関する報告は，厚生労働省が1990（平成2）年から全国の児童相談所からの実数報告を集計している。それによると，報告数は年々増加の一途をたどり，2001（平成13）年度には23,274件を数え，一時期落ち着いたように見えていたが，その後も増え続けている。2016（平成28）年の報告では122,575件と10万件を突破している（図V-1-1）。筆者が関わった2002年に行われた全国悉皆調査*2では，年間の発生率は18歳未満の児童1,000人あたり約1.5人の頻度で，社会的介入を必要とされる子ども虐待件数は約3万件と報告されたことを考えると今の件数は予想を超えるものである。

　虐待相談の内容別割合をみると，多い順に，心理的虐待，身体的虐待，ネグレクト，性的虐待となっている。歴史的には身体的虐待が最も多かったが，2013年に警察がDV事案の積極的な移入および体制を確立したことから警察からの児童相談所への通告が増加し，その結果心理的虐待が最も多い種別となっ

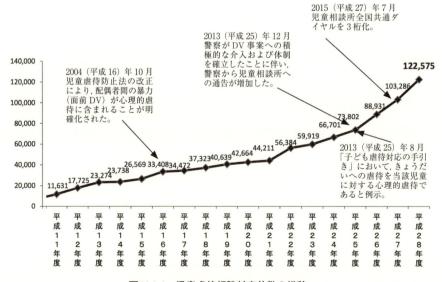

図V-1-1　児童虐待相談対応件数の推移

た。身体的虐待は他者の目に触れやすく，わかりやすいものであり，歴史的にも折檻という形で存在していたものが通告されていたのである。ネグレクトについては，乳幼児は健康診査がきめ細かく行われており，各地域の保健所，保健センターで保健師など専門職が今まで気にはなっていたのを通告することができるようになったためであろう。心理的虐待は2004年に配偶者間の暴力（面前DV）が心理的虐待に含まれるようになったことと，先述のごとく警察が家庭内に介入するようになったことから件数が多くなっている。しかし，DVだけではなく，身体的・ネグレクトと併存していることも考慮する必要があろう。単独のものとしては，心理的に傷つけるような言動をとることであるが，例えば，子どものためにと言って，塾や習い事を必要以上に押しつけて，子どもの生活から自由を剥奪し，心理的に傷つけるということも入っている。過保護という虐待とも考えられる。性的虐待については，大変傷つきの深い，しかも密室性・秘密性の高い虐待であり，わが国ではこの性的虐待にようやく気づきはじめ，報告数が増えてきている。被虐待児が自分の被害体験を話せる他者に対して開示することで発見されることが多い。これも法律が制定され通告が可能となったことから増えてきている。具体的には，開示告白された学校の養護教諭や友人などが，今までは秘密を共有して個人的に何とか対応しようとしてきたものが，支援援助が受けられるような社会になってきたからであろう。虐待相談の経路は，心理的虐待が多くなっていることと関連しているが，最も多いのは警察からのもので，DV関連と関係しているであろう。その他，近隣知人からのもの，次いで家族そして学校の順になっている。2015年に児童相談所全国共通ダイヤル3桁化（#189）が設置されたことから，電話によりその地域への児童相談所へ直接通話できるようになった。

　虐待者については，実母が最も多く，次に実父，実父以外の父親，実母以外の母親，その他の順になっている。この傾向はどの年度においても同様である。子どもと母親との生活時間の多さとともに，子育てが母親に担われていることからの負担感が虐待リスクとなっている結果であるかもしれない。

　虐待による死亡事例については，厚生労働省が専門委員会を設けて毎年死亡事例の検討を行い報告している（第13次報告）。それによると，心中を含んだ死亡事例は年間約80名で，心中を除いた虐待死亡事例は年間約60例を数えて

V部 子どもと医療

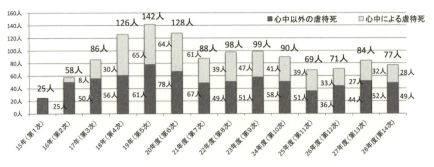

図 V-1-2　児童虐待による死亡事例の推移（児童数）

社会保障審議会児童部会児童虐待等要保護事例の検証に関する専門委員会による検証結果より
注1：平成15年～平成19年までは暦年。平成20年度以降は年度。
注2：平成15年はH15.7.1～H15.12.31の6か月間。
注3：平成19年はH19.1.1～H20.3.31の15か月間。

いる（図V-1-2）。この数字から，わが国では1週間に1名が虐待によって死亡していることになる。しかもこれだけ社会的に対策が考えられていても，虐待事例も死亡事例も減少する気配がない。今後どのようになっていくのであろうか？

3. 社会の支援

2000（平成12）年に制定された虐待防止法では，虐待事例の通告義務が明記されたが，2004（平成16）年の改正では虐待の疑いの事例にも通告義務が課せられ，通告先として市町村も含まれるようになった。通告後の対応については，児童相談所（子ども家庭センター）が中心となって，対応するようになっている。通告をうけると児童の安全確認が行われるが，保護者の同意が得られない場合は，警察の協力を得て，児童相談所は立入り調査を行うことができ，児童の安全の確認が行われる。このままでは児童の安全が確保できないと判断された場合には，一時保護を行うことにより事例の評価と今後の方針を決定する。在宅で地域での支援とするのか，保護者から分離して児童福祉施設での生活とするのか，里親（特別里親制度）委託とするのかなど処遇が決定される。施設入所について保護者の同意が得られない場合は，児童相談所は家庭裁判所に措置承認を求められる（児童福祉法第28条）。このように，あくまでも児童の生命の安心安全を守るようになっている。

在宅で地域での支援を行う際には，地域の福祉事務所，保健所・保健センター，保育所・幼稚園，学校・教育委員会，警察，医療機関，民生児童委員，などが連携を密にして児童とその家族に関わっていくことになる。就学前の児童については家庭での密室内での親子の危機的な時間を少なくするために，多くは地域の保育所（園）入所を促し，保護者の負担を少しでも軽減できるように働きかけている。また，地域のそれぞれの機関の特徴を生かしながら協働してその家族を支援援助するために，「要保護児童対策地域協議会」が設置されている。

このように子ども虐待が早期に発見され，支援や対応，介入がなされて親も子も人間関係の改善がなされ，子どもが健やかに成長発達し自立するために，社会は支援援助していかなければならない。基本的には地域で子育てを多領域の社会資源が協同して進めていくように考えられている。

第2節　子ども虐待と医療

子ども虐待が医療機関で初めて問題視されたのは，小児科医のケンプが不自然な外傷を負った子どもの症例を報告したことから始まった。それ以降ケンプは医療領域の中で子どもの虐待に関して突き詰めていった。

筆者自身は小児科医として地域の子どもたちの健康に関わってきた。急性疾患・慢性疾患・育児指導・乳幼児健診・予防接種等様々な経験を繰り返しながら，子どもだけでなく子どもが生活している環境すべてを考えながら診療していかなければならないと感じるようになった。そのうち，親子の関係でどうしても理解できない症例に対応しなければならなくなった。それが子どもの虐待である。最も重要な親子の関係がこじれて，子どもは様々な症状を出している。その子どもの声なき声に耳を傾け，未来ある子どもの成長発達を支援していくことが大切であると感じたのが，子どもの虐待臨床に足を突っ込んだ経緯である。

虐待臨床を小児科医として進めていくにつれ，病院勤務では限界があると感じた。様々な領域の専門家と手を携えて，虐待してしまっている親と，虐待され傷つきながらも親を慕い生き続けている子どもに対して，支援援助するためには病院勤務では限界があると思い，転職をすることとなった。女子大学で超予防的に，子どもを育てていく立場になるであろう女性たちに自分の知識を伝

V部 子どもと医療

えること，そして実際の虐待臨床では自らが動ける立場に身を置くことにした。そのようにして約25年が過ぎた。今では虐待事例の対応の方法などが自分なりに考察できるようになったと感じる。

1. 虐待された子どもへの医療医学の役割

　虐待された子どもへの医療の役割は4項目に集約されよう。①虐待による健康障がい（外傷・栄養障害・成長発達問題・心理情緒行動問題）への治療　②健康問題に影響を及ぼしている被虐待歴の精査　③支援援助の効果判定　④通告や他機関の医療保健福祉ケアーとの連携である。今までの医療は疾病モデルで，病気を治す＝病気であるので正常の状態に戻す治療を行う，という概念で行ってきた。しかし虐待臨床では，健康概念で対応しなければならない。健康概念は，WHOが2001年に障害を持って生まれてきた子どもの健康概念について提唱した国際生活機能分類（ICF）に準じて考えると理解しやすい（図V-1-3）。つまり，Body function（心身構造と機能），Activity（活動），Participation（参加）というモデルである。障害を持っていようがいまいが，自分自身の心身構造機能を知りながら身体を活動させて，社会に参加し，自分らしくいきいきと生きている際には健康である，と考えることであろう。この国際生活機能分類で健康状態を見ていくと，子どもが虐待により不健康な状態の場合にも，支援援助できる側面が把握できる。そういう意味では，治療という概念ではなく，その子の人生に寄り添うという考えで治療者は関わっていかねばならない。

　上記の4項目の役割を果たしていくためには，医療の中でも心理社会的な背景を推し量りながら子どもに寄り添って行っていくことが重要である。

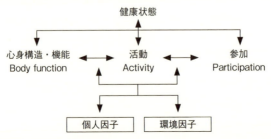

図V-1-3　「障害」・「能力」概念をめぐる新しいパラダイム：国際生活機能分類（ICF）

2. 具体的な事例

　ここでは医療の中で遭遇する虐待症例を提示し，解説を加える。ここに示す症例は本質を違わず個人を特定できないように脚色を加えて作成していることをつけ加える。

●3歳女児。子どもは養父より身体的虐待を受けてひん死の状態で救急外来を受診してきた。虐待を受けるまでの成長発達は問題なかったが，受診8か月前から養父の暴力が始まり，受診2か月前には床に放り投げられ全身けいれんを来して以後起きられなくなった。受診1か月前には発語もなくなり，寝たきりになった。母子は外出を禁止されていたが，このままでは子どもが死んでしまうと感じた母親が患児を連れて救急外来を受診してきた。るいそう著明で血圧も低く，痛みに対する反応もほとんどなかった。全身いたるところに出血斑を認め，対光反射も減弱していた。緊急入院し，明らかに虐待による状況であることから，児童相談所及び警察に通告した。3か月の入院で笑顔が戻り，会話も可能となった。その後，この親子は養父との関係を絶った。
　一人の幼い子どもの生命が失われることなく，事件化する前に防ぐことができた例である。

●8か月男児。たび重なる嘔吐を主訴に小児科を受診してきた。成長発達は診察上特に目立ったことはなかったが，母親の強い嘔吐への原因究明の申し出に不自然さを感じたことから，入院となった。検査結果では特別異常が見られず，ミルクの飲みも体重の増加も認められたため，退院許可を申し出たところ，次の朝，子どもの異常な泣き声に看護師が気づいて，上腕骨の骨折が見つかった。入院中で母親の付き添いもある中でのできごとであり虐待が疑われ，児童相談所へ通告した。入院中で骨折の治療を行いながら福祉援助支援計画が立てられ，母親に対する支援も受け入れられて，この親子は，重篤な虐待関係に至ることなく経過している。

第3節　子ども学と子ども虐待：子どもに関わる職業人へ

　現在甲南女子大学で「子ども学」を教えている。将来子育てに重要な役割を担うであろう女性たちに少しでも役立てればという思いがある。「子ども学」とは子どもに関して様々な領域から考え，子どもへの理解を深め，子どもの環境を考え，子どもが抱えている諸問題への対応を考えていこうとする学問と位置づけている。当然医学をはじめ教育学，発達心理学，保育学，文化社会学，福

V部　子どもと医療

社学，比較人類学，文学等子どもに視点を向ければ数えきれないような学問体系が存在する。文理科学融合，学際的な領域として位置づけている。「子ども学」のキャッチフレーズを「子どもを学び・子どもに学び・子どもと学ぶ」としている。子どもについて学び，子どもから学び，子どもとともに学んでいこうとする姿勢である。そして，子どもは「生物としての基礎のもとに外界から刺激を受けながら育ち，社会の中で自分の身体と心を大切にしながら自分らしくいきいきと生き行く存在となる」ととらえている。乳幼児期の子どもは，子どもの遊びが即学びとなる。遊びの中から自己学習して自らの体験とし，育ちゆくものである。

人間は，哺乳類の中でビタミンCを体内でつくることができなくなったことから始まり（類人猿も含む），二足歩行が可能となり，農耕・狩猟が始まった。この農耕・狩猟が人間特有の進化の始まりとされている。

脳神経学的には1848年にアメリカ・バーモント州で発生したゲイジの事故から人の人たる所以が判明したのである。ゲイジは工事中，事故により長さ30cmの鉄棒が彼の前頭葉を貫通したが一命を取り留めた。不思議なことに言語障害，運動障害，感覚障害は見られなかったのである。しかし彼の性格は事故後一変したことから，脳神経学的な前頭前野の研究が進み，人としての感情や心にとってそれが重要な部位であることが判明してきた。人間の脳機能は，生まれ持った神経ネットワークが外界から多くの情報を取り入れ，自己の中で記憶として蓄積され，蓄積された情報の処理方法を変えていくという自己組織力を持っている。それが遺伝的にはほとんど変わりない類人猿との違いなのである。実体験した情報や，知識として得られた情報が糧となって神経ネットワークの活動を学習によって変化させうるという自己組織力であり，条件反射的な学習能力とは違った情報処理法を見出していく。乳幼児期の間は，主には自己学習の時期であり，知識としての教育を受け入れて自己の中で組織化する仕業の準備期間なのである。

このように人の特徴は脳の前頭前野が発達しており，感情を有し相手の感情を読み取る能力を有していることであり，言語を獲得しコミュニケーションが取れ，物を使って様々なものを創造するという点にあろう。「子ども学」でいう社会的存在として育つと表現している社会は，哺乳動物の生命希求を目的とし

た社会の形成ではなく，人類が生活している地球上に創造物を蓄積し，そして過去の人類の文化を継承するという社会なのである。動物は弱肉強食という食物連鎖を繰り返しており，弱い動物は種の保存という目的から大量の子孫が発生し強い動物によって搾取されても種は保存していくという自己防衛が働いている。サンマが群れを組んで回遊していることなどがその例である。またライオンのオス同士がメスを求めて争い，強い遺伝子を伝承しようとする姿なのである。しかし地球上の現状を見ると，人は非常に数の多い哺乳動物であると同時に創造するものとして君臨し環境をも変えてしまおうとしている。

さて，子どもの虐待という現象は親子の情緒的な関係性を創り上げるという人間的な営みというよりは，力の強い大人が力の弱い子どもに対して行う動物的は行動とみなせる。人間は人と人とが力を合わせて物と事を創造している。その際には人同士がお互いに尊重し合ってお互いの尊厳を認め合うという人間関係が成立している。しかしそのように人間関係を創り上げる機能が発達していくためには，生物学的な親子から人間的な親子関係の経験が重要となってくる。これがいわゆる親子のアタッチメント（愛着）形成なのである。虐待臨床に携わっている専門家が注目している視点である。

アタッチメント（愛着）について

アタッチメント（愛着）はボウルビィ（Bowlby, J.）が1950年にWHOからの委託を受けて第二次世界大戦後の戦災孤児研究を行ったことから始まった。彼はそれをまとめあげ，アタッチメント（愛着）理論として現在に通じている。親子のアタッチメント（愛着）を考える際には二者間,特に親子の「情緒的絆」を意味しているが,これはアタッチメント（愛着）理論の中のattachment bondにあたるものである。そのほかにも，attachment behavior（アタッチメント行動）などが含まれている。

ヒトの子どもは未熟なままで出生し，親にすべてを委ねなければならない。しかし，子どもへの適切な応答がなされずに過ごすと，アタッチメント（愛着）形成が歪められ，親子の情緒的絆が形成されない。この状態を反応性アタッチメント（愛着）障害という。子どもにとっては，日々の生活の劣悪な環境から生じた対人関係上の問題ととらえることができる。その要因としては，養育者

側の要因と，子ども側の要因に分けて考えられている。養育者側の要因としては，薬物などの依存症や精神疾患があるとか，夫婦間の人間関係（DVなど）や自身のアタッチメント形成の問題（世代間連鎖）などがあげられる。子ども側の要因としては，低出生体重児であるとか，難しいテンパラメント（気質）や慢性疾患や身体奇形などがあることがあげられる。

　親から虐待を受けた子どもは，アタッチメント形成不全となる。子どもにとっては最も信頼できる親から理不尽な扱いを受けることから，親以外の他者を信頼できないのは当然である。虐待臨床でそのような傷ついた子どもに関わっていかなければならない専門家は子どもとの信頼関係をどのように構築していけばよいのか，大変難しい困難な課題なのである。

　「子ども学」の内容としては，①子どもの成長発達を理解し子育てを科学しよう，②子どもに関するものとことのデザインを考えよう，③子どもが抱えている問題の解決のために考えよう，の3つをあげている。

　子ども虐待は，この中で③子どもが抱えている問題に関することと言える。虐待を受けている子どもの理解を深め対応策を考えるという際に，子ども学的視点で見ていくことが，子ども学と虐待の接点であると考える。多領域の学問体系を踏まえて目の前の子ども，そしてかつて子どもであった加害行為を行っている親に対しても理解していこうとする姿勢を示すこと，これが虐待臨床に携わる専門家として最も重要なことと思われる。

● 引用文献

1. メアリー・エドナ・ヘルファ，ルースS.ケンプ，リチャードD.クルーグマン（編）　坂井聖二（監訳）　2003　虐待された子ども：ザ・バタード・チャイルド　明石書店
2. 小林 登（主任研究者）・稲垣由子（分担研究者）　2002　児童虐待および対策の実態把握に関する研究（平成13年度厚生科学研究）報告書

● 参考文献

稲垣由子　2012　子ども学概論　丸善プラネット
稲垣由子 監訳　2008　子どもの虐待とネグレクト　日本小児医事出版社
稲垣由子　2004　育ちあう乳幼児教育保育　有斐閣
稲垣由子　2004　子どものまなざしと子どもに寄り添うということ　小児の精神と神経
厚生労働省：https://www.mhlw.go.jp/

V部 第2章
現在およびこれからの小児医療の課題

はじめに

　子どもをとりまく医療的な問題は大きく変化している。長らく感染症が小児の死亡原因の第1位であったが，公衆衛生環境の改善，抗菌薬の開発，予防接種対象疾患の拡大，栄養状態の改善などによって，感染症で死に至る子どもは大きく減少した。また，新生児医療や小児救急医療の発展や，小児がんなどの悪性疾患，心疾患や先天性代謝異常症などの先天性疾患の治療法や管理方法の進歩によっても小児期に死亡する子どもの数は減っている。一方で，医療の発展により命は助かったものの何らかの障害や慢性疾患を抱えて生活する子どもが増えている。子どもたちが何らかの疾患や障害を抱えていても抱えていなくても，心身ともに健全に成長発達し，成人し社会の一員として生活できるようにするために，子どもたちとその家族を支える小児医療が必要となってきている。

第1節　子どもの疾病構造の変化

　子どもをとりまく医療的な問題が大きく変化した要因として，子どもの疾病構造の変化があげられる。これを，社会全体の保健水準や生活水準を反映する指標の1つとして考えられている乳児死亡率（出生1,000人当たりの生後1年未満の死亡数）に着目してみると，1920年頃から急速に減少している。1920年には165.7だった乳児死亡率は，1940年には90.0，1960年には30.7，1976年には9.3と1桁台となり，2004年には2.8，2016年は2.0まで減少しており，日本は世界でも有数の低率国となっている。

　死亡率が低下した一要因として，感染症に対する医療の発展があげられる。乳

V部　子どもと医療

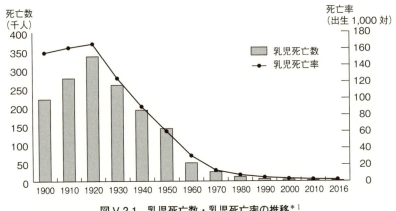

図 V-2-1　乳児死亡数・乳児死亡率の推移[*1]

表 V-2-1　主な死因別乳児死亡数の推移[*2]

年次 死因	1960	1975	1990	2006	2010	2016	(新) 乳児死因分類
全死因	49,293	19,103	5,616	2,864	2,450	1,928	
腸炎及びその他の下痢性疾患	3,745 (7.6)	334 (1.7)	15 (0.3)	17 (1.6)	11 (0.4)	9 (0.5)	腸管感染症
肺炎	12,877 (26.1)	1,594 (8.3)	136 (2.4)	48 (1.7)	42 (1.7)	30 (1.6)	肺炎
先天異常	3,056 (6.2)	4,072 (21.3)	2,028 (36.1)	1,008 (35.2)	916 (37.4)	663 (34.4)	先天奇形, 変形及び染色体異常
低酸素症, 分娩仮死及びその他の呼吸器疾患	2,494 (5.1)	3,314 (17.3)	987 (17.6)	390 (13.6)	341 (13.9)	282 (14.6)	出生時仮死及び周産期に特異的な呼吸障害等
不慮の事故及び有害作用	1,315 (2.7)	919 (4.8)	346 (6.2)	149 (5.2)	113 (4.6)	73 (3.8)	不慮の事故
	−	−	−	177 (6.2)	140 (5.7)	109 (5.7)	SIDS

注1：1995（平成7）年から，乳児死因分類が改訂され，旧分類からの連続性は必ずしも保たれていない。
注2：（　）内の数字は，各年全死因数に占める割合（％）を示す。

児死亡の原因を見てみると，戦後すぐの1960年は「肺炎」や「腸炎」などの感染症が多かったが，1975年には感染症による乳児死亡の割合は10%にまで減少しており，2016年には，「先天奇形，変形及び染色体異常」や「出生時仮死及び周産期に特異的な呼吸障害等」は高い割合を占めるようになってきている。

感染症による死亡数減少には，抗菌薬の開発や予防接種の普及が重要な役割を果たしている。日本では1948年に予防接種法，1951年に結核予防法が制定された。その後の改正を経て，2018年8月現在，子どもを対象とした定期接種として13疾病に対するワクチン接種，任意接種として5疾病に対するワクチン接種が行われている。

予防接種が実施されるようになったことで，感染症による死者や後遺症を残すような事例は大きく減少している。例えば，百日咳ワクチンが導入される以前の1940年代には年間10万人以上が百日咳に罹患し，1万人以上が死亡していたが，ワクチンが導入された後は罹患者数，死者数ともに急速に減少した。しかし，1975年にワクチン接種後の死亡例をきっかけにワクチン接種が一時中止

表 V-2-2 小児を対象とした現在の予防接種

定期接種

予防接種名	含まれるワクチン
肺炎球菌	肺炎球菌
インフルエンザ菌b型（ヒブ）	インフルエンザ菌b型
B型肝炎	B型肝炎ウイルス
DPT-IPV（4種混合）	ジフテリア（D） 百日咳（P） 破傷風（T） ポリオ（IPV）
BCG	結核菌
麻疹・風疹混合（MR） （麻疹：はしか， 風疹：三日ばしか）	麻疹ウイルス（M） 風疹ウイルス（R）
水痘（みずぼうそう）	水痘ウイルス
日本脳炎	日本脳炎ウイルス
DT（2種混合）	ジフテリア（D） 破傷風（T）
ヒトパピローマウイルス （子宮頸がんワクチン）	ヒトパピローマウイルス（HPV）

任意接種

予防接種名	含まれるワクチン
B型肝炎 （母子感染予防）	B型肝炎ウイルス
ロタウイルス	ロタウイルス
流行性耳下腺炎 （おたふくかぜ）	ムンプスウイルス
A型肝炎	A型肝炎ウイルス
インフルエンザ	インフルエンザウイルス

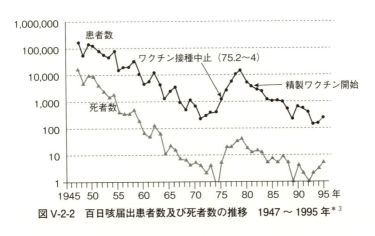

図 V-2-2　百日咳届出患者数及び死者数の推移　1947 ～ 1995 年[*3]

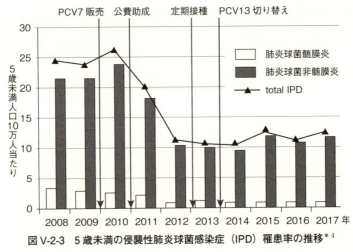

図 V-2-3　5 歳未満の侵襲性肺炎球菌感染症（IPD）罹患率の推移[*4]

され，その後の接種率の大幅な低下により，1976 ～ 1981 年に百日咳の大流行が起こった（図 V-2-2）。ワクチン接種が疾患の流行抑制に大きく寄与していることが示されている。

　近年では，2011 年より肺炎球菌ワクチン（PCV7）（2013 年より定期接種，同年 PCV13 へ切り替え），インフルエンザ菌 b 型（Hib）ワクチンに対する公費助成（2013 年より定期接種），ロタウイルスワクチンの任意接種，2013 年よりヒトパピローマウイルスワクチンの定期接種，2014 年より水痘ワクチンの定期接

種,2016年よりB型肝炎ワクチンの定期接種が実施されるようになった。その結果,肺炎球菌ワクチンの公費助成開始後,侵襲性肺炎球菌感染症(IPD)罹患率が約2分の1に低下した報告(V-2-3)や,あるいは,ロタウイルスワクチンの任意接種開始後,一次救急における2歳以下の急性胃腸炎患者数が減少した報告[*5]などがなされており,ワクチンでカバーされた感染症に罹患する頻度はより減少していると考えられる。

さらに,新生児医療,小児医療,小児外科医療の発展により,それまで救命が難しかった感染症以外の疾患による死亡も減少している。救命することができ後遺症なく治癒する例が増加している一方で,救命できたものの重大な後遺症を残す例,身体障害,知的障害や発達障害を合併する例,慢性疾患として継続した医療が必要な例,治療後の合併症に対する継続したフォローを要する例も増加している。

第2節 現在の子どもの医療における課題

小児期に発症する様々な疾患での死亡率は低下し,成人していく子どもたちも増えた。後遺症や合併症もなく治癒する例がある一方で,疾患や治療に伴う後遺症・合併症,障害,慢性疾患を抱えながら小児期を過ごす際のQOLの問題,疾患の経年変化に伴う新たな問題,治療後の遠隔期に起きる新たな合併症の問題が出てきている。いくつかの代表的疾患についての現状と課題を以下に述べる。

1. 新生児に関連した疾患

アルカリ療法,新生児用の人工呼吸器の導入,人工肺サーファクタント補充療法など,様々な医療技術の進歩に伴って,新生児死亡率(出生1,000人当たりの生後4週未満の死亡数)は,1950年には27.4人であったが,1960年には17.0人,1970年には8.7人,1980年には4.9人,2000年には1.8人と急速に減少し,2016年は0.9人となった。日本の新生児死亡率は,米国の4人,英国の3人,ドイツの2人,フランスの2人と比較しても低く,新生児の救命率は世界一といえる[*6]。この中には,出生割合が増加している早産児,低出生体重児も

V部　子どもと医療

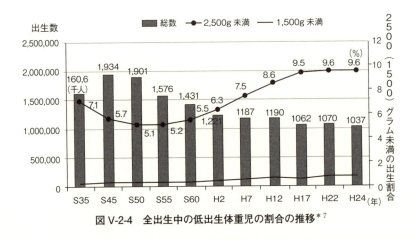

図 V-2-4　全出生中の低出生体重児の割合の推移[*7]

含まれており（図 V-2-4），周産期母子医療センターネットワーク共通データベース[*8]によると，在胎32週未満または出生体重1,500g以下の新生児の死亡退院率も，2003年は10.8%であったが2010年には7.4%，2016年には5.6%へと減少していると報告されている。

このように早産児や低出生体重児を含めた新生児の救命率が上昇した一方で，救命できたものの障害が残り，医療機器と医療ケアに頼らなければ生きていくことのできない子どもも増加した。また，医療ケア等は必要とせず退院できた早産児，低出生体重児も，知的障害，注意欠陥，多動，学習障害などの発達障害のリスクを有する割合が高いことが報告されている[*9,*10]。早産児や低出生体重児など新生児期を乗り越えた子どもたちはどのような発達特性のリスクがあるのかについてのより詳細な検討や，発達特性に応じた，フォローアップ体制，療育や支援方法の確立が必要である。

2. 小児外科に関連した疾患

小児外科治療の発展も，先天的な内臓奇形や小児がんの生存率の向上に大きく寄与している。先天性心疾患を持つ場合，外科的治療が行われる以前は生存し成人になれる割合は50%以下であった。しかし，心臓血管外科治療の発達と内科的管理の向上によって，その予後は大きく改善し，先天性心疾患を持つ子どもで乳児期を乗り越えた例の90%以上が成人となっている[*11]。一方で，先天性

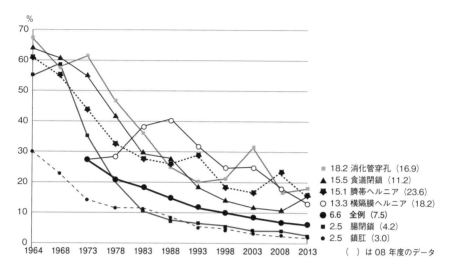

図 V-2-5　新生児外科疾患の死亡率の推移*12

心疾患の子に発達の障害を伴う例が多いことが報告されており，粗大運動，微細運動，認知能，言語などの発達が障害されていることや，就学後には注意欠陥や視野障害などの問題を抱える場合もあることなどが明らかになってきている*13, *14。また，成人した後，遠隔期になってから不整脈，慢性心不全，感染性心内膜炎，肺高血圧，修復術時に使用した人工材料に関連する病態など様々な問題が生じることがあり，長期にわたるフォローを必要とする場合も多い。

先天性心疾患以外の疾患に対する外科的治療の発展によっても，食道閉鎖，横隔膜ヘルニア，消化管穿孔，臍帯ヘルニア，鎖肛などの内臓奇形を有する子どもの死亡率は低下し，2013年には6.6%となっている。致死的疾患であった胆道閉鎖症も，葛西手術，さらに，生体肝移植によって長期生存が可能となり，これら2つの治療法を併用するとほぼ90%の長期生存が可能となったことが報告されている*15。しかし，ここでも救命できたものの，何らかの障害を合併し，医療ケアを必要とする場合が少なくない。

3. 小児がん

常に子どもの死因の上位を占める小児がんも，その死亡率は減少している。

表 V-2-3 小児がん経験者における晩期合併症

内分泌学的合併症	内分泌以外の内科的合併症	その他の合併症
成長障害（低身長）	心血管系の異常	視覚の異常
下垂体機能低下症	消化器の異常	聴覚の異常
甲状腺機能異常・腫瘍	腎・尿路系の異常	皮膚の異常
副腎皮質機能異常	呼吸器の異常	歯牙・口腔の異常
中枢性尿崩症		筋・骨格の異常
骨代謝異常		認知面の問題
肥満・やせ		精神・心理面の問題
糖・脂質代謝異常		教育・社会面の問題
性腺機能低下症		二次がんのリスク
妊孕能低下		

　小児がんの中でも頻度の高い，急性リンパ性白血病を例にとると，過去30年間でその治療成績は大きく向上し，急性リンパ性白血病全体の5年無イベント生存率は80～85％に達するようになった[16]。また，肝芽腫や腎芽腫などの固形がんも，化学療法，放射線療法と外科的治療を組み合わせることにより，長期生存が可能な例が増加している[15]。小児がんが治癒，寛解し生存できる例が増え，長期間経過観察ができるようになった結果，治療に関連した合併症を発症するリスクが10年，20年，30年と長期間にわたってあること（晩期合併症）が明らかになってきた。

　小児がんの治療を受けた生存者は，疾患が寛解あるいは治癒したとしても，すでに治療に関連した合併症を発症した状態，あるいは，晩期合併症のリスクを有する状態であり，日々の生活から将来の自立までを見据えた支援と長期間のフォローアップが必要である。

4. 自己免疫疾患

　自己免疫疾患の代表格である全身性エリテマトーデス（SLE）も，その生存率は大きく改善した。1980年代初めまで，本邦の小児SLEの5年生存率は55.7％であったが，新しい免疫抑制剤の登場により，1995年～2006年の調査では10年生存率98.7％にまで飛躍的に改善した。一方，無イベント10年累積生存率は66.1％にとどまっており，3人に1人は発症後，腎不全，大腿骨頭壊死，肺高血圧，中枢神経ループスなど何らかの問題を経験していると報告されている[17]。自己免疫疾患においても，小児期から将来の自立まで見据えた長期間のフォロ

ーアップが必要な例が多い。

5. 先天代謝異常症

　先天性代謝異常症の代表的な疾患である尿素サイクル異常症も，以前は死亡例や重度の神経学的後遺症を残す例が多い疾患の1つであった。しかし，高アンモニア血症に対する薬物治療の向上，血液浄化療法の導入，高アンモニア血症を繰り返す例などに対する肝移植の適応により，予後良好な成人期を迎える症例も少なくない[*18]。一方で，高アンモニア血症を予防するためには，蛋白摂取を制限する食事療法や薬物治療を継続する必要がある。治療を継続しても，感染症や蛋白の過剰摂取などを契機に高アンモニア血症を引き起こし，入院加療を余儀なくされることもある。高アンモニア血症の治療である蛋白摂取制限，時に入院加療を要しながら，十分な栄養と管理による成長発達を維持することは容易ではない。また，成人後に向けて，食事療法，薬物療法を含めた疾患管理を保護者主導から当事者である患者主導に切り替えることができるようなサポート，遺伝性疾患であることから遺伝カウンセリングを行い，患者自身の病態の理解，次世代への影響とその対応策についての説明をどのように行うかも重要な課題である。

6. 筋疾患

　小児期に発症する筋疾患として最も頻度の高い，デュシェンヌ型筋ジストロフィー（Duchenne muscular dystrophy：DMD）も，医療機器の発達により生命予後が改善した。進行性の筋委縮に伴い，12歳までに歩行できなくなり，その後，呼吸筋の筋力低下による呼吸不全，あるいは，心不全により10歳代後半から20歳代で死に至ることが多かった。しかし，人工呼吸器（非侵襲的陽圧換気療法，noninvasive positive pressure ventilation：NPPV）や排痰補助装置の利用，心不全に対する内科的治療によって生命予後は改善し，2011年の報告では，50％生存年齢は39.6歳となっている[*19]。また現在，DMDに対する分子治療の治験をすすめられており，さらに予後が改善することが期待されている。成人後の生存が可能となった今，より良い日々の生活を送るため支援方法の検討も必要となっている。DMDでは発達障害を合併する例が多い。筋力低下の進

行に伴って変化する運動機能障害から，社会参加の機会が制限されることも想定される。運動機能障害への介入，支援は言うまでもないが，それだけでなく発達障害を合併する場合も含めた社会性の発達を促すことも念頭に置いて，小児期から支援を進めることも大きな課題である。

第3節　これからの子どもの医療にもとめられること

　第2節で示したように，それまでは救命あるいは長期間の生存が難しかった疾患で，命を助けることができるようになった一方で，救命できたものの，様々な障害を持って生活する子どもたち，原疾患や治療に関連した合併症が出現したり，原疾患が治癒には至らず慢性疾患として持続した状態で生活する子どもたち，あるいは，何らかの障害と慢性的な病態を合わせ持ちながら生活する子どもたちが増えてきている。

　障害の種類や程度は，自力で歩行できず話すことも難しい「重症心身障害児」，重症心身障害に加えて，気管切開，人工呼吸器，経管栄養など，生きるために医療機器と医療ケアを必要とする「超重症心身障害児（超重症児）」「準超重症心身障害児（準超重症児）」，自力で歩行でき話すこともできるが生きるために医療機器や医療ケアを必要とする児，身体障害はないが，知的障害や発達障害を持つ児，など様々である。特に近年，医療ケアを必要とする例は，「自力で歩行できず話すことも難しい超重症児，準超重症児」も「自力で歩行でき話すこともできる児」も急速に増加している。

　日本医師会・小児在宅ケア検討委員会の報告によると，2016年の0～19歳の，気管切開，気管切開下陽圧換気（TPPV），非侵襲的陽圧換気（NPPV），酸素，胃瘻，人工肛門，定期導尿，継続的な高カロリー輸液などの医療ケアを必要とする児（医療的ケア児）は18,272人であり，2005年（9,403人）と比較すると2倍になっている。特に，2016年の在宅人工呼吸器を使用する児（0～19歳）は3,483人で，2005年（264人）と比較すると10倍以上になっている。また，文部科学省の調査では，全国の特別支援学校で人工呼吸器を装着している児童は2011年度には850人であったが，2016年度には1,333人と1.6倍に増加したことが報告されている。

第2章 現在およびこれからの小児医療の課題

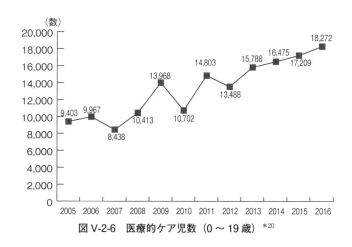

図 V-2-6 医療的ケア児数（0〜19歳）[20]

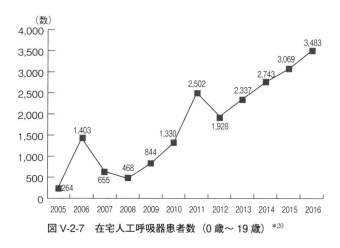

図 V-2-7 在宅人工呼吸器患者数（0歳〜19歳）[20]

　こうした医療ケアを必要とする子どもが在宅で過ごすためには，医療，福祉，教育などに関わる多職種が連携して，成長とともに変化する病態に対応する"生活を支えるシステム"をつくっていく必要がある。医療ケアが必要な状態であるために，「保育園・幼稚園・学校に行けない」「外出できない」「家族が介護で疲弊する」など，子どもとその家族が地域社会とつながることが難しく，生活しづらい状況に陥らないようにしなければならない。具体的には，疾患や病態について専門医療・検査入院・急性増悪時の対応を担う高次機能病院，在宅

V部　子どもと医療

医療を担う在宅医，継続したリハビリテーションなどを担う療育機関，訪問看護，訪問リハビリなどの各医療の連携，福祉サービスである居宅介護，訪問入浴，児童発達支援・放課後等デイサービス，短期入所などと医療との連携，保育園，幼稚園，小中学校と医療・福祉との連携，福祉手当や医療機器・装具の補助，小児慢性特定疾患や難病申請などのサービスや制度を利用するための自治体との連携が必要となることを，医療者が認識し取り組まなければならない。

　また，様々な疾患において，原疾患自体の病態の1つとして，あるいは，原疾患の治療に伴う合併症や後遺症として，知的障害や発達障害を有して成長する子どもたちも少なくないことが明らかにされている。原疾患の治療とともに，知的障害の程度や，自閉症スペクトラム障害，注意欠如／多動性障害（AD/HD），学習障害などの発達特性についての評価，さらに疾患あるいは病態特有の発達特性の有無などの検討が必要である。また，発達特性に応じた療育，教育につなぐために，ここでも医療，福祉，教育の連携が重要である。

　医学，医療の発展によって治癒する，あるいは，合併症などが残るが成人し長期生存が可能となった子どもの疾患が増え，成人後に「自分で健康管理し，症状・状態を伝え，疾患について説明をきき，治療などの決定する」ことが期待される。しかし，小児期に重大な疾患や慢性疾患に罹患した場合，疾患に関する説明や治療など重大な決定は，医療者と保護者との間で行われ，当事者である子どもが置き去りにされてしまうことがある。疾患を持つ子どもが，小児期から疾患や症状について理解することは，将来の自己健康管理に必ず役立つと考えられる。子どもの発達段階や理解度に合わせた説明を繰り返し行い，疾患について子どもも含めて一緒に考えて取り組む機会をつくる必要がある。疾患についての理解，進学，就労，結婚，出産などの長期的な生活も見据えたフォローの必要性の理解が少しずつ深まるように小児期より心がける必要がある。知的障害や発達障害を有する場合には，その特性に応じた対応も小児期から成人した後も必要である。また，通院や入院などによって教育の機会が損なわれることをできるだけ少なくする対策や，疾患を持つことにより"人と違う"という認識や何らかの劣等感を持つような場合の心理的問題への配慮や支援も必要となる。ここでも，医師，看護師，臨床心理士，医療ソーシャルワーカー，保育士，教員，養護教諭など多職種の連携が不可欠である。

長期生存が可能になってからの年月がまだ短いことから，長期予後に関する情報が不十分な小児期発症疾患も多い。引き続き継続した観察を行い，長期予後，晩期合併症などに関する情報を集積し，病態の解明，予防法や治療法について検討して行く必要もある。しかし，その経過観察は誰が担うのか，成人後も小児科医が行うのか，先天性疾患に精通した医師が少ない成人科が行うのか，小児科と成人科の連携をどのようにするのが良いのか，など，解決すべき課題はまだ多く残っている。

おわりに

医療の発展により変化した疾病構造から，新たに出てきた課題を解決するためには，子どもの命を救うことだけでなく，救命できた子どもたちがどのように生きていくのかに照準を合わせた医療への転換が必要である。疾患を発見，診断し，治療すること，より良い治療法を検討することはもちろんのこと，医療ケア，身体障害，知的障害や発達障害，疾患治療に関連した晩期合併症のリスク，慢性疾患を持っていたとしても，子どもたちが子どものときも大人になってからも社会の一員として健やかに生活できるよう，病院と在宅医との連携，他の診療科との連携，さらに，福祉，保育・教育分野との連携をより進めていくことも，これからの子どもの医療にはもとめられる。

● 引用文献
1. 厚生労働省　平成 30 年 わが国の人口動態
2. 厚生労働省　人口動態統計
3. 国立感染症研究所　1997　病原微生物検出情報　IASR, 18 (5).
4. 国立感染症研究所　2018　病原微生物検出情報　IASR, 39 (7), 112-114.
5. Morioka, I., Kamiyoshi, N., Nishiyama, M., et al. 2017 Changes in the numbers of patients with acute gastroenteritis after voluntary introduction of the rotavirus vaccine in a Japanese children's primary emergency medical center. *Enviromental Health and Preventive Medicine 22*, 15.
6. 世界子供白書　2017（日本ユニセフ協会 https://www.unicef.or.jp）
7. 厚生労働省　2014　健やか親子 21（第 2 次）について検討会報告書（平成 26 年 4 月）
8. 周産期母子医療センターネットワーク共通データベース（https://plaza.umin.ac.jp/nrndata）
9. Aanoudse-Moens, C.S.H., Weisglas-Kuperus, N., van Goudoever, J.B., Oodterlaan, J. 2009 Meta-analysis of neurobehavioral outcomes in very preterm and/or very low birth weight children. *Pediatrics, 124*(2), 717-728.

10. Pyhala, R., Lahti, J., Heinnonen, K., et al. 2011 Neurocognitive abilities in young adults with very low birth weight. *Neurology, 77*, 2052-2060.
11. 丹羽公一郎・中澤 誠・赤木禎治 他編　2008　成人の先天性心疾患診療ブック　メジカルビュー社　pp.31-33.
12. 日本小児外科学会学術・先進医療検討委員会　2015　わが国の新生児外科の現状：2013年新生児外科全国集計　日本小児外科学会雑誌，51(7), 1234-1245.
13. 吉田丈俊・平岩明子・伊吹圭二郎 他　2018　3歳児Bayley発達検査による先天性心疾患児と極低出生体重児の発達予後　日本小児科学会雑誌，122(6), 1010-1017.
14. Mahle, W.T., Clancy, R.R., Moss, E.M., et al. 2000 Neurodevelopmental outcomes and lifestyle assessment in school-aged and adolescent children with hypoplastic left heart syndrome. *Pediatrics 105*, 1082-1089.
15. 田口智章　2014　日本小児外科の50年と今後の50年に向けて　日本小児外科学会誌，50(1), 1-8.
16. Pui, C. H. 2009 Toward a total cure for acute lymphoblasticleukemia. *J Clin Oncol.27*, 5121-5123 .
17. 武井修治　2011　小児全身性エリテマトーデス（SLE）の難治性病態と治療に関する研究　厚労省科研費報告書　p.74-78.
18. Kido, J., Nakamura, K., Matsumoto, S., et al. 2013 Current status of hepatic glycogen storage disease in Japan: clinical manifestations, treatments and long-term outcomes. *J Hum Genet. 58*, 285-292.
19. Ishikawa, Y., Miura, T., Ishikawa, Y., et al. 2011 Duchenne muscular dystrophy : Survival by cardio-respiratory interventions. *Neuromuscul Disord 21*, 47-51.
20. 日本医師会　2018（平成30）年3月　平成28・29年度小児在宅ケア検討委員会報告書

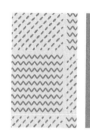

■ V部 第3章

だれひとり取り残さない小児保健

第1節　グローバルな潮流：持続可能な開発目標の理念

1. 世界共通目標としてのプライマリヘルスケアの意義

　世界各国で直面している保健医療問題の多くは，単に医療や保健の分野だけで解決することが困難であり，国際経済，政治，社会全体にわたるグローバルな矛盾と深く関わっている。第二次世界大戦後，世界の多くの国々において，近代医療の直接的な導入により問題が解決しなかったばかりか，医療の恩恵にあずかれる限られた人々と，相変わらず医療にアクセスできない大多数の人々というように，近代的な医療技術によって格差がより増大していった。先進国においてさえ，国内における大都市と農村部の医療格差はますます増大していた。保健予算の病院への集中，農村部における医師の不在など，保健医療サービスの不公平さが明白となり，多くの貧しい住民にとっては基本的な保健医療サービスさえ受けられない厳しい状況が続いていた。

　このような時代背景のもと，各国で別々の目標を立てるのではなく，先進工業国と開発途上国を包含し，世界共通のゴールとして「2000年までにすべての人々に健康を！」（Health for All by the Year 2000：HFA2000）が設定された。そして，その目標を達成するための戦略として取り上げられた理念が，プライマリヘルスケア（Primary Health Care：PHC）であった。[*1]

　1978年9月にWHO（世界保健機関）とユニセフの共催でアルマアタ（旧ソビエト連邦，現在はカザフスタン共和国）で「プライマリヘルスケアに関する国際会議」が開催された。143か国の政府代表と67の機関（国際機関やボランティア団体を含む）が参加し，会議の最終日にアルマアタ宣言（Alma-Ata Declaration）が採択された。東西冷戦のさなかに，当時は第三世界と呼ばれて

いた途上国も参加し，歴史上はじめて世界共通の保健医療目標に到達できたのは，まさに僥倖であったということができる。

2. 公平さと参加というプライマリヘルスケアの原則

アルマアタ宣言では，「すべての人々に健康を」というスローガンとともに，健康が基本的人権であることを明言した。宣言は10章から構成され，先進国と開発途上国の間の健康状況の不平等，それぞれの国内における政治的，社会経済的不平等に言及し，人々が保健医療ケアの計画と実施に対して参加する権利と義務があることを明言した。アルマアタ宣言第6章の冒頭では，WHOらしい修辞に満ちた文章の中に重要なキーワードがいくつも散りばめられ，PHCの理念を一文で象徴している（表V-3-1）。具体的には，公平なアクセス，住民参加，地域の自立と自決，保健医療コスト，社会的受容性，科学的有効性などに言及している[*2]。

PHCはあくまでも抽象的な理念であり，その実践面においては，当然のことながら，国により，地域により，大きな違いがみられる。PHCの実際活動を展開するためには具体的な目標が必要であり，基本的保健サービスとして健康教育，母子保健など8項目を具体的に列挙している。しかし，PHCで指摘された個々の保健サービス活動は，PHC以前の保健医療の枠の中においても取り組まれてきたものであり，決して時代を動かすパラダイム・シフトにつながったわけではない。PHCのより重要，かつ優れた点は，これらの保健サービス項目を地域

表V-3-1 プライマリヘルスケアとは（アルマアタ宣言第6章より）

Primary health care is essential health care based on practical, scientifically sound and socially acceptable methods and technology made universally accessible to individuals and families in the community through their full participation and at a cost that the community and country can afford to maintain at every stage of their development in the spirit of self-reliance and self-determination.
プライマリヘルスケアは，科学的に有効でかつ社会的に受容できるやり方や技術に基づく必要不可欠なヘルスケアである。自立と自決の精神に則り，コミュニティや国がその発展の度合いに応じ負担できる費用の範囲内で，コミュニティの中の個人や家族があまねく享受できるよう，十分な住民参加のもとで実施されるものである。

（出典：WHO[*2]より著者が翻訳）

の中で実践していく際の理念と原則を明確に打ち出したことにある。理念としては，健康を基本的人権と位置づけ，公平さ（equity）と参加（participation）という旧来の保健医療に認められない革新的な思想が織り込まれていた。PHCは個人や家族があまねく享受できるものでなければならない。そして，保健医療サービスは医師や看護師という専門職から与えられるという一方通行ではなく，住民や患者の主体的な参画のもとで届けられるべきであるという原則である。また，自立（self-reliance）と自決（self-determination）の精神を強調し，患者や住民が必要とするサービスを自分たちで決定することができるという理念を謳っている。このような住民参加，地域資源の有効活用，適正技術，統合と各分野の協調というPHCの基本原則は，現在でも地域で保健医療活動を展開していくときの必要条件であると考えられる[*3]。

3. 開発支援を統合したミレニアム開発目標

1990年代になって，旧ソビエト連邦の崩壊とそれに伴う東西対立の構図がくずれ，保健医療問題は人口問題や環境問題と直結した地球規模のグローバルな課題と考えられるようになった。国連は，90年の「子どものための世界サミット」（ニューヨーク），92年の「地球サミット（環境開発国連会議）」（リオデジャネイロ），94年の「国際人口開発会議」（カイロ），95年の「世界女性会議」（ペキン）と立て続けに大規模な国際会議を開催した。2000年の国連総会において提唱されたミレニアム開発目標（Millennium Development Goals：MDGs）は，これらの主要な国際会議やサミットで採択された国際開発目標を統合し，1つの共通の枠組みとしてまとめたものと位置づけられる。

このミレニアム開発目標においては，貧困と飢餓の撲滅，初等教育の完全普及，ジェンダー平等と女性のエンパワメント，環境の持続可能性の確保などの課題とともに，健康問題も大きな課題として取り上げられた（表V-3-2）。保健医療分野は8項目のうち3項目を占め，乳幼児死亡率の削減，妊産婦の健康の改善，エイズやマラリアなどの感染症の蔓延防止が掲げられている。具体的に，5歳未満児死亡率を3分の1に減少する，妊産婦死亡率を4分の1に減少する，HIV/エイズやマラリアなどの感染症の蔓延を阻止し罹患を減少させる，といった目標が掲げられ，2015年までに達成するという各国の責務が明確に示された[*4]。

Ⅴ部　子どもと医療

表 V-3-2　国連ミレニアム開発目標（UN Millennium Development Goals：MDGs）

 1 貧困と飢餓の根絶
 2 普遍的な初等教育の実現
 3 男女均等と女性のエンパワメント
 4 小児死亡の減少
 5 妊産婦の健康の向上
 6 エイズ，マラリア，その他の疾病との戦い
 7 持続可能な環境の保持
 8 開発のためのグローバルな協働の展開

 2015年までに，191の国連加盟国は上記目標を達成しなければならない

（UNDP：2002年次報告書より）　*5

4. だれひとり取り残さない持続可能な開発目標

　2015年は，国際協力にとっては重要な転回点となった年であった。2015年9月の第70回国連総会において，「わたしたちの世界を変革する持続可能な開発のための2030アジェンダ」が採択された。この中で，17の持続可能な開発目標（Sustainable Development Goals: SDGs）があげられ，169の具体的なターゲットが設定された。MDGsのシンプルなメッセージと比較すると，貧困，食料，栄養，保健医療，教育，ジェンダー，水と衛生，雇用，産業，居住，消費，気候変動，海洋資源，森林，生物多様性，司法制度，グローバル・パートナーシップといったように，人と自然に関わるすべての事項を網羅している。また，保健医療に関しては，目標3で取り上げられ，MDGsから継続した課題である母子保健や感染症対策のほかに，非感染性疾患（Non-Communicable Diseases：NCDs），UHC（Universal Health Coverage：UHC）といった新しい概念を強調し，先進国と途上国の区別なく取り組むことの重要性を指摘している（表V-3-3）。

　一方，どの国においても共通する課題として，「だれひとり取り残さない（no one will be left behind）ことを誓い，人々の尊厳は基本的なものであると認識し，最も遅れているところから最初に手を伸ばすべく努力する」ことが宣言された。先進国や途上国という区分を越えて，格差をなくす取り組みを同時代的に地球規模で行おうという画期的な発想である。*1

表 V-3-3　保健医療に関する持続可能な開発目標（Sustainable Development Goals：SDGs）

SDGs 目標 3
　あらゆる年齢のすべての人々の健康的な生活を確保し，福祉を促進する

1　世界の妊産婦死亡率（出生 10 万対）を 70 未満に削減
2　新生児死亡率を 12 以下（出生千対），5 歳未満児死亡率を 25 以下（出生千対）に削減
3　エイズ，結核，マラリア，顧みられない熱帯病の根絶
4　非感染性疾患（NCD）による若年死亡率を 3 分の 1 に減少させる
5　薬物乱用やアルコールなどの乱用の防止・治療
6　交通事故による死傷者を半減
7　リプロダクティブヘルスの国家戦略・計画への組み入れ
8　ユニバーサル・ヘルス・カバレッジ（UHC）の達成
　・質の高い基礎的な保健サービスへのアクセス
　・必須医薬品とワクチンへのアクセス
9　有害化学物質，大気・水質・土壌の汚染による死亡・疾病の減少

(United Nations General Assembly. Transforming our world: the 2030 Agenda for Sustainable Development. 18 September 2015 より著者が翻訳) *6

5. プライマリヘルスケアの現在的意義

　日本においては，PHC は大いに誤解されているように感じる。アルマアタ宣言で謳われた PHC は，多くの開業医や総合診療医が提唱するプライマリケア医とは異なる概念である。PHC がカバーするのは，プライマリケア医が担当する一次医療だけでなく，予防医学，健康づくり，住民のエンパワメントや権利擁護などを含む，包括的な概念である。そこでは，医師を頂点にしたチーム医療ではなく，住民を主体にし，保健医療関係者だけでなく，教育，社会経済，環境などの他のセクターとの対等な関係性の中での協働作業が前提となっている。
　また，PHC はヘルスプロモーションが引き継いだといった主張，あるいは PHC は途上国主体でヘルスプロモーションは先進諸国のモデルであるといった誤った言説が誤解を生んでいる。1986 年にカナダのオタワにおいて第 1 回世界ヘルスプロモーション会議が開催され，その成果がオタワ憲章としてまとめられた。オタワ憲章は PHC を基盤として，健康を目的ではなく幸せな生活をおくるための手段としてとらえ，健康都市や包括的な学校保健などの世界的な健康づくりの出発点となった概念である。政策へのアドボカシーを行い，自己の潜在能力を高め，他分野との協調の橋渡しを行うことが求められた。PHC と共

通する部分は非常に多い。ヘルスプロモーションは健康づくりというPHCの重要な部分を構成しているが，PHCはより広い概念である。PHCは，予防医学だけでなく，一次治療，感染症対策，医薬品対策なども含んでいる。[*3]

　2018年は「すべての人々に健康を！」という夢を実現するために，アルマアタに多くの人が参集し，PHCという理念が打ち立てられてから40周年に当たる。2018年10月には，カザフスタン共和国でPHC40周年記念行事が開催された。格差が広がり人々の健康が脅かされている今こそ，もう一度，PHCの原点を振り返り，この40年間で実現できたこととできなかったことを冷静に検証する必要があろう。人々の生活に寄り添った客観的な検証に基づいた上で，世界が夢みた「すべての人々に健康を！」という取り組みを，記念すべき40周年に再スタートさせる必要がある。

第2節　戦後日本の小児保健：輝かしい成果と未来への課題

1. 戦後混乱期の公衆衛生行政

　日本では，PHCはどのような経緯で始まったのだろうか。

　戦後日本の保健医療システムの構築は，人的物的に枯渇した状態に加えて，敗戦による壊滅的な打撃の中から始まった。1945年から47年までの混乱期には，食糧不足による重度の栄養失調，発疹チフス・天然痘・コレラの流行，戦傷者や被爆者の医療，多数の引き揚げ者の健康問題など，種々の課題が山積していた。

　連合軍総司令部（GHQ）公衆衛生福祉局は，厚生省に公衆衛生局，医務局，予防局を設置し，都道府県には衛生部を設置した。戦前は内務省や警察と深い関わりを持ち衛生面での取り締まり業務を主管していた厚生省を，公衆衛生行政の立場から再編成する試みであった。[*7]日本国憲法第25条には，「すべて国民は，健康で文化的な最低限度の生活を営む権利を有する。国は，すべての生活部面について，社会福祉，社会保障及び公衆衛生の向上及び増進に努めなければならない」と書かれている。GHQの保健医療に対する占領政策は，この条文に集約され表現されている。

　1948年には，GHQの指導監督のもと，東京都杉並保健所がモデル保健所と

して整備され，公衆衛生活動の実践をわかりやすく説明した宣伝用映画「新しい保健所」が1949年に製作された。そこでは，日本脳炎の蚊の駆除と消毒をする防疫係員，結核患者の診断をする医師，農家を家庭訪問する保健婦，衛生統計を作成する医師が描かれている。[*8] 宣伝用映画の1コマごとに修正を命ずるといったように，サムス准将をはじめとするGHQスタッフがモデル保健所づくりに賭けた意気込みは非常に大きかった。まさに，GHQが描いた理想的な地域公衆衛生活動を日本において実践するための鍵として，保健所を拠点にした地域保健活動に焦点を当てたと言えよう。

2. 日本の地域保健活動としての母子保健

　日本においては，PHCという概念が導入される以前に，PHCと響き合う地域保健活動が医師だけでなく，助産師や保健師などの看護職と連携しながら，男性も女性も巻き込んだ住民参加のもとで行われてきた。岩手県沢内村や長野県佐久病院に象徴されるように，それらの多くは，政府の施策として行われたというよりは，地域の人々の手によって地域のニーズに寄り添う形で自発的に実施されてきた。まさに，PHCが主張する公平さと参加という原則とともに，自立と自決という革新的な思想が織り込まれていたのだった。[*9]

　母子保健対策に関しては，1947年に児童福祉法が制定され，48年に母子手帳が配布された。当時は，妊婦や乳幼児の栄養失調が大きな社会問題となっており，ミルクや砂糖の配給が喫緊の課題であった。その後，安全な妊娠，出産の推進を目的として，妊婦指導や出産介助に関して助産婦が運営できる施設として全国に母子健康センターを設置し，未熟児に対する公的助成を行った。[*10] しかし，法的整備は非常に遅れ，「母性，乳児，幼児の健康の保持および増進を図り，保健指導，健康診査，医療その他の措置を講じ，国民保健の向上に寄与することを目的とする」母子保健法が制定されたのは，1965年であった。それ以前から開始されていた3歳児健康診査に加え，乳児健康診査，1歳6か月児健診，先天性代謝異常スクリーニングなど乳幼児に対する健診体制が整備されるのは，乳児死亡率が20（出生1,000人当たり）以下に減少した後のことであった。また，厚生省が，地域のマンパワーを母子保健に動員するために母子保健推進員制度を導入したのは1968年であり，乳児死亡率の著明な減少の後のでき

ごとである。

　このように、厚生省が打ち出した種々の母子保健施策は、いずれも乳児死亡率がかなり減少した後のことであり、戦後まもない時期に乳児死亡率の減少を直接的な目標とした特別の施策は行われなかったということができる。ここは、多くの途上国との大きな違いである。90年代にアメリカ合衆国の会計検査院調査団が来日し、日本の過去の保健医療施策を検討したときも、「乳児死亡率減少のための目標値を設定することなく、どうして乳児死亡率が減少したのか？」と煙に巻かれたような面持ちで帰国していったことがある。この「目標値なき乳児死亡の減少」こそが、日本の行政施策の特徴を象徴しているのかもしれない。

3. 高度経済成長する前に達成した国民皆保険

　戦後の医療における大きな課題は、国民に平等に医療サービスを提供することにあった。従来は、公務員など一部の人々が享受していた健康保険を全国民に普及するまでには、医師会と厚生省の長い戦いの歴史があった。わが国が国民皆保険を実現したのは1961年のことであった。池田勇人首相による「国民所得倍増計画」が打ち出されたのが1960年の年末であり、ちょうど、わが国が高度経済成長に突入する時期に当たっていた。皆保険導入によって急増しうる医療費を吸収できる経済的余裕が十分に見込める幸運があったことは確かだが、それだけが成功の条件ではなかった。

　わが国の皆保険実現を振り返ってみると、いくつかの好条件が整っていたことが成功への鍵だったことがわかる。皆保険に向けた強い政治的意志、市町村合併による市町村の財政強化、段階的に加入者を増やして行く方法などが大きな要因であった。他方、たまたま整っていた好条件も忘れるべきではない。当時は、高度な医療技術も普及しておらず、高齢者割合も低かったため、国民医療費総額が現在に比べるとかなり少なかった（1960年時点で国内総生産の3％）。そして、高度経済成長の最中で、国民は健康を維持するための医療に対する大きな期待と、そのような医療を受けるだけの経済力を備えつつあった。このような好条件に恵まれ、国民皆保険はその後日本社会に定着した。その後現在では高齢化社会を迎え、財源面での再検討を迫られているのは周知のことである。[*9]

4. 母子保健に関する歴史的研究の課題

　日本国内外において，戦後の乳幼児死亡率の著明な減少の理由を明らかにするための研究が行われていた。小椋らは，1950 〜 65 年の各県ごとのデータを用いて計量経済学的考察を行った[11]。各県ごとの乳児死亡率を，施設分娩比率，病床数，1 人当たり実質所得，母親の教育水準，上水道普及率，結核死亡率，世帯当たり健康保険加入率の 7 変数を取り上げた。乳児死亡率低下への寄与の程度は，施設分娩比率，上水道普及率，結核死亡率の 3 者はほぼ等しく 30 〜 40 ％であったという。膨大なデータを計量経済学的視点で解析するという方法は斬新であったが，施設分娩比率や結核死亡率といった変数の意味づけが十分に行われたとは言い難い。このように，乳児死亡率低下への寄与を数量的に遡及的分析しようとする試みは，成功していないのが現状である。乳児死亡率低下に関連する要因（所得，教育，衛生環境，医療水準など）があまりに広範囲にわたるためであろう。

　むしろ，戦後の保健医療の変遷を叙述的にまとめる歴史学的記述研究（Historiography）が，重要な示唆を与えてくれる。病気になって帰農した女性労働者によって結核が農村に広がっていったこと[12]，1960 年代の未熟児対策において保健所がほとんど機能しなかったのは乳児死亡率の改善においてすでに保健所の役割は終わっていたという考察[10]，抗生物質の登場により医師間の医療技術格差がかなり解消されたという分析[13]など，日本の乳児死亡率の減少に関する貴重な研究が行われている。

　もう 1 つの方法論は，比較研究である。アメリカ合衆国と日本の研究者の共同研究により，日本と米国の乳児死亡に関する要因分析を行った[14]。日本と米国の乳児死亡率を比較すると，1950 年には，日本は米国に比較して高い乳児死亡率であったが，東京オリンピックが開かれた 1964 年には，日本の乳児死亡率は米国を下回ることができた（図 V-3-1）。当時は 1 ドル 360 円の為替交換レートであり，高度成長の直前であった。日米の経済的な大きな格差にもかかわらず，なぜ乳児死亡率が低くなったのかというのが，米国側の大きな研究動機であった。私たちは，乳児死亡率だけでなく，低出生体重児の出生割合，母親の年齢，乳児死亡率の地域格差，周産期ケア，出産場所，出産の方式（自然分娩，帝王切開など），出産後の病院滞在日数，家族計画，人工妊娠中絶などについて詳細

V部　子どもと医療

図 V-3-1　IMR（Infant Mortality Rate）：乳児死亡率
（出生1,000人に対する，生後1歳未満の死亡数）

な比較を行った。そして，日本の乳幼児死亡率が米国を下回ることができた理由として，日本に存在して，米国に存在しなかった5つの要因をあげることができた。経済格差の少なさ，国民皆保険制度，母子健康手帳，健康診査とスクリーニング，子育ての社会的価値の高さである。しかし，残念ながら，これらの理由をEvidence-based Medicine（EBM）の立場から十分に説明できるだけの研究成果は見当たらなかった。[*9]

5. 地域から世界へ，世界から地域へ

　戦後のわが国がたどってきた少子高齢化社会における公衆衛生の問題は，アジアやラテンアメリカではすでに現実の課題となっている。一方，途上国の公衆衛生専門家は，格差社会において貧困や感染症と闘う中で，早くから人権や医療，教育などの社会的共通資本の重要性に気づいていた。国境を越えて人やモノが大量に移動する時代にあって，公衆衛生も例外ではない。先進国の事例を研究して，その一部分を日本に取り込むという輸入加工型の時代は過去のものになった。

　先進国や途上国を問わず，グローバルヘルスの新しい潮流に耳を傾け，同時代的に行われている各国での実践に学び，日本のすばらしい経験や貴重な教訓を世界に発信することが求められている。すなわち，日本の公衆衛生の経験を国際協力の現場に活かし，また，途上国での貴重な国際体験を日本国内の健康

の向上に還元できるシステムが求められている。このような国境を越えた公衆衛生の双方向性の連携が構築されたとき，グローバルなPHCの地平が切り拓かれる。

　妊産婦ケアは世界各国で大きく取り組みが異なり，表層的には違いがあるようにみえる。しかし，妊娠し出産を控えている女性がいる限り，先進国も途上国も，妊産婦の保健医療の課題を明日に先送りするわけにはいかない。妊産婦ケアが同時代性を持つグローバルな課題であるという認識を持つことが，解決への糸口を見出す第一歩である。医療従事者の地域的な偏在があり，妊産婦やそれをとりまく家族の社会経済的格差は広がり，マイノリティに対する母子保健医療サービスはいつも後回しにされる，といった妊産婦の健康の重要性と緊急性の本質は日本だけでなくアジアやアフリカでも驚くほど似ている。

　医学部や看護学部だけでなく，人文社会系の大学生も含めて，国際保健医療協力に関する関心は非常に高い。それらの若い世代に対して，大学や大学院における国際保健に関する教育や研究体制を強化することが必要である。しかし，それ以上に，ある程度の国際保健の経験を持った人材のキャリア・パスの道筋を開拓していくことが求められている。そのように，国際協力に関する人材を継続的に確保するためには，国内の地域保健医療との連携が重要である。大学，総合病院，地方自治体などから保健医療専門家が途上国に派遣され，帰国後は臨床や研究や教育に再び従事するシステムの確立が望まれる。このような人的なリンケージが機能したときに，日本の地域保健医療の経験を国際協力のPHCの現場に活かし，また，途上国での貴重な国際体験を日本の地域保健医療の向上に還元することが可能になるであろう。[*9]

第3節　小児保健の未来：世界に広がり，世界から学ぶ母子手帳

1. 母子手帳は日本独自のシステム

　妊娠したら母子手帳（最初に作られたときは「母子手帳」であった。1966年に母子保健法により「母子健康手帳」と定められた。ここでは，一般的に通用している「母子手帳」を使うことにする）を受け取り，妊婦健診の結果を記入してもらい，赤ちゃんが生まれたら，子どもの体重や身長，予防接種の記録を

書いてもらう。日本では当たり前の光景だが，妊娠中から幼児期までの健康記録をまとめた1冊の手帳を持っている国は世界でも数少ない。世界的に見れば，様々な形式の家庭用記録媒体（ホーム・ベースド・レコード）が存在する。米国や英国では，診察記録や成長曲線，予防接種歴を書き込む小児用の冊子が配布されている。フランスでは，女性の健康手帳と，小児の健康手帳は別々に配布されている。アジアやアフリカでは，予防接種や体重測定結果を記録する三折りカードを使用している国が多い。妊娠・出産・子どもの健康の記録が1冊にまとめられていること，保護者が手元に保管できる形態であることを兼ね備えた母子手帳は，日本独自のシステムである。

　日本で，妊産婦手帳が開始されたのは，1942年（昭和17年）だった。時代は，「生めよ殖やせよ」の掛け声さかんな戦時体制。妊産婦手帳を持つ妊婦には，お米や出産用の脱脂綿，砂糖などが特別配給されたが，「妊産婦の心得」には「立派ナ子ヲ生ミオ國ニツクシマセウ」と書かれていた。終戦後，民主主義の時代が始まり，1948年に厚生省告示第26号として「母子手帳」が定められた。世界で初めて，母親と子どもを1冊の手帳で管理するという体制ができた。当時の母子手帳の表紙にはコウノトリが描かれ，内容は，妊娠中の経過，産後の母の健康状態，お誕生までの乳児の健康状態，学校へ行くまでの幼児の健康状態，乳幼児発育平均値のグラフなどがあった（写真1）。配給欄の果たす役割は大きく，全20ページのうち6ページがこれにあてられていた。

　母子手帳の普及には，助産師や保健師が大きな役割を果たした。1948年当時，児童福祉法の実施に向け，和歌山児童課の保健婦が広報した文章が残っている。

　「新たに本法による母子手帳が生れまし

写真1　1948年の母子手帳の表紙
（当時，厚生省母子保健課に勤務していた
巷野悟郎先生所蔵）

第3章　だれひとり取り残さない小児保健

た。小型で綺麗な感じの良い此の母子手帳はお母さんの妊娠中から出産まで、生れた赤ちゃんの出生時から小学校に行くようになるまで母と子の健康を護る為に活用されるのです。保健所、医師、助産婦保健婦の方々から保健指導を受けられた時はその内容を必ずこの手帳に記録して戴きます（貧しい方は無料で保健指導が受けられます）」（和歌山縣民の友　1948年6月1日発行）

現場の保健医療関係者が真摯に貧困と向き合い、母子の健康を守る理想をめざし、母子手帳に大きな期待が寄せられていたという時代の息吹を感じることができる。[*15]

2. アジアやアフリカに広がる母子手帳

日本の母子手帳に触発されて、各国において文化や社会経済状況を反映した様々な取り組みが、国際協力機構（JICA）、ユニセフ、NGOなどの協力を受けて行われている。

タイでは、日本の母子手帳にヒントを得て、1985年に保健省がタイ版母子手帳を開発した。当初はわずか14ページであった。現在の母子手帳は45ページで、父親、母親、姉と弟の家族4人がマンガ風に描かれたピンク色の表紙である（写真2）。離乳食には、熱帯の国だけあって、パパイヤやマンゴーの写真もある。インドネシアでは、インドネシア人医師が日本研修中に、日本の母子手帳のすばらしさに感動したことがきっかけとなり、1994年にインドネシア版母子手帳の開発が始まった。日本語の翻訳はいっさい行わず、インドネシアにすでに存在するパンフレットやポスターを原図として活用し、インドネシア人が中心になって開発や普及に努めた（写真

写真2　タイの母子手帳
世界で最もカラフルな母子手帳といわれている。表紙だけでなく、全ページカラー印刷している。「少子化のタイで『子どもを産もう』と決意してくれた女性への行政からの最初のプレゼントが母子手帳」であるという姿勢で、行政が女性と子どもを支援している。

V部 子どもと医療

写真3　インドネシアの母子手帳の表紙と離乳食のページ
海外の関係者のために作成された英語版ものであり，オリジナルはインドネシア語である。

3)。母子手帳プロジェクトが始まってから，インドネシアの母親と子どもたちからは大きな反響があった（写真4）。2004年には保健大臣令により，インドネシアのすべての母親と子どもは母子手帳を持つ必要があり，助産師や医師は母子手帳に記録すべきであると定められた（写真5）。

このように各国において母子手帳に関する関心が高まり，母子手帳国際会議が隔年に開催されるようになった。1998年に「第1回母子手帳国際シンポジウム」が東京で開催されたときは，わずか5か国であった。いまでは，アジア，アフリカ，南北アメリカ，欧州，太平洋とすべての大陸にひろがり，母子手帳を開発普及しているのは，40か国以上に及ぶ。

いま，世界的には母子保健に関する切れ目のない継続ケア（the continuum of care）という発想が広まっている。時間的にも，空間的にもひろがりを持つ母子保健サービスを，女性と子どもを分断することなく提供することにより，妊産婦死亡率，新生児死亡率，乳児死亡率などを低減しようという狙いがある。世界保健機関（WHO）やユニセフ，国際NGOや研究機関などが共同して，2005年にPartnership for Maternal, Newborn and Child Health（PMNCH）を立ち上げた。[*15]

異なる場所で，異なる専門職によって実施されている母子保健サービスは，日本では母子手帳に記録されることで，その一貫性を担保できている。21世紀に

第3章　だれひとり取り残さない小児保健

写真4　自分の母子手帳を持って健診を受けにきた4歳の子ども
（1994年：インドネシア中部ジャワ州・サラティガ市）

写真5　母子手帳を使って，母親学級を実施するインドネシアの助産師
（1997年：インドネシア中部ジャワ州）

なって欧米諸国が気づいた継続ケアの重要性を，すでに昭和20年代に看破し母子手帳を編み出した先達の卓見に感服するばかりである。

3. 世界に育てられた母子手帳

　母子手帳プログラムは単なる健康教材の配布ではなく，既存の母子保健サービスの再構築である。1つの手帳をめぐって，助産師・看護師・医師などの保健医療関係者や地域のヘルス・ボランティアが互いに役割を分担しながら協働するためには，それらの人材が地域レベルに存在していることが必要条件である。

　各国での母子手帳の導入に当たって最も重要なことは，日本語の翻訳版を使用しないことであった。それぞれの国では妊婦健診記録，子どもの身長体重曲線，予防接種記録とともに，健康教育のきれいなポスターやパンフレットがすでに製作されているのである。それらの既存の教材や記録を最大限に活用し，母親の教育レベルや識字率を考慮して，できるだけ文字を減らして，絵やイラストの多い母子手帳を開発するように心がけている。母子手帳の活用の場では，母親は非識字者であっても，家族内に誰か字が読める人がいれば，母子手帳の意義は十分に理解され，使用されている。

　医療は文化である。日本の医療文化にマッチした母子手帳を，そのままの形で輸出しようとしても，途上国に広がるはずはない。相手国の医療システムや

保健医療者に適合した母子手帳が必要とされるのである。まさに，郷に入っては郷に従え。相手国の医師や看護師が記入したいと思い，母親が健診や予防接種の際に携行したいと思わなければ，どんなにすばらしい内容の手帳でも活用されることはない。

　世界各国に広がった母子手帳の開発の過程で，日本で学んだ医師たちが大きな役割を果たしている。インドネシアでわずか10年間のうちに母子手帳が全国に広がった背景には，熊本で研修を受け母子手帳に感動した小児科医が保健省母子保健課から全国に檄を飛ばしてくれたことが大きかった。ケニアで最初に作られた母子手帳は，東京女子医科大学への留学経験を持つケニア人の女性小児科医の発案によるものだった。妊娠中から出産後まで一貫したエイズ母子感染対策を行うには，日本で学んだ母子手帳の経験が役立ったという。英語とフランス語の2か国語による母子手帳を作ったカメルーンの産婦人科医は，日本での研修で母子手帳の存在を知り，母子手帳を創造するのが自分のライフワークになったと述懐していた。

4.「だれひとり取り残さない」母子手帳をめざして

　これほどまでに，各国の専門家たちが母子手帳を賞賛してくれるのに比較して，日本は母子手帳を十分に活用できていない。1948年に母子手帳が発行されてからすでに70年が過ぎた。少子化の時代に，子どもを産み育てようと決意してくれた家庭に届く行政からの最初の贈り物が，母子手帳である。私たちの方こそ，70年間も母子手帳を使い続けてきたために，あまりにも当たり前のものと見なしてしまい，そのすばらしい価値を忘れかけていたのかもしれない。古いものの良さに気づくということは，決して古いままのやり方を墨守することではない。新しい時代に適合したものを生み出す創造力が問われているのである。

　子どもに関わる専門職の役割は，単に現存する母子手帳を上手に活用するだけにとどまらない。地域の実情やニーズに応じた，新しい時代にふさわしい母子手帳を保護者や行政とともに創造していくことは，未来を担う子どもたちへの最高の贈りものになるに違いない。70年前に世界で初めて作成された母子手帳を持つ国として，従来のモデルを守り通すだけでなく，母子手帳を熱く語る

第 3 章　だれひとり取り残さない小児保健

途上国の人々の熱意を見習う必要があろう。

　日本の母子手帳に触発され，厳しい環境の世界各地で母と子のいのちを守ろうとしている海外の専門職から学ぶことにより，私たちは，日本の先達が戦後のモノやお金のない時代に母子手帳を創造したことに思いを馳せることができる。世界で初めて母子手帳が作られた原点に回帰し，日本の母子手帳が母子の健康の向上に与えた意義を現時点で真摯に評価することによって，「だれひとり取り残さない」という母子手帳の未来の発展につながるイノベーション（技術革新）を期待したい。

● 引用文献

1. 中村安秀　2017　プライマリヘルスケア：アルマアタ宣言から40周年を迎えて　目で見るWHO, 64, 23-25.
2. WHO 1978　Report of the International Conference on Primary Health Care, Alma-Ata, USSR. WHO.
3. 中村安秀　2018　プライマリヘルスケアの40年の歩み　保健の科学, 60(6), 364-368.
4. 中村安秀　2008　ミレニアム開発目標（MDGs）　小児科臨床, 61(6), 1113-1116.
5. UNDP：2002年次報告書
6. U.S. Department of Health and Human Services, Ministry of Health, Welfare and Labor, Japan. United Nations General Assembly 2015 *Transforming our world: The 2030 Agenda for Sustainable Development*, 18 September.
7. サムス C.F. 著　竹前栄治 編訳　1986　DDT革命：占領期の医療福祉政策を回想する　岩波書店
8. 二至村菁　2002　日本人の生命を守った男　講談社　pp.119-145.
9. 中村安秀　2018　プライマリヘルスケアとは何か　地域保健の原点を探る：戦後日本の事例から学ぶ　中村安秀 編著　プライマリヘルスケア　杏林書院　pp. 1-23.
10. 毛利子来　1972　現代日本小児保健史　ドメス出版
11. 小椋正立 他　1993　わが国戦後期（1950年から1965年）における乳児死亡率の低下　NIRA研究報告書『日米医療システムの比較研究（上）　総合研究開発機構　pp.93-137.
12. 川上 武　1982　現代日本病人史　勁草書房
13. 西田茂樹　1986　わが国近代の死亡率低下に対して医療技術が果たした役割について　日本公衆衛生学会雑誌, 33(9), 605-616.
14. Kiely, M., Hirayama, M., Wallace, H. M., Kessel, W., Nakamura, Y., Kiely, J. L., Nora, A. H. 1999 Infant mortality in Japan and the United States. In Wallace H. M., Green, G., Jaros K. J., paine, L., Story M., *Health and welfare for families in the 21st century*. pp.375-397. Jones and Bartlett Pub., Massachusetts.
15. 中村安秀　2017　日本で生まれ，世界で育つ母子健康手帳　助産師, 71(3), 8-11.

索 引

●ア行

愛着　80, 107
愛着関係　113
愛着形成　113
愛着障害　113
アクティブ・ラーニング　14
遊び　42, 111
遊び方　50
遊び場面　52
アタッチメント　80, 119, 199
新しい社会的養育ビジョン　154
アベセダリアン・プロジェクト　148
アルマアタ宣言　215
安全性　49
アンダークラス　143
「家」制度　3
一時保護　162
一時保護所　181
一斉教授　8
医療的ケア児　210
インターネット　90
インターネット・リテラシー　103
園内研修　83
園の文化　84
往来物　5
親子関係　63

●カ行

介入　173
学習　21
学習過程　30
学習文化　33
学制　5
学力　27
仮想世界　92
家族機能低下論　138
学校教育　5
葛藤　112
カリキュラム　17, 26
カリキュラム・マネジメント　24
環境構成　47
関係性攻撃　113
気質　61
気質類型　65
義務教育　6
虐待　123
逆境体験　124
教科書　6
教師　19
協同遊び　54
協同・組織的遊び　111
共同体　3
切れ目のない継続ケア　228
空間　47
組み立て遊び　53
構成主義　34
行動様式　61
コーナー遊び　52
子ども学　189
子ども虐待　188
子ども・子育て支援新制度　73
子どもの権利条約　70
子どもの最善の利益　59
子どもの貧困　143
子ども理解　21
コミュニケーション　93
コンテンツ　91
コンピテンシー　26, 35

●サ行

里親委託　164
里親制度　157
支援　173
ジェンダー　92
シカゴハイツ幼児センター研究プロジェクト
　　147

索　引

時間割　19
児童虐待　190
児童相談所　171
児童の権利条約　59
社会的相続　149
社会的適応　113
社会的養育　155
社会的養護　153
社会的欲求　97
就学前施設　73
集団　45
儒教的皇国思想　140
循環機能　51
省察　84
小児医療　201
小児がん　207
女子教育　10
人格形成　62
心的外傷後ストレス障害　130
人的環境　47
スーパーバイズ　107
ストレンジシチュエーション法　108
砂遊び　53
スマートフォン　90
生理的欲求　97
先天性心疾患　206
想定外の使い方　44
ソーシャルメディア　96

●タ行

待機児童　75
対人葛藤場面　112
対話学習　15
つぶやき　16
定位行動　107
適合　65
デジタル・ネイティブ　104
手習い　4
寺子屋　4
問い　22
当事者性　138
同僚性　24
トラウマ　127
トラブル場面　76

●ナ行

内的作業モデル　120
ナッジ　102
乳児死亡率　201
認知能力　56
ネット依存　98
能力　28
能力評価　31

●ハ行

パーマネンシープラン　167
発信行動　108
発達　68
PISA　26
悲田院　139
人見知り　115
ひとり遊び　53, 111
非認知能力　56, 146
評価　21, 30
表象モデル　120
フィルタリング　102
フォスターケア（里親）　153
フォスタリング業務　158
物的環境　47
プライマリヘルスケア　215
平行遊び　53
並行遊び　111
ペリー就学前研究　146
保育環境　42, 47
保育カンファレンス　83
保育所保育指針　47, 59, 73
傍観行動　111
母子手帳　225
母子保健　221
ホスピタリズム　107
母性剥奪　107
ポリベーガル理論　129

●マ行

マルトリートメント　191
ミレニアム開発目標　217
村請制　2
メディア環境　90
メディア・リテラシー　103

●ヤ行

躍動遊び 53
遊環構造 51
養育態度 69
養護 79
幼児期の終わりまでに育ってほしい10の姿 76
幼稚園教育要領 47, 73
幼保連携型認定こども園教育・保育要領 73

●ラ行

リーダーシップ 84
両義的な対応 82
連合遊び 111

●ワ行

わたしたちの世界を変革する持続可能な開発のための2030アジェンダ 218

●人名

アンダーソン（Anderson, S. L.） 124
イラム・シラージ（Iram Siraj） 84
インゲンカンプ（Karlheinz Ingenkamp） 31
ヴァイネルト（Weinert, F. E.） 26
ヴィンター（Winter, F.） 32
エインスワース（Ainsworth, M. D. S.） 108
オットー（Berthold-Otto） 14
カーンバーグ（Kernberg, O. F.） 61
鯨岡峻 82
クラフキ（Klafki, W.） 28
クリーメ（Klieme, E.） 35
クレッチマー（Kretschmer, E.） 61
ケアリー（Carey, W. B.） 66
ケンプ（Kempe, R. S.） 189
サスティーン（Sustein, C. R.） 103
スピッツ（Spitz, R.A.） 107
セイラー（Thaler, R. H.） 103
ソロモン（Solomon, J.） 110
ダンバー（Dunbar, R. I. M.） 97
チェス（Chess, S.） 61
トマス（Thomas, A.） 61
中村正直 81
パーテン（Parten, M. B.） 111
バウマイスター（Baumeister, R. F.） 97
ヒポクラテス 61
フェリッティ（Felitti, V. J.） 126
ブルーム（Bloom, S. L.） 131
フロイト（Freud, S.） 63
ボウルビー（Bowlby, J.） 63, 107, 119, 199
ポージェス（Porges, S. W.） 121
マーラー（Mahler, M. S.） 114
マクルーハン（McLuhan, M.） 94
マズロー（Maslow, A. H.） 97
メイン（Main, M.） 110
メラニークライン（Melanie Klein） 107, 116
森有礼 9
ヤヌシュ・コルチャック（Janusz Korezak） 70
ヤング（Young, K. S.） 93
レアリー（Leary, M. R.） 97

235

◆編者紹介

稲垣 由子（いながき ゆうこ）

1979 年　神戸大学医学部医学研究科大学院修了　医学博士
現在　　甲南女子大学人間科学部総合子ども学科教授
主著・論文
　実践に役立つ小児の MRI 診断（共著）　日本小児医事出版　1991 年
　人間の発達と健康　神戸大学発達科学部健康発達論研究会（編）大修館書店　1997 年
　心的外傷後ストレス障害　阪神淡路大震災の経験から 子どもの心のケア―問題を持つ子の治療と両親への助言―　小児科臨床, 54, 1373-1378. 2001 年
　子ども学概論　丸善プラネット　2012 年
　子ども性的虐待家庭の背景―事例文献研究より―（共著）　子どもの虐待とネグレクト, 18 巻　2016 年

上田 淑子（うえだ よしこ）

2004 年　安田女子大学大学院文学研究科教育学専攻博士後期課程修了
現在　　甲南女子大学人間科学部教授　博士（文学）
主著・論文
　幼年期教育の理論と実際―初任保育者の力量形成―（共著）　北大路書房　1998 年
　保育指導法の研究―子ども集団と保育指導法―（共著）　ミネルヴァ書房　2007 年
　保育者の力量観の研究―幼稚園と保育所の保育者の比較検討から―　保育学研究, 第 41 巻第 2 号, 24-31. 2004 年
　幼稚園保育者の力量に対する園長の評価と力量向上をうながすリーダーシップ―転勤経験をもつ保育者の前・現任園の園長らの比較分析―　乳幼児教育学研究　第 3 号, 27-36. 2004 年
　子育てをする保育者の仕事と家庭の関係―とくに子育てが保育力量に及ぼす影響について―（共著）　乳幼児教育学研究　第 16 号, 15-22. 2007 年
　子ども同士のトラブルに対する 3 歳児のかかわり方の発達的変化―1 年間の保育記録とビデオ記録にもとづく実践的事例研究―（共著）　保育学研究　第 47 巻 1 号, 22-30. 2009 年

内藤 由佳子（ないとう ゆかこ）

2005 年　大阪市立大学大学院文学研究科教育学専修修了
現在　　甲南女子大学人間科学部教授　博士（文学）
主著・論文
　ドイツ新教育運動における協同体学校に関する研究―「総合学習」の授業実践を中心に―　教育方法学研究　第 29 巻, 2004 年
　ドイツ・ベルトルト・オットー学校のカリキュラムデザイン―生活科・総合的学習の時間の改善へ　せいかつか&そうごう, 第 12 号, 2005 年
　近代ドイツ公的実験学校における B. オットーの「総合学習 (Gesamtunterricht)」とカリキュラム開発―オットー学校の授業実践再評価の視点から―　関西教育学会研究紀要, 第 5 号, 2005 年
　実践を創造する保育原理（共著）　同文書院　2016 年
　教育・保育課程論（共著）　一藝社　2018 年

◆執筆者一覧

＊稲垣　由子	甲南女子大学人間科学部総合子ども学科 教授	まえがき，Ⅴ部第1章
＊内藤　由佳子	甲南女子大学人間科学部総合子ども学科 教授	Ⅰ部第2章
＊上田　淑子	甲南女子大学人間科学部総合子ども学科 教授	Ⅱ部第3章
軽部　勝一郎	甲南女子大学人間科学部総合子ども学科 准教授	Ⅰ部第1章
伊藤　実歩子	立教大学文学部教育学科 教授	Ⅰ部第3章
松井　愛奈	甲南女子大学人間科学部総合子ども学科 准教授	Ⅱ部第1章
戸松　玲子	大阪青山大学健康科学部子ども教育学科 教授	Ⅱ部第2章
森　津太子	放送大学教養学部教養学科心理と教育コース 教授	Ⅲ部第1章
畠山　美穂	甲南女子大学人間科学部心理学科 准教授	Ⅲ部第2章
酒井　佐枝子	大阪大学大学院連合小児発達学研究科小児発達学専攻 准教授	Ⅲ部第3章
伊藤　篤	甲南女子大学人間科学部総合子ども学科 教授	Ⅳ部第1章
川並　利治	金沢星稜大学人間科学部こども学科 教授	Ⅳ部第2章
井上　景	甲南女子大学人間科学部総合子ども学科 講師	Ⅳ部第3章
八木　麻理子	社会福祉法人芳友にこにこハウス医療福祉センター 診療部長	Ⅴ部第2章
中村　安秀	甲南女子大学看護リハビリテーション学部看護学科 教授	Ⅴ部第3章

子ども学がひらく子どもの未来
子どもを学び，子どもに学び，子どもと学ぶ

2019年3月10日　初版第1刷印刷	定価はカバーに表示
2019年3月20日　初版第1刷発行	してあります。

編著者　　稲　垣　由　子
　　　　　上　田　淑　子
　　　　　内　藤　由　佳　子

発行所　　㈱北大路書房
　　　　　〒603-8303　京都市北区紫野十二坊町12-8
　　　　　電　話　(075) 431-0361 ㈹
　　　　　ＦＡＸ　(075) 431-9393
　　　　　振　替　01050-4-2083

編集・制作　本づくり工房　T.M.H.
印刷・製本　創栄図書印刷（株）

ISBN 978-4-7628-3059-4　C3037　Printed in Japan© 2019
検印省略　落丁・乱丁本はお取替えいたします。

・ JCOPY 〈(社)出版者著作権管理機構 委託出版物〉
本書の無断複写は著作権法上での例外を除き禁じられています。
複写される場合は，そのつど事前に，(社)出版者著作権管理機構
（電話 03-5244-5088,FAX 03-5244-5089,e-mail: info@jcopy.or.jp）
の許諾を得てください。